复旦卓越·21世纪酒店管理系列

酒店前厅与客房管理（第二版）

谢永健 主编

TWENTY-FIRST CENTURY HOTEL MANAGEMENT SERIES

复旦大学出版社

前言

进入二十一世纪以来,随着世界经济结构的变化,服务业在我国得到了迅猛的发展,旅游酒店业作为服务业的龙头产业,更是随着人们生活水平的提高和交通技术的改进而得到了长足的发展。为了更好地培养旅游酒店业的服务与管理人才,进一步落实国务院关于加快发展旅游业和文化产业有关文件的指导思想,有力推进旅游管理高等教育事业,复旦大学出版社组织了全国各高等院校全面开展高职高专(实践型本科)旅游管理(烹饪)专业主干课程教材建设。《酒店前厅与客房管理》是该系列教材中的一本。本教材可作为高职高专(实践型本科)旅游管理和酒店管理专业的教材,也可为酒店管理人员的业务学习使用。

《酒店前厅与客房管理》(第二版)融入了教材编写人员近十年来进行工学一体化教学改革的经验积累,结合了参与酒店培训及管理实践活动的素材,将理论教学与实践相结合,有助于了解酒店的发展趋势和酒店对人才的真正需求,组织对学生最有价值的教学内容。在此基础上,我们编写了本教材。本教材具有以下三个方面的特色:

1. 充分考虑高等职业教育的特点,注重内容的实用性。在教材中使用了大量的表格、图表、案例分析,将生涩的理论化为可操作性强的程序、步骤和注意事项等,并在课后安排了技能训练题,帮助学生理解管理理论,掌握实用知识,提高实践能力。同时又考虑到现代酒店人才对英语能力的要求,在本教材的附录部分增添了酒店专业术语的中英文对照内容,帮助学生在学习前厅及客房知识时可以随时查看和掌握相关专业术语的英文表达。

2. 现代酒店发展迅速,无论硬件设施还是管理模式及管理理念,都日新月异,教材必须反映这种变化。因此,在本教材中对这些变化有了相应的体现,如收银服务中信用卡的知识、网上银行及移动支付的介绍、客房服务中管家服务的介绍等。

3. 尽量在教材编排上突出生动活泼的特点,以激发学生的学习兴趣。教材许多章节的开头都采用了引导性案例,将本章或本节的学习内容以问题的方式首先呈现给学生,吸引学生的学习注意力;另外,本教材还对一些酒店工作场景或酒店设施设备配以图片,生动直观,增加教学的趣味性。

本书由江西工业贸易职业技术学院谢永健担任主编。全书共分十一章，第一、二、四、五、六、八、十、十一章及附录部分由谢永健执笔，第三章由江西工贸学院刘讯执笔，第七章由江西工贸学院王佳执笔，第九章由江西工贸学院曾聪和罗志珍执笔，全书由谢永健统稿。

　　本教材编写过程中得到了无锡城市职业学院都大明老师的帮助，得到了编者单位领导及同事的支持，附录一中的英文部分由马艳老师校对，在此表示衷心的感谢；本书在编写过程中还参阅了互联网上的共享信息，在此也谨向相关作者表示谢意。

　　由于编写时间仓促，水平有限，书中错误和不足之处，恳请专家和读者不吝赐教。

编　者
2018 年 4 月

前 厅 篇

第一章 前厅管理概述 … 3
- 第一节 前厅部概述 … 4
- 第二节 前厅部的组织机构设置 … 10
- 第三节 前厅部的沟通与协调 … 16

第二章 前厅客房预订管理 … 29
- 第一节 客房预订概述 … 29
- 第二节 客房预订的程序及注意事项 … 38
- 第三节 超额预订及预订失约行为的处理 … 48

第三章 前厅接待服务管理 … 56
- 第一节 前厅接待概述 … 56
- 第二节 前厅入住登记的程序 … 63
- 第三节 收银服务 … 77
- 第四节 行政楼层 … 88

第四章 前厅综合服务管理 … 100
- 第一节 前厅礼宾服务 … 100
- 第二节 问讯服务 … 114
- 第三节 电话总机服务 … 118
- 第四节 商务中心服务 … 121

第五章 宾客关系管理 … 127
- 第一节 酒店宾客关系的建立 … 127
- 第二节 宾客投诉的处理 … 135
- 第三节 客史档案管理 … 144

客 房 篇

第六章　客房管理概述 ·· 153
　　第一节　客房部概述 ·· 153
　　第二节　客房产品概述 ··· 158
　　第三节　客房部与其他部门的关系 ·· 166

第七章　客房清洁管理 ·· 171
　　第一节　清洁设备与清洁剂 ·· 171
　　第二节　客房的清洁保养 ·· 178
　　第三节　公共区域的清洁保养 ·· 192
　　第四节　客房清洁保养的质量控制 ·· 196

第八章　客房对客服务管理 ··· 202
　　第一节　客房常规服务 ··· 202
　　第二节　客房超常服务 ··· 212
　　第三节　会议服务 ·· 220

第九章　客房部安全管理 ··· 229
　　第一节　火灾的预防及处理 ·· 229
　　第二节　失窃的预防及处理 ·· 233
　　第三节　客房其他安全事故的处理 ·· 236
　　第四节　客房员工的安全保护 ·· 238

第十章　客房物资管理与费用控制 ·· 246
　　第一节　客房物资管理 ··· 246
　　第二节　客房部的费用控制 ·· 256

第十一章　前厅与客房服务质量管理 ··· 264
　　第一节　前厅与客房服务质量的内容 ··· 264
　　第二节　前厅与客房服务质量管理 ·· 267

附录一　酒店专业术语（中英文对照） ··· 279
附录二　前厅服务员国家职业标准 ·· 289
附录三　客房服务员国家职业标准 ·· 302

参考书目 ··· 312

酒店前厅与客房管理（第二版）

前 厅 篇

第一章 前厅管理概述

学习目标

1. 认识前厅部的基本职能和地位。
2. 了解前厅部的组织机构设置。
3. 熟知前厅部员工的素质要求。
4. 懂得前厅部的沟通协调途径与方法。

某旅游管理学院新生要进行一周的入学教育,学院领导今年有了一项新举措,就是要安排新生去本地一家四星级酒店参观学习,时间仅一天。黄小米和大多数新同学一样觉得特别好奇,兴致很高,不过跟大多数新同学不同的是她带了笔记本。

来到酒店,首先黄小米很不理解的是他们为什么不能从正门进去,而是被领着从侧门进去,她把这个问题记了下来。他们先来到餐厅参观,餐饮部主管介绍了餐饮部的工作和餐厅的布置要点;接着来到客房楼层,从员工电梯到达 16 楼,这是一个套房楼层,很豪华,是他们这些学生没想到的;最后他们被分为 10 人一组,分批参观了前厅,由大堂副理接待了他们。从走进酒店大堂起黄小米就感觉目不暇接,从大吊灯、壁画、光亮的地面、轻柔的音乐、安静而温馨的氛围,到员工的微笑和优雅的举止、漂亮的制服、娴熟的技术,她突然感觉,这是她将来想来上班的地方。于是,这个聪明的女孩在参观结束前向大堂副理要了一张名片,回学校后抽空给大堂副理打了个电话,询问:前厅部是一个怎样的部门?前厅部要完成哪些工作任务?她应该具备哪些素质和能力才能胜任前厅的工作?她将来可以在哪些岗位上班?等等。

大堂副理被这个女孩的热情和认真所打动,详细回答了她的每一个问题。

第一节 前厅部概述

一、前厅部的概念

(一) 前厅的概念

前厅(Front Office),它是一个区域概念,是指位于酒店门厅处,包括酒店大门、大堂、总服务台在内的为客人服务的综合区域。前厅既包括提供给客人使用的公共活动空间(当然此空间也是员工为客人提供服务的场所),即前台区域;又包括员工的工作场所,即后台区域。

前厅最核心的部分是大堂,前厅的氛围营造、工作秩序性、管理体系、员工的素质与表现等一切都在大堂范围内,客人看得见的、听得着的、能闻到的、感觉到的,都会对酒店的形象和声誉产生重要影响。因此,提供高效优质的服务和营造温馨高雅的大堂氛围是前厅管理的重要任务。客人对酒店的第一印象是从大堂开始的。

前厅形象的设计可以考虑从以下三方面着手。

一是大堂的规模。大堂的规模并不是越大越气派越好,而是应该充分考虑酒店的客流量、客房数量和客流特征。客流量越大,客房数量越多,大堂面积应该越大,这在《中华人民共和国酒店星级评定标准》中是有相关规定和要求的;如果接待的客流以团队或会议为主,考虑到客流量较大,那么酒店大堂面积就需要大些,如果以商务客为主,则不需要太大的面积,而更应该营造温馨高雅且服务高效的氛围。

二是前厅形象设计中必须突出文化主题。酒店的国际化趋势越来越明显,各酒店之间在建筑外观、规模、内部设计装饰、设施设备的配备、客用品的选用等等方面都具有较多的类同性,因此,如何在不同的地区,恰如其分地通过酒店这一窗口来体现当地的文化背景、风情风貌就显得非常重要。文化题材选取得好,表现手法得当,能起到锦上添花的作用。

前厅是酒店文化的中心载体,大堂的装饰布置要营造出酒店特有的文化主题,如色彩和灯光,可以调和出热烈的、温暖的、柔和的、庄重的、活泼的、清淡的或轻松的等不同的文化氛围。鲜花及盆景的使用、播放轻松的音乐或现场演奏钢琴、艺术品、总台的造型设计及颜色、地面及墙面装饰、大堂天花等诸多方面也都能够共同营造出酒店特定的文化主题。例如,广州花园酒店的大堂设计,拥有巨大的大理石贴金壁画,整幅壁画取材于中国文学巨著《红楼梦》中"刘姥姥入大观园",生动再现了金陵十二

钗的生活情趣,令人叹为观止。与金碧辉煌的"大观园"壁画相对的是色调素白、画面简洁的另一幅壁画,其内容与"大观园"所反映的古代封建家庭的奢华生活场景形成鲜明对比,名为"广东水乡风貌"。只用简单有力的黑线条,勾画出广东水乡质朴的风土人情。大堂正中央天花镶有广东省最大的"金龙戏珠"藻井。这条金龙的周围由木刻方格星型图案檐蓬围绕。这一图案是仿照中国古代皇宫殿顶设计,代表着座下的皇帝是真命天子,有金龙护顶。大堂的右边有一幅红棉树壁画(热情如火的红棉花是广州市市花,亦被巧妙地融入广州花园酒店的店徽内),代表着一种挺拔向上的奋发精神。

三是员工制服和仪容仪表。客人进入酒店首先接触到的便是前厅员工,所以前厅员工的制服和仪容仪表在很大程度上影响着前厅形象的塑造。从员工制服的颜色、质地到款式,都要与周围的色彩、氛围及服务功能的主题相吻合,与酒店的主题文化、风格相一致。经过精心设计的员工制服,那和谐的、流动的美,伴随着员工的身影,成为一道亮丽且流动的风景线。

同时,员工的行为举止、表情、语言等也是前厅形象的重要组成部分。

（二）前厅部的概念

前厅部(Front Office Department)是指以前厅为空间依托,为宾客提供各种综合服务的部门,负责招徕并接待客人,销售酒店客房及餐饮娱乐等产品和服务,协调酒店各部门的对客服务,为酒店管理决策层及各相关职能部门提供各种信息参考。它是一个部门的概念,是酒店的一个重要职能部门。

二、前厅对客服务环节

前厅部所需要提供的服务项目设计、服务流程设计及运作,在很大程度上取决于客人在酒店的活动环节,以及各环节的需要。客人在酒店的活动全过程大致可以分为五个阶段,即宾客抵店前、抵店时、入住期间、离店时和离店后,前厅部的服务流程也可以设计为五个阶段。

（一）宾客抵店前

酒店的服务并不一定是从见到客人开始的,当客人还没到达酒店时,我们的服务就已经开始了。这一阶段是酒店产品的售前阶段,前厅部在这一阶段的主要工作是:

（1）通过各种渠道接受宾客的订房要求,保存好订房资料;

（2）将宾客订房信息传递至相关部门,为宾客的抵店做好准备工作。

（二）宾客抵店时

宾客到达酒店时,我们要面对面为客人提供多项服务,充分展示我们的产品,将客房产品顺利地销售出去。在这一阶段前厅部的主要工作是:

（1）饭店代表在机场、车站、码头等处迎接客人到酒店来;

（2）门童在店门前迎接客人;

（3）行李员为客人提供行李服务；

（4）前台接待员向客人推销客房，为客人办理入住手续、安排房间；

（5）收银员为每一位入住的客人建立账户；

（6）接待员把客人到达信息通知相关部门；

（7）接待员变更房态记录，保持房态正确无误。

（三）宾客入住期间

我们不能把客人迎进来就不管了，在客人入住期间，酒店仍然要为他们提供大量细致周到的服务，让客人真正感觉到这是他们的"家外之家"。这一阶段，前厅部要做的主要工作是：

（1）电话总机为客人提供电话转接、问讯、留言、免打扰、叫醒等多项服务；

（2）问讯处为客人提供问讯、留言、邮件等服务；

（3）接待员负责处理客人换房、延迟退房、加床、核对房态等日常服务和工作；

（4）前厅收银员为客人提供贵重物品寄存、各项账目入账、账目查询、外币兑换等服务，并负责完成催收账款等工作；

（5）礼宾部提供委托代办服务；

（6）大堂副理负责协调各部门对客服务的过程；

（7）商务中心为客人提供各项商务服务；

（8）大堂副理及值班经理负责接受并处理客人的投诉，以及酒店发生的各种突发事件。

（四）宾客离店时

在这一阶段，对酒店来说，客人的消费已经结束，但酒店的服务并不能就此结束，我们不仅要热情相迎，还要礼貌相送，给客人留下美好的最后印象。前厅部要做的工作主要有：

（1）为客人办理退房结账手续，处理客人提前或延期离店的要求；

（2）送客人及行李出店；

（3）礼宾员在店门前相送或至机场、车站、码头相送；

（4）做好客人返程预订服务；

（5）将客人离店信息通知相关部门，变更房态，并保持房态正确。

（五）宾客离店后

就某一位客人而言，他已经离开酒店了，似乎我们的服务肯定就结束了，其实不然，为争取这位客人的再次光临，在他离开酒店后，我们仍然有许多工作可做。这主要包括：

（1）前台接待处整理客人的客史档案；

（2）大堂副理收回客人的意见表，汇总投诉及其他意见，分析整理后反映到相关部门，以便相关部门工作的改进；

（3）大堂副理或前厅部经理对贵宾或常客、重要商务客人等寄发感谢函、生日贺卡、节庆贺卡、酒店重大活动邀请函等，以便跟他们保持感情上的联系，争取回头客。

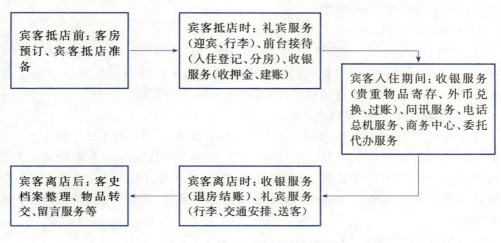

图1-1　前厅对客服务环节示意图

三、前厅部的职能

（一）销售客房

销售客房是前厅部的主要任务。这里所说的销售客房不是指出售客房的所有权，而是指通过前厅部员工的工作将酒店所拥有客房的使用权出售，即将客房出租给客人使用。

前厅部可通过客房预订处的工作来推销客房，也可通过前台接待处的工作当面向客人推销，通过合理排房与价格控制达到最佳销售效果。推销客房的能力是前厅预订处和接待处员工的重要能力，它将直接影响到前厅部的工作绩效。

前厅部推销客房与酒店销售部推销客房有所区别：前厅部主要是针对散客的推销，而销售部主要是针对团队、会议、商务机构的推销，并向广大潜在客人进行宣传销售。

（二）正确显示和控制房态

房态是指酒店客房的使用状态，如空房、住客房、走客房、维修房、贵宾房等。及时、准确地显示客房状况的目的是为了最大限度地利用客房这一酒店最大的获利产品，最大限度地把客房销售出去。因此，迅速、准确地提供客房状况是前厅部的又一项重要任务。房态的显示在传统上是以客房状况显示架来进行的，现代酒店多采用计算机系统来达到同样的目的，且更及时、准确、简便、高效。

（三）提供系列服务

根据前厅对客服务环节图示可见，前厅应该为客人提供一系列服务项目，包括客房预订服务、礼宾服务、前台接待、问讯服务、电话总机服务、商务服务和收银服务等。这些服务的提供能帮助客人在酒店的生活和工作活动顺利进行，是酒店为客人设计的组合产品中的重要组成部分。

（四）协调对客服务

前厅部是客人信息的重要来源地，酒店各部门对客服务时都需要得到客人的信息，以便提供更便捷、更具针对性的服务，因此前厅部有责任做好各部门间信息的沟通和协调工作，最终为客人提供优质的服务，满足客人的需要。

（五）收集、整理并提供信息资料

前厅部处于酒店业务活动的中心地位，接触到大量的信息，如客源市场、产品销售、营业状况、宾客需求等方面的信息，这些信息不仅是前厅部业务所需要的，也是整个酒店经营管理所需要的。因此，前厅部应该努力搜集资料，整理分析，并与酒店其他部门共享这些信息资源，为宾客提供优质服务，为提高酒店的经营管理水平出力。

（六）建立、控制客账

为每一位在酒店消费的客人建立客账，严格管理客账，做好结账服务，体现酒店的经营成果，是前厅部的重要工作任务之一。建立并管理客账的目的是为了记录和监视宾客与酒店之间的财务关系，以保持酒店的良好信誉和保证酒店应有的经济效益。

（七）建立客史档案

客史档案记录的是酒店客人的个人基本情况资料、每次住店期间的爱好习俗、特殊需要、消费资料、投诉等方面的主要资料。这些资料是酒店向宾客提供周到、有针对性的、个性化服务的依据，也是酒店了解客源市场，提高酒店经营和管理决策科学性的依据。

四、前厅部工作的重要意义

前厅部工作的重要性是由其所承担的工作任务所决定的，总体上说，体现在以下四个方面。

1. 前厅部是酒店的"窗口"和"门面"

前厅部被誉为酒店的"窗口"和"门面"，是宾客接触酒店的第一个部门。客人或者通过总机话务员首先听到了酒店的声音，或者通过客房预订首先与订房员沟通，或者在机场首先看到饭店代表的笑脸，或者在酒店门前首先得到了迎宾员的热情欢迎，在前厅感受到了酒店的独特魅力。人们对它的第一印象,不仅取决于大堂的设计、装潢、灯光、设施等硬件,更取决于前厅部员工的精神风貌、办事效率、服务态度、技能水平以及酒店前厅营造出的文化氛围和风格特色等软件。

前厅还是给客人留下酒店的最后印象之所在。客人享受到的退房结账服务、返程预订服务、热情相送服务等都会影响到客人是否会成为回头客,甚至是酒店忠诚的客人。

总之,进入酒店的宾客无须到达酒店的各个部门,只要在前厅部感受一下,就能大致判断酒店的等级和经营风格,前厅部成了酒店的橱窗和名片。

2. 前厅部是酒店的信息中心

前厅部是酒店收集宾客信息最丰富、最全面的部门,从宾客的订房记录、入住登记资料、宾客分户账单、委托代办记录、访客登记资料到客史档案等,不仅可以为各部门提供宾客的需求信息,成为各部门为宾客提供优质服务的依据,而且通过这些资料的整理分析,可以最直接地了解客源市场的需求变化,为酒店的经营决策提供科学依据,使酒店在市场竞争中获取更大的优势。

3. 前厅部是酒店业务的协调中心

前厅部不仅是酒店的信息中心,还是酒店的神经中枢,它要负责协调各部门的对客服务,调度各部门的业务往来。酒店所有工作的核心就是满足宾客的需求,让宾客在酒店各个环节都能得到优质高效的服务。宾客并不区分应该是由哪一个部门来负责他的需要,他把酒店看成一个整体,只要有一个环节的工作失误,造成了宾客的不满,他将对整个酒店产生不良印象。因此,前厅部收集信息,并将收集整理后的信息传递至酒店的各相关部门,使客房、餐饮、娱乐、营销、安全、财务等部门依据得到的信息各司其职,为宾客提供满意的服务,前厅部承担着酒店业务协调中心的职责,其工作的意义重大。为此,在前厅部设立大堂副理一职,他既归属于前厅部经理管理,又直接归属于总经理管理,在工作需要的时候,他的职权可以超出前厅部的范围,可以在酒店各部门间调度工作。

4. 前厅部是酒店宾客关系的纽带,是管理机构的代表

前厅部的服务质量直接代表酒店的管理水平。客人遇到困难,通常会通过电话总机、或找到前台员工、或寻求大堂副理的帮助解决,因为这是最容易得到的解决问题的渠道。同样,客人有不满,需要投诉时,也最容易找到前厅部员工倾诉。因此,在某种意义上,前厅部成了酒店的代言人,成了管理机构的代表,成了与宾客建立良好关系的前沿和纽带。

第二节　前厅部的组织机构设置

一、前厅部组织机构设置的影响因素

前厅部组织机构的设置应该以对客服务环节为重要线索，综合考虑酒店的性质、规模、地理位置、经营特点与管理模式等因素，坚持组织合理、机构精简、分工明确、便于协作等原则，并注意以下四个问题。

（1）大规模酒店的前厅部分工较细，设置的岗位较多，组织结构较为复杂，管理层级较多，可设客务总监、前厅部经理、副经理、主管、领班、基层服务员等层级；小型酒店则没必要分工太细，管理层级也可简化为经理、领班、基层服务员三级，每一岗位和每一层级的职责范围较广，管理相对粗放。

（2）商务型酒店前厅部的分工应该较细，要强化其商务中心、委托代办、问讯服务等功能；而度假型酒店前厅部则应该强化其行李服务功能，弱化其商务中心的功能。

（3）高档次酒店的前厅部因需要向客人提供更多的个性化的服务，其专业分工应更明确，所以前厅部组织结构会更复杂些。

（4）长住型酒店的前厅部功能被弱化了，前厅部基本上可以与客房部合并，由客房部统一管理，所以其组织机构是与客房部一并设置的。

二、前厅部组织机构设置

（一）大型酒店前厅部组织机构设置

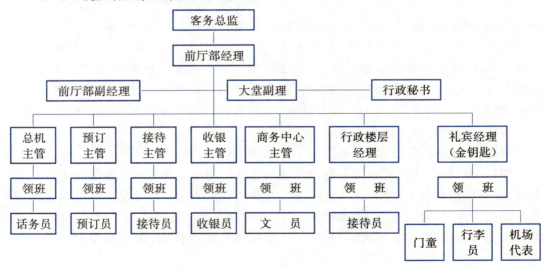

图1-2　大型酒店前厅部组织机构设置示意图

(二)中型酒店前厅部组织机构设置

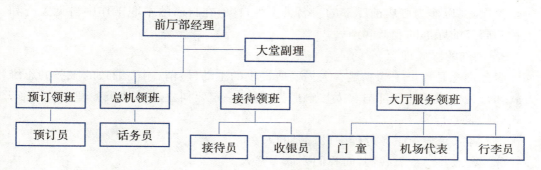

图1-3 中型酒店前厅部组织机构设置示意图

(三)小型酒店前厅部组织机构设置

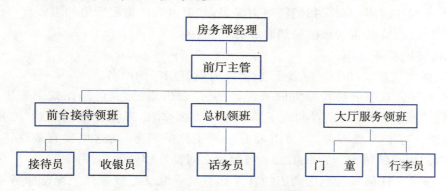

图1-4 小型酒店前厅部组织机构设置示意图

三、前厅部人员素质要求

(一)职业道德要求

前厅部员工必须品行端正,为人正直。酒店前厅部的工作种类很多,有些会涉及价格、金钱以及酒店的经营秘密,如果员工没有良好的修养、端正的品行,就很容易发现并利用酒店管理中的某些漏洞,利用岗位职责之便,为个人谋私利,损害酒店和客人的利益,从而直接影响酒店的服务质量、形象和声誉。因此,前厅部员工必须自觉加强品行修养。

(二)职业意识要求

1. 乐业敬业的精神

首先,要热爱前厅部的工作,对前厅部的工作要有较强的认同感,并有信心通过自己的努力创造出良好的工作业绩,发展自己在前厅部的事业,在事业发展中获得快乐。

其次,要有强烈的工作责任感,熟悉本职工作的职责、要求、目标,并为此付出辛勤劳动。

再次,要以作为酒店前厅部的一名员工为自豪,在自己的本职工作中自觉关心和维护酒店及前厅部的利益和声誉。

2. 正确的服务理念

服务理念是指员工为满足客人需要所提供的主动、热情、耐心细致的服务的思维方式和行为方式。前厅部与客人接触最为频繁,一定要树立正确的服务理念,才能产生正确的服务行为。

(1)客人是整个服务过程中最重要的人。

(2)客人并不依靠我们,而我们要依靠客人。

(3)客人并不会打扰我们的工作,客人是我们工作的意义所在。

(4)客人在本酒店居住是给我们一个展示优质服务的机会。

(5)客人在酒店的需求我们将尽力满足,并努力提供物超所值的服务。

(6)客人期待酒店能提供最热心、周到的服务。

3. 良好的服务意识

员工树立了正确的服务理念后,就要随时做好服务的准备。

(1)微笑。从服务员自身方面来说,微笑是告诉自己"我已经正式上班了,我已经准备好了面对客人,我没有问题了";从客人方面来看,微笑让他们感到"你是欢迎我的,你准备好了为我服务,我可以放心地接受你的服务,在这里我有依靠了"。于是,微笑是"无声的语言",它成了员工与客人之间友好相处的"润滑剂"。

(2)服从。任何一位到达酒店的客人都不是一位员工就能提供全部服务而达到满意的,必须是全体员工共同配合通力合作才行。因此,前厅部员工要意识到服从整体安排,一切以客人需要为中心服从调度,随时准备好与其他员工合作,协助其他员工完成对客服务。

(3)主动。积极主动的服务态度是评价服务人员愿意为宾客提供热情周到服务的尺码,表明了员工的欢迎态度和工作准备的状态。

(4)"客人永远都是对的。"这成了酒店业高唱的一句口号,也是一个信条,但理解却不一。可以这样理解这一信条:它强调的是一种无条件为客人服务的思想;是指在一般情况下,客人不会无理取闹;"客人永远都是对的"并不意味着"员工总是错的",而是要求员工"把对让给客人";同时,意味着酒店管理人员还必须尊重员工,理解员工,做基层员工的坚强后盾。

(三)职业能力要求

1. 良好的语言能力

前厅部提供的主要产品就是服务,是一个员工与客人面对面完成的工作过程,语言的交流与沟通占据着这个过程的大部分。因此,前厅部员工应该具备活泼开朗、愿意与客人交谈的性格,并且在与客人交谈中表现出标准的普通话和外语发音、甜美而真诚的语调、流畅而准确的表达、礼貌规范的用语,用词朴实而富有活力。

2. 敏锐的观察力

前厅部员工接触的客人多,客人的差异巨大,若不能敏锐观察到他们之间的需求差异,则很难提供客人满意的服务。欧美客人重视酒店的下榻环境及餐厅的美味佳肴,在他们每天的旅游花费中,酒店住宿占 35%、餐饮占 27%,而其他如购物(占17%)、娱乐(5%)、地面交通(11%)、其他(5%)等总和只占 38%。日本客人的旅游兴趣却集中在购物上,购物花费占 42%,对餐饮和住宿的花费远没有欧美客人多。因此,在提供服务时一定要先掌握客人的需求才能提供优质服务。

国际著名品牌喜来登酒店就把观察并记录客人的喜好、忌讳当作一项系统工程来做,要求与客人接触的所有员工利用任何机会观察、收集并记录客人的需求与嗜好,并把收集到的资料录入 OPERA 系统,以便客人开口前就能提供最适合的服务。

3. 敏捷的思维能力和理解力

许多酒店在录用前厅部员工时只考虑外在形象,而忽略考查其思维能力和理解力,这是非常错误的。前厅部员工一定要有很好的悟性,在与客人沟通交流中理解并准确把握其要点,能在很短的时间内针对观察到的客人的需求的变化作出相应的反应,尤其在推销客房时,准确抓住客人的心理,将客人的需要与酒店服务之间建立一种快速的联系通道,适时推销,提高服务效率。

同时,敏捷的思维还体现在考虑问题、处理工作能有条不紊,对事物的积极面和消极面都能正确认识,这对于保持良好的心态对待工作是大有裨益的。

4. 较强的人际交往能力

前厅部是酒店的信息中心,是酒店各部门之间的业务协调和调度中心,这就决定了前厅部员工需要频繁地进行内部沟通协调,并与其他部门之间进行沟通协调,甚至与酒店外社会机构进行沟通。因此,前厅部员工与领导、与同事、与客人、与业务单位人员之间的人际交往能力必须较强,要有能力处理好与各方面的关系,给自己创造一个和谐的人际环境,才有利于工作顺利进行。

5. 较强的自我控制能力

前厅部员工每天都要面对各种客人,做到热情有礼,满足千差万别的客人的需要,心理压力较大,难免会产生情绪上的不稳定,尤其是前厅部的员工大部分都是社会阅历较浅的年轻人,更容易情绪冲动。因此,培养前厅部员工良好的心理素质和自我修养,学会自我控制就非常重要。这不仅有利于对客服务质量的提高,还利于员工自身处于良好的工作状态,有利于员工的身心健康。

6. 要有幽默感

前厅部员工在与客人打交道时,有时难免会出现较紧张、尴尬的场面,此时运用生动幽默的语言,不仅能打破僵局、缓和气氛,便于处理问题,而且还能使客人感觉酒

第一章 前厅管理概述

店员工的文化素养较高,从而使感情易于融洽。

员工的幽默感的培养要从员工拓展知识面、保持乐观向上的生活和工作积极态度、平和稳定的心理状态等方面入手;同时,酒店管理层要营造一种愉悦、和谐的工作氛围。

7. 娴熟的专业技能

(1) 熟练掌握本职工作范围内的各种工作流程及标准。

(2) 熟练使用各种前厅服务设施设备,并掌握一定的设备保养技术。

(3) 规范操作,并优质高效提供服务。

(4) 有较强的文字处理能力。

(5) 有娴熟的电脑应用能力,尤其是酒店计算机管理系统的操作能力。

(6) 有较强的心算能力。

(四) 职业规范要求

1. 端庄大方的仪表、仪态

仪容:指容貌,是员工的本身素质的体现。仪表:指人的外表,包括人的服饰和姿态方面,是个人精神面貌的外在体现。

(1) 仪表要清洁。

制服:着规定工装,洗涤干净,熨烫平整,纽扣要齐全扣好,不得卷起袖子;领带、领花系戴端正,佩戴工号牌(戴在左胸前);鞋袜整齐,穿着酒店指定鞋子,袜口不宜短于裤、裙脚(穿裙子时,要穿肉色丝袜)。

装饰物:除手表外,不佩戴任何首饰。

(2) 仪容要大方。

头发:头发梳理整洁,前不遮眉,后不过领。男服务员不得留鬓角、胡须;女服务员如留长发,应用统一样式发卡把头发盘起,不擦浓味发油,发型美观大方。

面容:精神饱满,表情自然,不带个人情绪,面着淡妆,不用有浓烈气味的化妆品,不可用颜色夸张的口红、眼影、唇线;口红脱落,要及时补妆。

手部:不留长指甲,不涂有色指甲油,经常洗手,保持清洁卫生。

(3) 仪态要得当。

站立:站立要自然大方,位置适当,姿势端正,双目平视,面带笑容,女服务员两手交放在脐下,右手放在左手上,以保持随时可以提供服务的姿态。男服务员站立时,双脚与肩同宽,左手握右手背在腰部以下。不准双手叉在腰间、抱在胸前,站立时不背旁倚或前扶他物。

行走:步子要轻而稳,步幅不能过大,要潇洒自然、舒展大方,眼睛要平视前方或宾客。不能与客人抢道穿行,因工作需要必须超越客人时,要礼貌致歉,遇到宾客要点头致意,并说"您早""您好"等礼貌用语。在酒店内行走,一般靠右侧(不走中间),行走时尽可能保持直线前进。遇有急事,可加快步伐,但不可慌张奔跑。

手势:要做到正规、得体、适度、手掌向上。做出"请"的姿势时一定要按规范要求,五指自然并拢,将手臂伸出,掌心向上。与客人谈话时,手势不宜过多,幅度不宜过大,切忌用手指或笔杆指点。

在宾客面前不可交头接耳、指手画脚,也不可有抓头、搔痒、挖耳朵等一些小动作,要举止得体。

递交物品:应站立,双手递交,态度谦逊,不得随便将物品扔给或推给客人。

2. 恰到好处的礼貌礼节

(1) 迎送礼。"客人来时有欢迎声,客人走时有道别声。"要根据客人抵离店时的接待规格、要求、交通工具等提供有针对性的前厅迎送服务。

(2) 操作礼。接待服务时做到"三轻",即说话轻、走路轻、操作轻;在引领客人时应走在客人左前两三步处;随客人同步行进时,遇到台阶或拐弯处应及时示意客人留意;乘用电梯时应礼让客人先行。

(3) 微笑礼。保持微笑,善待每一位客人,主动向客人打招呼、问候;与客人谈话时保持0.8米至1米的距离,目光注视对方面部,保持表情自然,微笑恰到好处。

(4) 言谈礼。谈话时精力集中,不得左顾右盼漫不经心;回答客人询问时,表达要准确清晰,语言简洁;谈话声音以双方能听清为限,语调平稳、轻柔,语速适中;注意不要谈及对方的忌讳或隐私;不能使用"不知道"等否定语,确实不知道时,也要请客人稍等,尽快弄清后告知;对客人过激的言辞要保持一份平静的态度,不能与之争吵;不要在客人面前与同事讲家乡话,不能扎堆聊天;切忌中途打断客人讲话,要耐心听完后再作答;遇急事要打断谈话中的客人时,应先说声"对不起",征得同意后再与客人交流;当与客人交谈时,如果发现有其他客人走近,应主动示意他的到来,不应无所表示。

(5) 称呼礼。正确使用"先生""小姐""太太"等称呼;要使用尊称;对知道其头衔的客人要使用姓名加头衔的方式称呼对方。

(6) 问候礼。分清一天中的不同时段的问候词,如"早上好""晚上好"等;分清不同节庆日的不同问候,如"过年好""圣诞节好"等。

(7) 应答礼。应答客人询问时要站立应答;应答客人时要精力集中,面带微笑;如果没听清客人的问题时,应委婉地请客人复述后再应答,不能凭主观臆想后随意回答;回答多位客人同时询问时,应从容应答,按先后顺序或轻重缓急,逐一应答。

第三节 前厅部的沟通与协调

沟通是人与人之间、组织与组织之间的信息交流,是满足我们的需要、实现我们目标的重要工具之一。协调是使人们的行为趋于和谐,其行为导向指向共同目标的一种管理活动。沟通是手段,协调是目的。一个管理者的管理水平和管理效率主要取决于其沟通、协调能力。

饭店的对客服务是整体性的,需要靠饭店的每一部门、每一环节以及每一位员工之间的工作联系、信息沟通、团结协作才能令宾客满意,这种沟通与协调的成败将直接影响到饭店运营与管理的成败。作为饭店"神经中枢"的前厅部,其内部各部门之间沟通以及与酒店其他部门之间的沟通就显得尤其重要。

一、前厅部内部的沟通与协调

前厅部内部沟通与协调是指前厅部所属的客房预订、入住接待、问讯服务、大厅服务、前厅收银、电话总机、商务中心等各环节的相互沟通与协调,并依照已确定的服务程序及质量标准,共同为客人提供满意的服务,以免因工作脱节而给客人的生活及工作带来不便甚至损失。同时,有效的内部沟通协调也是前厅部更好地销售客房的前提和基础。

(一)客房预订处与前台接待处的沟通协调

客房预订处每天应将次日预抵店客人名单、团体及散客订房单、旅游团队/会议客人分房名单、VIP接待通知书、延期抵店及实际取消用房的客人的情况等相关资料及时通知接待处,以最大限度地满足宾客的接待要求。

前台接待处也应每天将实际抵店、实际离店、提前离店等用房数以及预订但未抵店的宾客用房数和换房数书面通知客房预订处,预订员应根据上述信息及时更新预订控制总表,确保预订信息的准确性。

(二)前台接待处与前厅收银处的沟通协调

接待员应及时将为入住宾客所建的账单交前厅收银处,以便收银员开立账户、累计客账。若住客的房间或房价发生变化,也应及时通知收银处。同时,两个岗位的夜审人员应就白天的客房营业情况进行细致、认真的核对,直到双方认为其客房数额准确无误为止。

宾客结账后,前厅收银处也应立即将宾客已结账的消息通知接待处,以便接待员更改客房状态,通知客房服务中心整理、清扫,以便尽快将客房投入周转。

(三)前台接待处与问讯处的沟通协调

接待处应及时将入住客人情况通知问讯处,以便查询。信息沟通以手工操作为主的饭店通常以"宾客入住单"的形式来沟通。

入住登记时客人提出要求保密的,接待处应将客人的相关保密要求通知问讯处。

(四)客房预订处与礼宾部的沟通协调

客房预订处应将整理出的预抵店宾客名单、团体/会议接待通知单、VIP接待通知单等及时提交给礼宾部。

宾客预订时提出的关于接车/接机等要求也应及时通知礼宾部,以便礼宾部做好行李、接车、接机等工作安排。

(五)接待处与礼宾部的沟通协调

前台接待处在给客人办理入住登记手续后要通知行李员提供行李服务,并引领宾客进房间;当宾客换房后若有需要也应通知行李部提供行李服务。

行李员有义务为接待处传递"换房通知书"等。

(六)接待处与总机房的沟通协调

接待处应将宾客入住情况传递给总机房,以方便总机为住客电话转接;如住客要求保密,接待处必须以书面形式通知总机房;团体客人的叫醒服务也应通知总机房。

(七)客房预订处与前厅收银处的沟通协调

如客人以预付押金的形式进行保证性订房,收银处与预订处之间要就宾客的定金问题进行有效的沟通协调,以便接待好保证类预订的宾客。

另外,住客的留言、邮件、传真等都由礼宾部的行李员传递;商务中心收到住客的电传、传真等,一般都交由问讯处处理。

表1-1 前厅各部门所需客人信息种类

前厅部门	所需客人信息内容	使用信息的目的	信息来源
接待处	1. 预抵店散客名单及预订单 2. 预抵店团体/会议接待通知单 3. 预抵VIP接待通知单 4. 客史档案 5. 商务合约优惠房价备忘 6. 黑名单	1. 准备并接待预订散客 2. 准备并接待团体/会议 3. 准备并接待VIP 4. 提供针对性服务 5. 协议房价 6. 婉拒不受欢迎的客人	1. 预订处 2. 销售部 3. 预订处 4. 大堂副理 5. 财务部 6. 大堂副理
预订处	1. 团体/会议预订单 2. 客史档案 3. 商务合约优惠房价备忘 4. 黑名单 5. 订而未到名单 6. 提前或延期离店通知单	1. 预分房 2. 提供针对性服务 3. 协议房价 4. 婉拒不受欢迎的客人 5. 再次预订促进销售 6. 促进客房销售	1. 销售部 2. 大堂副理 3. 财务部 4. 大堂副理 5. 接待处 6. 接待处

第一章 前厅管理概述

(续表)

前厅部门	所需客人信息内容	使用信息的目的	信息来源
问讯处	1. 预抵店客人名单 2. 住店客人名单 3. 离店客人名单 4. 换房通知单 5. 入住宾客的保密要求	1. 处理未到店客人邮件 2. 处理在店客人邮件及留言 3. 处理离店客人邮件 4. 处理换房客人邮件及留言 5. 为住客提供保密服务	1. 预订处 2. 接待处 3. 接待处 4. 接待处 5. 接待处
前厅收银处	1. 预抵店客人名单 2. VIP名单 3. 团体名单 4. 商务合约优惠房价备忘 5. 换房通知单	1. 预订保证金的处理 2. 确定付款方式及优惠政策 3. 核对公司账户 4. 确定优惠政策 5. 变更账户及相关费用	1. 预订处 2. 接待处 3. 接待处 4. 财务部 5. 接待处
礼宾部	1. 预抵店客人名单 2. 离店客人名单 3. 团体名单 4. VIP名单 5. 预订客人的用车及其他礼宾要求	1. 做好行李进店服务 2. 做好行李出店服务 3. 做好团体行李进出店服务 4. 做好VIP接待服务 5. 做好预订客人的接待服务	1. 预订处 2. 接待处 3. 接待处 4. 接待处 5. 预订处
电话总机	1. 住店客人名单 2. 预订店客人名单 3. 已退房客人名单 4. 客人的保密要求	1. 电话转接 2. 留言控制 3. 电话收费 4. 为住客保密	1. 接待处 2. 预订处 3. 接待处 4. 接待处

二、前厅部与酒店其他各部门的沟通与协调

前厅部是饭店接待服务的枢纽,是饭店其他部门的信息源,也是饭店管理机构的参谋和助手,因此前厅部与饭店其他各部门之间必须信息畅通,密切配合。

(一)前厅部与营销部间的沟通协调

饭店营销部对长时期的、整体的销售,尤其是团体/会议的客房销售负责;而前厅部则对零星散客,尤其是当天的客房销售负责。

(1)双方进行来年客房销售预测前的磋商,营销部对团队/会议的客房销售负责,而前厅部则对零星散客的客房销售负责。

(2)营销部将已获准的各种预订合同副本递交前厅部客房预订处。

(3)营销部将团队/会议宾客预订资料及用房变动情况资料及时递交客房预订处。

(4)前厅部以书面形式向营销部通报有关客情信息,如"一周客情预报表""次日抵店宾客名单""VIP、团队、会议一览表"等。

表 1－2　次日抵店宾客名单

序 号	姓 名	房 号	人 数	房 数	交通工具/时间	离店日期	订房人	备 注

制表人：　　　　　　　　　　　　　　　　　　　　　　　　　　　日期：

表 1－3　一周客情预测表

预测数＼项目＼时间	特级套房			甲级客房			标准客房			用　餐			备注
	团体客人	重要客人		团体	散客	重要客人	团体	散客	重要客人	早餐	午餐宴会	晚餐宴会	
一													
二													
三													
四													
五													
六													
日													
合计人数													
合计房数													

预测预订总数：　　　　　　　　　　　　预测房租收入：
　　　　　　　　　　　　　　　　　　　制表人：

年　月　日

表 1－4　VIP 接待通知单

姓名(Name)	
职务(Designation)	
公司(Company)	
到店日期(Arrival Date)	时间(Time)
离店日期(Departure)	时间(Time)

第一章　前厅管理概述

(续表)

访问目的(Purpose of Visit)	
到店接待(Arrival Reception) 1. ＿＿＿＿＿董事长(M.D.)＿＿＿＿＿总经理(G.M.)＿＿＿＿＿副总经理(DGM)＿＿＿＿＿ 2. 摄影师(Photographer)＿＿＿＿＿ 3. 其他要求(Other Requirement)＿＿＿＿＿ 4. 礼节(VIP Amenities)＿＿＿＿＿	
离店(Departure)	
要求部门(Originating Dept.)	日期(Date)
备注(Remarks)	

表1-5 团队接待通知书

```
姓名_____ 国籍_____ 人数_____
旅行社_____
抵达日期_____
离开日期_____
单人_____     房租_____     双人_____     房租_____
三人_____     房租_____     套房_____     房租_____

三餐：
早餐_____
午餐_____
晚餐_____

备注_____
_____。

送往
    总台      旅行社      餐饮部      客房部
```

（二）前厅部与客房部间的沟通协调

前厅部的主要职责是销售客房，客房部的主要职责是生产合格的客房产品。因此，前厅部与客房部两个部门间保持良好的沟通与协调至关重要。

（1）前厅部向客房部递交"一周客情预测表""VIP接待通知单""在店贵宾、团队表""翌日抵店宾客名单""预期离店宾客名单"等，以书面形式将客情信息通报客房部。

（2）前厅部及时通报宾客入住和退房情况，可借助于直拨电话沟通。

（3）前厅部在团队/会议宾客抵店前,向客房部递交"团队/会议用房分配表",以便准备好客房。

（4）前厅部及时递交"特殊要求通知单""客房变更通知单"等,以便通知客房部关于客房变更及相关服务的要求。

（5）递交有关客房状况的报告,以便协调好客房销售与客房管理之间的关系。

（6）客房部应及时将走客房内发现的宾客遗留物品情况通知前厅。

（7）客房部应及时向前厅通报客房异常情况。

（8）前厅部应积极参与客房清洁保养质量的检查。

（9）前厅部与客房部互相进行交叉培训。

（三）前厅部与财务部间的沟通协调

为了确保客房收入的及时回收,保证对客服务的质量,前厅部应做好与财务部的沟通协调。

（1）前厅部递交已抵店散客的账单、登记表及压印好的信用卡预授权单和签购单(宾客以信用卡支付的)。

（2）前厅部递交已抵店团队宾客的主账单。

（3）前厅部递送"客房、房租变更通知单""长途电话收费单""预期离店宾客名单""在店宾客名单"等客情信息资料给财务部。

（4）前厅部递送邮票售卖记录,交财务部审查。

（5）每日就客房营业情况的夜审进行细致核对,确保准确。

（6）就信用限额、预付款、超时房费收取、已结账宾客挂拨长途电话时再次收费等进行有效协调。

（四）前厅部与餐饮部间的沟通协调

（1）前厅部向餐饮部每周递送"客情预测表"。

（2）前厅部向餐饮部每天以书面形式通报有关 VIP 及团队/会议等客情信息。

（3）前厅部以书面形式通知餐饮部有关预订宾客的用餐特殊要求及房内布置要求(鲜花、水果等)。

（4）前厅部要娴熟掌握餐饮部各营业点的服务内容、服务时间及最新收费标准。

（5）前厅部协助餐饮部向宾客发放餐饮推销活动的各类宣传资料,如饭店在店庆、春节等节日举办的相关活动的资料。

（6）前厅部从餐饮部宴会预订处获取"宴会/会议活动安排表",以帮助促销。

（五）前厅部与总经理室的沟通协调

前厅部除了应向总经理请示汇报对客服务过程中的重大事件外,平时还应就下述工作与总经理室进行沟通。

（1）定期呈报"客情预测表"。

（2）递交"贵宾接待规格审批表"。

（3）每日以书面形式通报有关客情信息。

（4）饭店免费、折扣、定金、预付款、客房信用政策、客房销售政策的呈报与批准。

（5）转交有关邮件及留言等。

（6）了解总经理的值班安排及去向，以提供传呼找人服务。

表1-6 明日预测报告

日期： 年 月 日

	团名	人数	用房数	抵店		离店		类别	房号/场所
				日期	时间	日期	时间		
会议团体									

预抵： 预离： 预计总房数： 预计入住率：

呈：总经理 副总经理 总办 礼宾部 客房部 财务部 餐饮部 前厅部

接待员：

大堂副理：

表1-7 每日房间销售报告

日期： 年 月 日

	本 日					本 月 累 计				
	房数	入住率	房租收入	服务费	平均房价	房数	入住率	房租收入	服务费	平均房价
足租										
折扣租										
商务合约										
团队										
旅行社代订										
陪同房										
长住房										
免费房										
日租										
其他										

(续表)

	本 日					本 月 累 计				
	房数	入住率	房租收入	服务费	平均房价	房数	入住率	房租收入	服务费	平均房价
售出房合计										
空 房										
可售房			房间类型	今日	本月累计			客人来源	今日	本月累计
自用房			SUP					港澳台		
维修房			DLX					东南亚		
总房数			JST					欧 美		
			DST					本 省		
			EST					内 地		
			PS					合 计		

呈报：总经理　副总经理　　总办　　礼宾部　　客房部　　财务部　　餐饮部　　前厅部
接待员：
大堂副理：

表 1-8　客房收入报告（Rooms Revenue Report）

Room No. 房号	Types 房间类型	Sex of Guest		Rate			Nat. 国籍
		M 男	F 女	Rate 房价	Income 实际收入	Remarks 备注	
101	S	✓		100	100		A
102	S		✓	100	90	10% Disc.	J
103	S	✓		100	0	COMP.	B
104	T			120	0	House Use	
105	T	✓		120	120		CA
106	D		✓	110	110		A
107	D		✓	110	105	Single Rt.	F
108	D			110	0	O.O.O.	
109	S		✓	100	100+50	Late Out 50% Plus	
110	S			100			

(六) 前厅部与其他部门的沟通协调

(1) 递送"维修通知单"至工程部。
(2) 与保安部、工程部沟通协调客房钥匙遗失后的处理。
(3) 了解各部门经理的值班安排及去向。
(4) 出现突发事件时与相关部门沟通协调。
(5) 配合人事部、培训部做好前厅部新员工的上岗培训,以确保应有的对客服务水平。

三、前厅部沟通与协调的方法

前厅部内部及与外部沟通过程中首先要明确信息沟通的目的,要理解对方,了解对方的确切意见与意图,相互理解并接受对方的信息内容,让对方明白要做什么、何时做、为什么做、怎样做,并产生实际行动。同时,相互传递的信息必须要准确,不能有任何差错。由于信息变化迅速,也就要求信息沟通要及时,渠道要通畅,各部门间的配合协调要积极主动,不能有本位思想,要以全局利益为重。在信息沟通中还要特别注意沟通方法要适当。

(一) 前厅部沟通的具体方法

1. 饭店管理信息系统(Hotel Management Information System,简称 HMIS)

随着计算机的普及,饭店计算机联网已成为饭店信息管理的重要手段。饭店管理信息系统是饭店利用计算机技术和通讯技术对饭店信息进行管理的人机相结合的综合系统。人,包括饭店高层决策人员、中层职能管理人员和基层服务人员;机,包括计算机硬件与软件(包括业务信息系统、知识工作系统、决策和支持系统等)和各种办公机械及通讯设备。人和机器组成一个和谐的、配合默契的人机系统。HMIS 主要用于饭店各级管理人员对饭店的经营状况、重大管理事件及日常事务活动的辅助管理和决策,HMIS 的使用极大地提高了饭店信息数据处理的及时性、精确性,适合当前广泛的、互动的,以市场共享、信息共享、突出个性特点的网络化的销售方式,为饭店提供满足客人个性需求的定制产品和服务创造了有利条件。计算机系统的最大特点是信息沟通准确、迅速,沟通的中间环节少。

饭店管理信息系统的软件结构主要有:
(1) 市场营销子系统。
(2) 预订接待子系统。
(3) 账务审核子系统。
(4) 商务中心管理子系统。
(5) 程控电话管理子系统。

（6）餐饮娱乐管理子系统。

（7）客房中心管理子系统。

（8）人力资源管理子系统。

（9）总经理查询子系统。

（10）财务管理子系统。

（11）工程设备管理子系统。

（12）安全管理子系统。

（13）仓库管理子系统。

2. 报表（Statistics Report）、报告（Report）和备忘录（Memorandum）

前厅部内外沟通多采用报表、报告和备忘录方法。报表包括：营业统计报表，营业情况分析报表，内部运行表格如客房预订当日取消报表、未到客人报表、提前退房表、延期退房表、房租及免费表、次日客人退房表、今日住店 VIP 一览表等等。报告包括：按饭店组织机构管理层次逐级呈交的年度、季度、月度、周、日的工作报告，如客房销售报告、客房收入报告等。备忘录是饭店上下级、部门间沟通协调的一种有效形式，包括工作请示、指示、汇报、建议、批示等。

3. 日志、记事簿（Log Book）

日志、记事簿是饭店对客服务基层班组相互沟通、联系的纽带，主要用来记录本班组工作中发生的问题、尚未完成需下一班组跟催（Follow Up）的事宜。前厅部各环节各班组均需建立此制度，确保信息沟通渠道畅通及传递迅速有效。饭店的交接班均采用此方法。

4. 例会（Briefing）

例会，是及时传递信息、发布指令的一个主要手段，是饭店管理方法中的一事一议的具体体现。常见的例会有饭店中高层的行政月例会、周例会，部门班组的班前、班后例会等。

中高层的行政例会主要通报季度、月度、一周的营业情况，分析经营管理中存在的问题，共同探讨改进的措施；同时，各部门间进行信息沟通，面对面协调各部门间的关系；饭店将要做出的决策也在例会上讨论，有利于各层级各部门理解上层的意图。

班组例会主要通报近期或当日的接待的重要活动、VIP、团体/会议等的相关信息，强调当日工作要点，提醒基层员工需注意的特别事项等。

5. 员工团体活动（Party）

丰富多彩的团体活动，是消除误解、隔阂，加强沟通、交流的较为理想的方法。饭店应定期、不定期地举办这类活动，如茶话会、联谊会、员工生日会、歌舞会、运动会、郊游等。

(二) 信息沟通的主要障碍及纠正方法

前厅部与其他部门之间能否进行有效的沟通,不仅仅反映了管理者是否了解沟通的方法,也反映了管理者对团体协作精神是否具有足够的认识。因此,要时刻提防和避免阻碍信息沟通的障碍。

1. 阻碍信息沟通的障碍

(1) 个人主义严重,互相拆台。

(2) 彼此缺乏尊重与体谅。

(3) 本位主义,缺少团队意识和集体主义精神。

(4) 感情用事、意气用事。

(5) 责任感不强。

2. 克服障碍的方法

(1) 抓紧对管理人员及服务人员进行有效的在职培训,使之充分了解"团结协作"的重要性,掌握进行有效沟通的方式方法;还应使员工在不断精通本职工作的同时,加强对酒店整体经营管理知识和各部门工作内容的了解。

(2) 在日常工作中,注意检查部门内部与部门之间信息沟通的执行和反馈情况,不断总结、完善各个环节,对于沟通良好的部门和个人及时予以表扬;反之,则予以批评。

(3) 组织集体活动,增进员工之间的相互了解,消除隔阂,加强团结。

(4) 加强企业文化建设,增强员工对企业的认同感和责任感,使员工在工作中能以企业利益为重,以饭店整体利益为重,以饭店大局为重,进一步做好各环节的沟通与协调。

(一) 对比本章所述的"前厅部人员素质要求",评估自己在哪些方面能达到要求,还有哪些方面不太符合要求。写出一份评估报告,并提出改进方案。

(二) 到本地了解几家酒店的组织机构设置和人员配备情况,分析其合理性。

(三) 分组辩论:小组分别以前厅部、客房部工作人员的身份辩论各自部门的重要性。要求辩论有理有据、以理服人。

 思考与练习

1. 前厅部有哪些对客服务项目?与它们相对应的工作岗位是什么?

2. 前厅预订处与前台接待处及礼宾部之间有怎样的联系?如何沟通协调?

案例与分析

案例(一)　在飞机场没有接到客人

厦门某酒店离机场较远,为了方便客人抵离,酒店每日都安排饭店代表和车辆到机场接送客人8趟次。一日,饭店机场代表与车队司机按预订单到机场迎接客人,当预订单上标示的航班客人都走完了也没有见到要接的宾客,经机场代表与预订处联系才获知,原来客人预订已取消,但预订处忘记通知有关人员。

评析:

1. 前厅部接待员、预订处预订员接到取消预订通知后,应根据该预订所涉及的部门、岗位和人员,及时通知客房部、餐饮部、礼宾部、车队、大堂副理等有关部门、岗位和有关领导。

2. 接到取消预订通知后有关人员应做好文字记录,在通知有关部门和预订人员该预订取消后也应及时做好备书。

3. 接受预订和取消预订都需要高度的工作责任心,任何时候都不得马虎。此事虽未涉及客人,也未给客人带来任何不良影响,但反映出员工工作的粗心大意与内部的协调配合工作不到位,存在沟通障碍。如果对此问题不引起重视,不采取措施加以解决,很可能在其他方面也会表现出来,就有可能影响对客服务,造成宾客投诉。

案例(二)　曼谷东方酒店——湄南河畔的明珠

在酒店业内,有着128年悠久历史的曼谷东方酒店(The Oriental Bangkok)真可谓声名卓著,她以其独具特色的服务风格被人们广为称道,是世界上最高档的酒店之一。

历经了一百多年时间之河的洗礼,曼谷东方酒店日益彰显自己的优雅和大气风范,今天,当我们走近她时,依然被她的风采所迷醉、所倾倒、所折服。在美丽的曼谷市中心、湄南河畔,闻名于世的东方度假酒店巍然伫立,走进她的大门,便如同打开一把把美丽的折扇,你可以切身感受到遥远的历史与现代的文明相互撞击,交相辉映。

在泰国,我们充分感受到了曼谷东方酒店的文化魅力。刚刚迈进酒店的那一刻,这里华美精致的摆设和古典的装修令人仿佛进入一个西方的东方贵族庭院,谦恭的服务员一举一动可以使你感觉到他们是贵族大家庭中训练有素的"专家"。大堂的灯饰、家具、各种陈设,以及酒店客房陈饰的艺术品和油画,都以各自的方式演绎着酒店上百年来斑斓的历史。

对于一家酒店来说,要让客人同时感受历史的厚重与现代的时尚一定很难,但曼谷东方酒店却把这二者完美结合起来,悠久的历史、浓郁的文化特色对一家豪华酒店的重要性是不言而喻的,用酒店总经理瓦奇维特先生的话来形容就是"历史是别人无法拷贝的"。言下之意很明白,这样浓重的文化氛围是东方酒店所独有的,这种独一无二的特性只有在客人入住后才能体会到。

曼谷东方酒店是东方文华酒店集团的成员,一百多年来,无数政要、名人入住。早在上世纪初,曼谷东方酒店就是不少西方作家喜爱入住的地方。酒店既处于市中心,又靠在优美的湄南河旁,热闹中不失宁静,一些作家便喜欢在此埋首创作,连带令酒店也沾上了一些文学气息。后来,酒店更征求这些作家同意,根据他们的爱好设计出独有的房间布置,并以他们的名字命名了这些客房。

酒店顶级的食宿,则要数只此一间的客房,这间300平方米的客房,除有偌大落地玻璃窗让你饱览湄南河美景外,更有豪华大理石地面,配华丽水晶灯及私人管家服务,尽显贵气。难怪国际著名影星索菲亚·罗兰、伊丽莎白·泰勒也曾慕名入住。瓦奇维特先生不无自豪地说:"我们这里一直都很受名人的青睐。"

为了精益求精,酒店近几年做了大规模的翻新工程,改造一新的客房融入高科技和时尚的元素,这对迎合亚洲市场和新一代的客源起到至关重要的作用。特别是以国际著名作家为招徕卖点的Authors' Wing,那焕然一新的欧洲贵族气息,配合一贯超豪华的东方套房,以及酒店著名的泰式SPA服务,必定会继续成为曼谷的顶级住宿佳选。

(梁言博文)

第二章 前厅客房预订管理

 学习目标

1. 了解客房预订的渠道和方式。
2. 理解客房预订的类型及其特点。
3. 掌握预订业务的受理程序及细节。
4. 懂得客房预订的控制及失约行为的处理。

第一节 客房预订概述

一、预订处的岗位职责

（一）预订主管的岗位职责
（1）检查预订设备的使用情况；
（2）复核当日 VIP 预订及安排事项；
（3）核查典型散客、团队预订及安排事项；
（4）建立新客户或旅行社档案；
（5）每月末整理客史档案；
（6）掌握酒店的信用担保预订的相关政策；
（7）掌握客房促销活动的有关政策；
（8）加强预订控制与协调；
（9）检查次日 VIP 客人预订信息。

（二）预订员的岗位职责
（1）接听预订电话，受理电话、传真、网络等不同渠道的客房预订；
（2）处理销售部或其他部门发来的预订单；
（3）掌握预订的信用、担保、未到失约处理及其他相关政策和规定；

(4) 及时、准确发出变更单、确认书、婉拒信等，按工作标准及程序进行录入、变更、取消等数据处理；

(5) 客史建档的更新整理及保管；

(6) 爱护使用各种设备，发现故障及时联系维修；

(7) 做好与下一班次的交接工作。

二、客房预订工作的任务及意义

客房预订是前厅部的一项重要业务内容，它是整个对客服务环节中的重要一环。客房预订是指客人或代理机构为住店客人在抵店前与酒店达成的一种预期出租或使用客房的协议。预订一经酒店确认，酒店与客人之间便达成了一种具有法律效力的约定，酒店就有义务以预订确认的价格为客人提供所需客房。

（一）客房预订工作的任务

前厅客房预订是酒店专设的服务项目，是前厅部销售客房的重要手段和途径。它要完成的任务主要有：

(1) 接受、处理宾客的订房要求；

(2) 记录、整理、储存预订资料；

(3) 检查、控制预订过程；

(4) 完成宾客抵店前的准备工作。

（二）客房预订工作的意义

酒店前厅部开展客房预订业务，对宾客和对酒店都有着重要的意义。对于客人来说，通过客房预订，可以有效地计划自己的行程，节约宝贵的时间，免遭酒店客满的风险；可以提出自己想要的房间的具体要求，让酒店做好接待的准备，使自己的旅行更舒适方便。对于酒店而言，开展客房预订业务的意义也是显而易见的，主要体现在以下四个方面。

1. 延展对客服务的广度和深度，提高酒店服务质量

开展对客预订业务，通过预订员对酒店及客房、房价、各项服务设施和服务项目的介绍，拓展了对客服务在时间、内容等方面的范围，形成了更完整的为客人提供全面服务的概念，从而提高了酒店的服务质量。

2. 开拓客源市场，提高客房出租率

酒店通过将客房预订的信息发放到网络、中介机构、报纸杂志等，扩大了宣传范围，主动与更多的潜在客源进行信息交流，改变了原来被动坐等客人上门来入住的局面，有利于酒店提前占领客源市场，提高客

房出租率。

3. 更好地预测未来客源市场

通过客房预订业务的开展，酒店可以提前了解酒店在未来一段时间内客源的充沛情况，把握市场动向，为销售部门制定、调整营销策略提供依据；同时通过提前与客人的沟通，将获取的客人需求变化的信息进行整理分析，可以为酒店未来经营决策提供科学依据。

4. 提前做好宾客抵店前的准备工作

通过客房预订业务的开展，各部门可以在宾客抵店前按其预订要求进行各项接待准备，对人力、物力等方面进行合理安排，有利于提高酒店的管理水平和服务质量。

三、客房预订的渠道和方式

（一）客房预订的渠道

客人可以通过两大类渠道来订房：一类为直接渠道，即客人不经过中介直接与酒店预订处联系，办理订房手续；另一类为间接渠道，也就是订房人由旅行社等中介机构代为办理订房手续。从酒店方面看，总是希望把自己的产品直接销售给客人，以期获得最大的利润。由于人力、财力所限，在竞争如此激烈的市场环境中，酒店不得不借力于中介机构，并利用它们的网络、专业特长及规模等优势，来帮助推销客房。

间接渠道主要包括以下六个。

1. 订房网站订房

通过互联网在线预订，已经成为现代人们出行订房的最重要方式。宾客只需在网站上找到适合自己的酒店后，点击所要预订房型后的预订按钮，然后填写个人资料等信息，提交后一般30分钟内会发送预订结果短信给宾客。如果收到含有"订单已确认"字样的短信，说明已经预订成功，按时到酒店入住即可；如果收到"满房"的短信，建议宾客再选择周边其他酒店预订。

2. 旅行社订房

旅行社在每年年底与酒店签订下一年度的订房合同，负责为酒店提供客源，并按房价的一定比例收取佣金。旅行社订房既可以保证酒店有一定数量的稳定客源，同时自己也能从中获利，达到双赢的效果。

3. 连锁酒店或合作酒店订房

连锁酒店之间出于争取客源的目的，可以相互之间提供订房服务，即为本店住客提供到达下一目的地的订房服务，这是连锁酒店的巨大优势；或几个非连锁酒店之间进行合作，建立自己共用的预订网络，通过相互推荐的方式接受客人的订房要求，达到资源共享的效果。

4. 航空公司订房

国际航空公司最先开展订房业务，且订房业务量很大。这是一种由航空公司代客订房的方式,订房客人主要包括乘客、团队客人、机组人员、商务机构等。

5. 与酒店签订合同的单位订房

为发展业务,许多商社、大公司等与酒店订有合同,为本公司的客人或职员外出预订客房,酒店往往为其提供优惠房价。

6. 会议组织机构订房

会议组织机构在招揽业务时为会议客人订房,因为是批量用房,往往也有价格优惠。

(二)客房预订的方式

随着现代技术的进步,人们沟通的方式越来越多,订房的方式也不断增加,使人们的订房越来越方便,越来越快捷。

1. 电话订房

这是一种应用最为普遍的订房方式,特别是在提前的订房时间较短时,使用这种方式订房最为直接和方便。它的优点是客人能直接与预订员交流,可以清楚地表达订房要求,并能立即得到回复和确认。

当然,若客人通过电话订房,预订员一定要注意电话礼仪,语言表达准确,回答清楚,同时还要注意语言简洁明了,不能占用客人太多时间。记录客人的预订要求,以及结束通话前对预订要求的复述也非常重要。

为了争取客源,许多酒店提供免费预订电话服务。

电话预订的受理程序为:

(1)(电话铃响不超过三声)接听电话,问候,通报身份,询问客人的需要;

(2)询问所需的客房类型、数量及住宿期间,帮助客人选房;

(3)主动报价,与客人协议房价,并详细填写预订单;

(4)询问客人姓名、订房者姓名、任职单位、联系电话等;

(5)复述客人的订房要求,询问客人是否需要保证他的订房,并将相关规定告知客人(如留房期限和定金缴纳等);

(6)询问有无其他需求,与客人告别,期待客人的到来;

(7)完善订房表格并输入电脑。

散客电话订房情景举例:

张先生从北京打电话至龙华饭店订一套商务套房,预付款保证,预订员小李接待。

李:早上好!龙华饭店预订处。很乐意为您效劳。

张:我是从北京打来的电话,想订一间房。

李:请问先生您要一间什么样的房间?我们饭店有豪华套房、商务套房、标准间。

张：我要一套商务套房。

李：那么您准备什么时候来，住多长时间？

张：5月26日到5月29日。

李：请您稍等，让我查一查电脑……对不起，让您久等了。很高兴告诉您，您要的房我们能满足。一套商务套房每晚房价是680元人民币，您看行吗？

张：行，没问题。

李：请问先生您尊姓大名？您是为自己订房吗？

张：我是张×，我是为自己订房。

李：张先生，可否告诉我您任职的公司以及电话号码？

张：××公司，电话号码是0108456 ****。

李：0108456 ****。张先生您订一套商务套房，从5月26日至5月29日，是这样吗？

张：是的。

李：那您需要保证您的订房吗？

张：当然要，我怎么保证我的订房呢？

李：请您在5月26日之前将至少一晚的房费汇入我们酒店的预订账户即可，您现在方便记一下账号吗？

张：没问题，你说。

李：建行，6224 ********** 6790。

张：建行，6224 ********** 6790。

李：谢谢您。我们将为您把房保留至5月27日上午，如果您5月26日未到，我们也将从您的预付款中扣除当晚的房费。如果您需要改变您的预订，请在5月26日下午6点前通知我们，好吗？

张：好的。

李：请问张先生，您还有其他需要吗？

张：你们酒店的具体位置在哪儿？我从火车站出来怎么去你们酒店？

李：我们酒店在金陵东路132号，从火车站坐地铁8号线到人民广场站，就可以到了。

张：好的。

李：那我们期待您的光临！

2. 电传、传真订房

订房人通过电传或传真订房，也是一种较常用的方式，这在商务客人中使用最为广泛。这种预订方式通过文字表达，信息传递不仅迅速，而且清楚准确，有据可查。

受理电传、传真预订时要注意：

（1）接到电传、传真后要认真阅读传真内容，弄清客人的预订要求；

（2）是否能满足客人的要求，应在收到传真后尽快回复，一般不能超过24小时，回复时要用标准格式；

(3) 若不能满足其要求，可以给客人提出合理化建议，待其再用传真确定用房要求后，预订处用传真发一份预订确认书，以示双方达成协议；

(4) 所有传真原件和确认书副本都应整理保存，以备日后查对。

3. 信函订房

客人以信函的形式要求订房，这是一种较早期采用的订房方式，现在已经很少使用了，较适合于预订提前期较长或以接待会议用房数量较多的订房情况。

4. 当面洽谈

当面洽谈订房是指客户亲自到酒店预订处，与订房员面对面地洽谈订房事宜。这种订房方式能使订房员有机会更详尽地了解客户的要求，并当面解答客人的问题，给客人建设性意见，有利于推销客房，建立与客人之间的感情联系。

与客户当面洽谈订房事宜时应注意仪容仪表、礼貌态度，并把握客户心理适时推销客房。若客户是某企业、公司的职员，还应记录其企业、公司的名称，争取与其建立长期的订房伙伴关系。

5. 计算机网络订房

通过网络订房是目前国际、国内较为先进且越来越广泛采用的订房方式，它使订房更加快捷、方便、廉价，具有个性化和私密性。随着网络的普及和方便运用，越来越多的人，尤其是年轻人和商务客，乐于采用这种方式订房。大部分的连锁酒店和大量的商务型酒店自己设立订房网，方便广大客户。

当前，全球客房网络预订有三种渠道。

(1) 专业渠道。专门的饭店客房网络预订商，尤特国际公司是世界最大的饭店预订网络公司。

(2) 专指渠道。预订网络饭店专门指定覆盖的地域范围，如国际上各大饭店集团其成员饭店内实行的网络全、地域广、渠道多的中央预订系统（CRS）。如1965年假日集团率先推出"假日电讯网"，喜来登集团1970年开通的 Reseratron，等等。

(3) 专有渠道。饭店企业自设网址，自主销售，自行预订，目前这一渠道没有得到普及。

专栏 2-1　网上客房预订系统

a) 两种人可以登录系统：用户和管理员。用户通过用户名和密码登录后，可以查看酒店所有客房的信息，并可以预订需要的住房。管理员通过用户名和密码可以登录系统，登录后可以查看预订信息，确认预订，添加和删除客房的信息，添加用户等。

b）能实现多线程支持，即多用户能同时上线。

c）退出系统后服务器上保留所有信息。

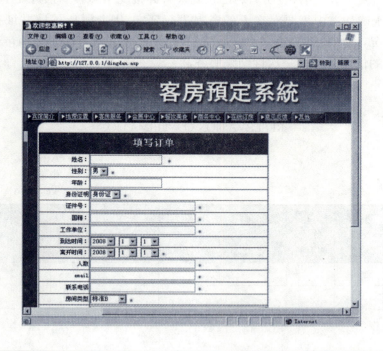

四、客房预订的种类

1. 临时性预订

临时性预订是客房预订中最为常见、最为简单的一种。它是指客人的订房日期与抵店日期非常接近，甚至是在抵店的当天才联系订房，因此，由于时间很紧，无法进行书面确认，只能口头确认，且一般酒店无法要求客人预付订金，这种预订多由总台接待处受理。

接受临时性预订时要注意询问客人抵店的时间或所乘航班、车次，并提醒客人预订将保留至当日 18:00，超过留房截止时间（即当日 18:00），酒店有权将该房间出租给其他客人使用。

2. 确认类预订

确认类预订是指客人提前较长时间向酒店提出订房要求，酒店有时间给客人发出"确认书"（见表 2-1）接受预订的一种订房形式。酒店答应为订房客人保留房间至某一事先声明的时间，若订房客人到了约定时间仍未抵达酒店，也未与酒店取得联系变更，酒店可将预留客房出租给未经预订而直接抵店的客人。

书面确认相比于口头确认有较多优点。

（1）能使酒店更明确地建立与客人的订房关系，确认书起到了约束双方的有关订房行为的作用。

（2）酒店发出确认书，表明酒店已正确理解并接受了宾客的预订要求。

（3）由于确认书中需要对客人的资料进行证实，因此酒店了解并证实了订房客人的基本情况，以便给此类客人更多的信任，让此类客人享有比未经预订而直接抵店的客人更高的信用限额及一次性结账服务。

表2-1 客房预订确认书
RESERVATION CONFIRMATION

公司   致
Company：   Attn：
地址   电话
Address：   Tel. No：

客人姓名 Guest Name	抵店日期 C/I	离店日期 C/O	房间种类 Room Type	用房数 No. of Rooms	价目 Tariff	折扣 Discount	房价 Rate	付款方式 Payment Forms
备注 Remarks								

注：预订客房将保留至下午六时，迟于六时到达的宾客，请预先告知。若有任何变动，请直接与酒店联系。我们期待您的光临！

Note：Your room will be held until 6：00 p.m. unless later arrival time is specified. Should there be any changes, please contact the hotel directly for adjustment. We are looking forward to welcoming you.

确认人：   确认日期：
Confirmed By：   Confirmed Date：

3. 保证性预订

保证性预订是指客人通过使用信用卡、预付订金、签订合同等方式来保证订房的一种预订类型。这种预订使双方都得到了保证：一是酒店的收入得到保证；另一方面，客人的用房得到了保证。酒店在任何情况下都必须保证提供客人所需要的房间，并保留房间至客人预期到店日期的次日中午12：00退房结账时间为止，同时客人也要保证按时入住，如若客人未按时入住，酒店也将扣除其当晚的房租（不包括服务费）。

客人办理此类预订可通过以下三种途径。

（1）信用卡担保。这是指客人以信用卡作为付款方式情况下，客人将所持信用卡的种类、号码及持卡人姓名、失效期等以书面形式通知酒店，即使客人因各种原因未能按时入住酒店，酒店仍可通过银行或信用卡公司收取客人的房费。

采取这一做法的前提是酒店预先已经与银行或信用卡公司之间有了约定，并将相关规定做出了详尽协议。例如,美国运通公司的"信用卡订房担保计划",对持有运通卡的客人在订房后未按时到店,酒店可以根据订房客人的信用卡号码、姓名及"NO SHOW"记录等相关文件,向美国运通信用卡公司或授权的机构收取相关房费。

信用卡担保的做法在国外较为通行,但在国内目前则很少采用。

(2) 预付定金担保。这是客人在抵店前通过先行交纳预付款的方式,获得酒店的订房保证。酒店一般在以下几种情况下收取定金:订房时客人声明要晚到;客人主动要付定金;团队订房;酒店接待旺季时。酒店必须预先向客人说明取消预订、退还预付款的规定,并保证按客人的要求预留房间。

从酒店的角度来说,收取预付款是最理想的保证类型。一般酒店收取预付款的政策包括收取预付款的期限、支付预付款的数额、退还预付款的具体规定等。目前网上银行支付形式广泛被民众接受后,预付定金非常便利,此类保证性预订与网络预订方式结合在一起,成为许多客人的最佳选择。

专栏 2-2　网上银行和移动支付

什么叫网上银行

网上银行又称网络银行、在线银行,是指银行利用 Internet 技术,通过 Internet 向客户提供开户、销户、查询、对账、行内转账、跨行转账、信贷、网上证券、投资理财等传统服务项目,使客户可以足不出户就能够安全便捷地管理活期和定期存款、支票、信用卡及个人投资等。可以说,网上银行是在 Internet 上的虚拟银行柜台。

网上银行又被称为"3A 银行",因为它不受时间、空间限制,能够在任何时间(Anytime)、任何地点(Anywhere),以任何方式(Anyway)为客户提供金融服务。

什么叫移动支付

移动支付也称为手机支付,就是允许用户使用其移动终端(通常是手机)对所消费的商品或服务进行账务支付的一种服务方式。单位或个人通过移动设备、互联网或者近距离传感直接或间接向银行金融机构发送支付指令产生货币支付与资金转移行为,从而实现移动支付功能。移动支付将终端设备、互联网、应用提供商以及金融机构相融合,为用户提供货币支付、缴费等金融业务。

移动支付主要分为近场支付和远程支付两种,所谓近场支付,就是用手机刷卡的方式坐车、买东西等,很便利。远程支付是指:通过发送支付指令(如网银、电话银行、手机支付等)或借助支付工具(如通过邮寄、汇款)进行的支付方式,如掌中付推出的掌中电商,掌中充值,掌中视频等属于远程支付。现在人们使用最

> 多的移动支付方式有手机银行、支付宝和微信支付。
>
> 　　随着移动互联网飞速发展,简单又快捷的使用体验,移动支付正赢得越来越多智能手机用户的青睐,移动支付快速渗透进人们的日常生活中,过去的一年间移动支付发展迅猛,包括二维码、NFC 等支付方式都在不断的扩展自己的市场占有率。据 TrendForce 的预测数据显示,2017 年年底全球移动支付市场将达到 7 800 亿美元,比 2016 年增长 25.8%。

　　(3)合同担保。合同担保是指酒店与有关公司、旅行社等单位就订房事宜签订合同,以此确定双方的权利与责任。合同的内容主要包括签约双方名称、地址及账号,同意为未按预订日期抵店入住的客人承担付款责任的声明,通知取消预订的最后期限等。如果签约单位未能在规定的取消预订期内通知取消,酒店将按照合同规定收取房费或罚金。

　　在旅游旺季,由于用房较为紧张,预订员须尽量说服客人采用保证的形式订房,以免客人由于酒店失约而得不到所需要的客房,同时也确保酒店在旅游旺季的合理收益。

第二节　客房预订的程序及注意事项

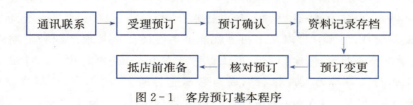

图 2-1　客房预订基本程序

一、客房预订前的准备工作

1. 熟练掌握酒店的房价

酒店决策层会同营销部、财务部、前厅部等部门依据各种定价因素,对酒店客房定价,且要求预订员熟练掌握。酒店的性质、等级、营业阶段、管理模式等的不同,其房价类型是有较大差别的。下面介绍十一种主要的房价类型。

(1)标准房价(牌价、门市价):由酒店管理部门拟定的、价目表上公布的现行房价,该房价不含任何服务费和税。这是酒店最为基本的房价类型,其他优惠价格都是在此基础上的变动。

(2)团队价:酒店提供给超过 12 人的旅行社团队、会议团队客人的一种客房批发价。其目的是保证酒店长期、稳定的客源,保持酒店较高的客房出租率。根据用房数量的多少、与酒店的合作关系以及淡旺季的不同,团队价也有差异。

（3）商务合同价：有关公司或机构与酒店签订用房合同,并按合同规定向对方客人以优惠价格入住酒店,客人凭公司或机构出具的证明享受优惠房价。房价优惠的幅度视对方能够提供的客源数量及客人在酒店的消费水平而定。

（4）折扣价：向酒店常客、长住客、预付定金或有其他特殊身份的客人提供的优惠房价。有的酒店也会给前台接待员一定的折扣权限,在淡季时给予要求打折的普通散客一定的房价折扣。

（5）旺季价：在营业旺季酒店执行的房价。这是在标准价格的基础上上浮一定的比例,来弥补淡季客源不足房价下调造成的损失,以求得酒店的最大经济收益。

（6）淡季价：酒店在营业淡季时执行的房价。这是在标准价格基础上下浮一定的比例,以刺激需求,争取更多的客源,提高客房出租率。

（7）小包价：酒店为客人设计的一揽子报价,除房费外,还可以包括餐费、游览费、交通费等其他费用,以方便客人。会议客人较多采用这种价格。

（8）白天租用价：酒店为白天到店不过夜的客人所提供的房价,也可以叫做"半日价",一般按半天收费。

（9）免费：酒店为某些特殊客人提供免费房,这些客人包括社会知名人士、酒店同行、旅行代理商、团队领队或全陪、会议主办方人员等。免费房的提供是为了与这些人士建立良好的关系,以酒店长期合作与发展为出发点,它将影响现阶段的营业收益,因此,应严格控制,通常只有总经理才有权批准。

（10）家庭租用价：为携带孩子的家庭提供的优惠房价,如给予未满6岁儿童免费提供婴儿床或对12岁以下的儿童免收加床费等,以刺激家庭消费者。

（11）加床费：酒店对需要在房内临时加床的客人所收取的额外的费用。一般酒店对能否在房内加床是有规定的,如房内设一张大床的房间一般不允许加床。

客房定价还跟酒店所采用的计价方式有关。国际酒店业通行的计价方式主要有以下五种。

（1）欧式计价：只含房租,不包括餐饮费用和其他费用。这种计价方式起源于欧洲,被美国及世界绝大多数酒店所广泛采用。我国的大部分酒店也采用这种计价方式。

（2）美式计价：包含房租和一日三餐的餐费,又被称为全费用计价方式,多用于度假型酒店和会议型酒店。

（3）修正美式计价：包含房租、早餐费用及中、晚餐中任一餐的费用。这种计价方式多用于旅游团队。

(4)大陆式计价:包含房租及大陆式早餐的餐费。大陆式早餐主要包括果汁、烤面包、咖啡或茶,有些国家把这种计价方式称为"床位连早餐"计价。此类计价方式多被商务型酒店所采用。

(5)百慕大式计价:包含房租及美式早餐的餐费。美式早餐包括果汁、烤面包、咖啡或茶,还有火腿、香肠、咸肉和鸡蛋等。

2.熟悉酒店的预订政策

酒店的有关预订的政策主要有:

(1)酒店客房预订规程;

(2)酒店客房预订确认条款;

(3)预订金的收取条款;

(4)酒店对预订宾客应承担的责任条款;

(5)预订取消条款;

(6)宾客应承担的责任条款;

(7)超额预订的比例、团体与散客预订的比例等规定。

3.做好交接班工作

按时到岗,签到,交接班;认真阅读交班内容,查看上一次的预订资料,问清情况;掌握需要处理的、优先等待的、列为等候名单的预订事宜。

4.检查设施设备

(1)打开电脑,输入自己的用户名、密码,检查电脑运行是否正常;

(2)检查打印机、传真机、复印机,确认其正常运行,放上适量打印纸;

(3)检查电话机有无故障。

5.准备好备品,整理工作区域

检查笔、预订文件夹、预订记录本、预订登记表、预订确认书、销售客房控制总表、团队资料、预抵宾客名单、预离宾客名单等各种资料和用品,并将其整理好,摆放到固定位置,保持工作台面清洁卫生。

6.掌握客房情况

迅速准确掌握当日及未来一段时间内可预订客房的数量、等级、类型、位置、价格标准等情况,对可预订的各类客房做到心中有数,保证向客人介绍客房产品的准确性。

二、受理或婉拒预订

当客人提出订房要求时,订房员要立即查看电脑里的预订控制总表,判断房况是否满足客人要求,然后作出接受或婉拒的选择。

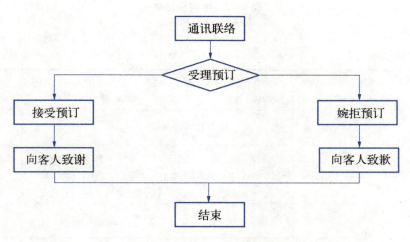

图 2-2 受理预订工作流程图

（一）接受预订

根据客人提出的预抵店日期、所需客房的类型、所需客房的数量、逗留天数四个方面查看电脑里的预订控制总表,若酒店的房况都能满足,则接受预订。预订员迅速准确填写"客房预订单",并向订房人复述其订房要求,以核对确认。若客房状况不能完全满足其要求时,预订员可给予客人合理建议与其协商,如建议更改抵店日期,或改变住房类型等,尽量把客人留住。能否给予客人可供选择的建议,是考量一个订房员的责任心和推销能力的标志之一。

旅游团队的预订通常由销售部提前与旅行社签订合同或协议,由销售部提前足够时间下达团体接待计划给预订处,若旅行社与酒店有长期合作的关系,则销售部还需要将年度预订计划下发给预订处。团体预订的受理程序为：

（1）预订处收到来自销售部的合同或协议、年度计划单后,按照该旅行社的第一个英文字母顺序进行编号,建立一个新档案,以便存查；

（2）按团体接待计划的内容填写团体预订单；

（3）将团体预订单输入电脑,由电脑完成预订单编号；

（4）预订处应与销售部核对次日将到达团体的资料,查看是否有变更或取消,或与团体的订房单位核对；

（5）按酒店政策控制好团体订房比例；

（6）整理团体订房的相关资料,如客人名单、旅行社寄出的收据等,应提前一天或更长时间交接待处。

表 2-2 散客预订单   预订号：
Reservation Form   No：

☐ 新订 ☐ 更改 ☐ 等候 ☐ 取消
☐ New Booking ☐ Amendments ☐ On Waiting List ☐ Cancellation

客人姓名 Guest Name	房间数量 No. of Rooms	房间种类 Room Type	客人人数 Num. of Guests	房价 Room Rate	公司名称 Company
预订到店日期 Original Arrival Date		预订离店日期 Original Departure Date		到本市航班 Arr. Flight	离本市航班 Departure Flight
付款方式 Payment	☐ 公司付费 ☐ 自付 15％服务费 Surcharge15％		☐ 含中早 	☐ 含西早 	是否确认 Confirmation	☐ 是 ☐ 否 Yes No
备注 特殊要求 Remarks	☐ 预付款或支票 Deposit ☐ 加床 Extra		☐ 信用卡 Credit Card ☐ 婴儿床 Cot		☐ 走付 COD ☐ 双人床 Double Bed	
联系人姓名 Contact Name		联系电话或传真号码 Tel. No. & Fax No.		预订人 Taken By	预订日期 Date Taken

表 2-3 团队预订单
Group Booking Form

预订人 Taken By：_____
预订日期 DateTaken：_____
☐ 新预订/暂停 Booking/Tentative   ☐ 更改 Amendments   ☐ 确认 Confirmation
☐ 取消 Cancellation
团队名称 Name of Group _____ 国籍 Nationality _____

入住 日期 Arrival Date	离店日期 Departure Date	单人间 Single		双人间 Twin		陪同间 Guide Room		套间 Suite	
		房数 Number	房价 Rate	房数 Number	房价 Rate	房数 Number	房价 Rate	房数 Number	房价 Rate

免费房 Complimentary   定金 Deposit
☐ 房价不含 15％服务费   ☐ 房价包含 15％服务费
☐ Room rates subject to 15％ surcharge   ☐ Room rates inclusive of 15％ surcharge

用餐情况 Meal Requests	日期 Date								
	时间 Time								
中式早餐	地点 Outlet								
欧陆式早餐	价格 Rate								
美式早餐	人数 PAX								

□ 餐费不含15%服务费　　　　　　　　　　　□ 餐费含15%服务费
Meal rates subject to 15% surcharge　　　　　Meal rate inclusive of 15% surcharge

付款人
Charge to _____

备注
Remarks _____

日期
Date _____

(二) 婉拒预订

如果客人的预订要求酒店无法满足，且预订员与客人协商无果，或酒店客满无法为客人提供客房，预订员则要婉拒。婉拒并不等于完全终止服务，预订员可以征得客人同意将其列入"等候名单"中，一旦有了空房，立即通知客人。同时，也不能因婉拒而在礼貌上怠慢客人，应该向客人表示感谢，礼貌道别。对于常客、公司客或其他重要客人，还应该因酒店的婉拒而向客人签发致歉信，以取得客人的谅解。

表 2-4　预订控制总表

10月1~10日　　　　　　　　　　　　　　　　　　　预订处
　　　　　　　　　　　　　　　　　　　　　　　　　15楼

房号	房型	房价	1 星期一	2 星期二	3 星期三	4 星期四	5 星期五	6 星期六	7 星期日	8 星期一	9 星期二	10 星期三
1501	STD	138.0										
1502	STD	138.0										
1503	STD	138.0										
1504	STD	138.0										
1505	STD	138.0										
1506	SGL	120.0										
1507	SGL	120.0										
1508	SGL	120.0										
1509	DBL	260.0										
1510	SUITE	660.0										

注：STD 为标准间；SGL 为单人间；DGL 为大床间；SUITE 为套间。

婉拒预订情景对话举例：

预订员小李正在预订处当面接待张先生，他为朋友王京订房。

预订员：您好，先生，您有什么需要？

张先生：我想为我的朋友在你们酒店订房。

预订员：欢迎您到我们酒店订房。请问您要什么样的房间？您的朋友什么时候来？住几天？

张先生：大约在这个月20号来，住3天。

预订员：您的朋友要住什么房间？

张先生：单人间吧，他一个人住。

预订员：先生，请您稍等，让我查一下电脑。（查过后）抱歉，先生，您要的从20日到22日的单人间已经没有了，不过还有一种商务房，房间内有一张双人床，其他设施都较齐全，还可以上网，有电脑和传真机提供免费使用。您看可以吗？

张先生：房价怎样？

预订员：每晚560元，提供免费早餐，而且免费打本市市内电话。

张先生：不行，太贵了，我朋友单位规定不能报销。还有房价在300元以内的其他房吗？

预订员：抱歉，没有了。不过，您的朋友如果可以推迟一天来就有了，您看您朋友能推迟一天来吗？

张先生：怎么可能，他是来出差的，规定了时间的。算了，我到其他酒店看看。

预订员：真的很抱歉，没能满足您的要求。不过，我会把您放在我们的等候名单中，一旦有了您要的客房马上通知您，您看可以吗？能告诉我您的姓名和联系电话吗？

张先生：我叫张林，电话是138＊＊＊＊2561。

预订员：张林先生，138＊＊＊＊2561。好的，张先生，一旦有了您要的房间，我们会及时与您联系的，请放心。感谢您到我们酒店订房！欢迎您再来！再见！

三、预订确认

接受了客人的预订要求后，预订处下一步的工作是给客人签发预订确认书，以示对客人的订房的承诺。确认书是酒店答复客人的订房已被接受的书面凭证，是双方权利与义务的正式协议说明。通常酒店应该在客人动身前一周把确认书寄达客人手中，团队订房还应该提前更长时间。预订确认书见本章表2-1。

四、预订变更和取消

客人在完成了客房预订之后，常常因各种原因，在抵达酒店前变更或取消预订，一旦得知客人变更或取消预订，预订员对此要充分重视并处理好。

（1）如果客人取消订房，预订员应填写取消单，或将预订单抽出，加盖"取消"章，注明取消申请人和取消原因及取消日期，并签上预订员姓名，将资料存档。若客人是属于保证性预订，预订员一定要根据客人取消的原因决定是否没收客人的定金。如果客人取消的时间较早，并没有给酒店造成实际的损失，一般不应该没收定金；如果客人的取消时间太晚而已经造成酒店的损失，则可将情况汇报主管，做出相应处理。将取消预订单放置在原始预订单上，订在一起，按日期将取消预订单放置在档案夹最后一页，不可在原始的预订单上涂改。同时对电脑中的预订控制总表进行调整。

（2）如果客人要求变更预订，预订员查阅电脑预订控制总表后给客人明确的答复（客人所要求的房间数量、类别、时间、房价等是否能满足），若能接受客人的更改，要将订房资料重新整理，在时间允许的情况下，重新签发一份预订确认书；若不能接受客人的更改，则可作为候补放入等候名单。

（3）由于客人的预订变更或取消而涉及其他一些安排的改变的，如接机、订餐、鲜花、水果、房内布置等，预订处应该尽早通知相关部门变更或取消，以便相关部门做出相应变化。

（4）有关团体订房的变更与取消事宜，按合同约定办理。通行的做法是旅行社要求取消订房起码要在原定团队抵达前10天通知酒店，并以书面形式提出，否则酒店可按合同收取违约金。

（5）对于客人的取消预订，要给予耐心而热情的接待，不能因客人的取消预订而怠慢。客人会主动告知酒店取消预订，对酒店是十分有利的，说明客人对于本酒店有一定的忠诚度，客人这次不来入住了，但将来有机会仍会选择本酒店。

在酒店预订管理中还有一种较精细的做法，即给客人分配预订确认号和取消号。

预订确认号帮助识别客人的预订记录。每一份预订确认书都会分配到一个预订确认号。同样，预订系统收到一个取消预订的要求后会分配到一个预订取消号。每个系统产生预订取消号和确认号的方法不尽相同，这些号码包含着客人预期抵达的日期、预订员的姓名、酒店代码以及其他有关信息。例如，一个电脑系统的取消号为36014MR563，360表示客人抵达日期（一年中连贯的天数），14表示酒店的代码，MR表示发出取消号的预订员姓名缩写，563为一年中发出取消号或确认号的累计次数。

用三位数表示日期,可以用001到365来表示一年中的任何一天,这种表示日期的方法是恺撒制定的历法中的日期表达法,如360表示正常年份的12月26日。

分配预订取消号可以是酒店与信用卡公司达成的关于收取订房未抵店费用的协议的一项内容,取消号和确认号应分别存放,以便快速检索。参照某一天原本预计抵店的客人的其他工作也有关联作用,如取消预订将更新订房记录,帮助管理层调整用工计划和设施安排。

五、预订资料的整理与存档

1. 预订资料的记录存档

在接受了客人的预订后,预订员要把原始预订单的内容输入电脑。把电脑调整到接受新订状态,按预订单上的各项信息逐一输入电脑,对于回头客,还应在预订单上注明其客史档案的编号。

预订资料的存放可以按日期法进行,即按客人抵店日期的顺序排列存档,这样便于掌握某一个时间段的预订房间数量和客人数量。也可以按英文字母顺序存放,根据客人姓名的第一个字母顺序,可以很方便地查找到客人的预订资料。预订员要把全部订房资料装订、归类存档,注意每次将最新的资料放在最前面,以便查阅。

2. 预订核对

由于客人在抵店前常常出现变更或取消的情况,所以需要对预订资料进行核对,发现问题及时更正或补救,以保证预订工作的准确无误。

订房核对一般分三次进行,分别为客人抵店前一个月、一周和前一天。若为重要客人或大团队还应增加核对次数。

第一次核对,在客人抵店前一个月进行,以电话、书信或传真等方式与订房人取得联系,核对内容包括抵达日期、预住天数、房型和房间数量等。核对的对象主要是VIP和团队。如果客人有变更,应该按变更处理程序处理。

第二次核对,在客人抵店前一周进行,核对的重点是抵达时间、变更订房和重要客人的订房。

第三次核对,在客人抵达前一天进行,主要以电话联络的形式进行核对。预订员要对预订内容仔细检查,若有取消的,应立即通知前台接待处,对其房间进行销售处理。

六、客人抵店前的准备工作

为了保证客人抵店时能顺利入住,并得到所需要的个性化服务,预订处还需要做好宾客抵店前的准备工作。

（1）提前一周或数日将主要客情，如 VIP、大型会议及团队、客满等信息通知有关部门和总经理。传达的客情主要包括一周客情预测表（见第一章表 1-2）、VIP 预报表等；也可以召开由主管副总经理主持的协调会来发布相关信息。

表 2-5　VIP 预 报 表

姓名或团名		国　　籍	
身　　份		人　　数	
抵店日期		航班次	
离店日期		航班次	
接待单位			
具体要求：			
备注：			
			经办人：_____

（2）客人抵店前一天，将具体接待安排以书面形式通知有关部门，使各部门做好对客服务的准备工作。通知单主要有：VIP 接待通知单（见第一章表 1-4）、接站单、订餐单、次日抵店客人名单（见第一章表 1-2）等。

表 2-6　接　站　单

时间：_____
航班：_____
客人姓名：_____
其他：_____
年　　月　　日
预订处

表 2-7　订　餐　单

房　号		姓　　名		国　籍	
酒家					
用餐时间					
人　数		台　数			
每人(台)标准					

(续表)

有何特殊要求		
处理情况	酒家承办人：	经手人： 年　月　日

对于某些指定的房间，特别是 VIP 的订房，预订处应提前一天或数天，用电话或书面方式通知接待处和客房部，对这些房间进行控制，不再出租给其他客人使用。

对于其他特殊订房也要给予特别关照，以体现酒店服务的个性化，如新婚订房，应在客人到达前布置好。

（3）客人抵店当天早上，前台接待员根据预抵店客人名单，提前预分房，并把客房钥匙、入住登记表等准备好，查看有无客人先到达的信件、留言单等，若有，则与预订单放在一起。

第三节　超额预订及预订失约行为的处理

美国联合航空公司（美联航）一航班将一名华裔乘客强行拖下飞机，致乘客受伤的事件引爆网络。

当地时间 2017 年 4 月 9 日，美联航从美国芝加哥飞往路易斯维尔的 3411 号航班上，一名华裔乘客因为拒绝下机，而被航空公司叫来的机场警察强行拖走，导致受伤，满脸是血。据美联航称，由于航班超售（指售出的机票超出了航班的运载能力），需要选择 4 名乘客下机改签，而由于没有乘客主动成为"志愿者"，所以公司只能用电脑抽签的方式作出选择。那么，超售情况下拒载乘客，航空公司到底有个什么流程？航空公司又是如何选择哪位乘客下机的？无论如何，当航空公司出现超售时，选择下机乘客都应当遵循一定的处理流程。

据美国新闻网站商业内幕（Business Insider）报道，但凡出现超售，航空公司首先需要通过电子邮件、值机柜台或者登机门口询问乘客是否愿意成为改签的志愿者。对于这些志愿者，通常会进行现金以及酒店房间的补偿，并且在改签的下一个航班中予以升舱处理。在美联航事件中，起先，美联航工作人员表示如果有人愿意改签，会给予 400 美元的赔偿，但是改签需要等到第二天下午 3 点，所以现场没有乘客愿意改签，随后补偿的金额上升到了 800 美元。不同的航空公司在经济补偿方面有各自的规定。以美国航空公司（American Airlines）为例，非自愿下机的乘客，依据等待时间将获得票价 200%～400% 不等的赔偿，最高上限为 1 350 美元/人，但如果等待时间少于 1 小时,则无法获得赔偿。

航空公司的机票超售导致乘客不能登机或登机后无座位,其处理措施和程序,应该是有章可循的。同样,酒店超额订房导致宾客无房可住,也需要妥善处理。我们应该在以上案例中吸取教训,否则可能出现不可收拾的局面,产生严重的后果。

一、超额预订及其管理

在酒店的客房预订过程中,并非所有的客人都会如期到来。经验告诉我们,即使酒店的订房率达到 100%,也会有订房客人因各种原因而不能抵达酒店(订而未到 NO-SHOW)、临时取消,或入住客人提前离店,从而使酒店出现空房而造成损失。酒店为了追求更高的出租率,争取最大的经济效益,有必要实施超额预订。

所谓超额预订是指酒店在订房已满的情况下,再适当增加订房数量,以弥补少数客人因预订不到、临时取消或提前离店而出现的客房闲置。

超额预订是酒店在旅游旺季才会采取的做法,这是一种经营中的风险行为,它容易引起客人的不满,导致社会声誉的损失,因此,如何控制好超额预订是酒店必须认真研究的问题。

按照国际惯例,酒店接受超额预订的比例应该控制在 5%~15%,具体到每一家酒店,则要考虑到多种因素。

1. 掌握好团体预订与散客预订的比例

团体预订一般是合同预订客房,计划性强,取消订房的可能性较小;而散客则随意性大些。所以,在团体订房比例大、散客订房比例小的情况下,超额预订的数量应该少些;反之,则应该多些。

2. 掌握好预订种类之间的比例

在某一段时间内,如果现有预订保证类较多,通常不能超额预订或尽可能少超额预订;相反,临时性预订较多,则可多超额一些;对于确认类预订也应慎重,少超额预订一些才行。

3. 根据预订情况分析订房动态

对住客中预订客人与非预订客人的比例进行分析,如果住客中经预订而到店入住的比例大,未经预订而直接到店的客人所占比例较小,则超额预订量可大些,以免客人取消预订后造成客房闲置;反之,则超额预订量小些。

4. 本地段有无相同档次或相同风格的酒店

如果本地段有相同档次或相同风格的酒店,可以考虑适当提高酒店的超额预订比例,因为竞争的增强会失去一部分预订客人,同时一旦超额预订而造成失约,可以介绍客人到其他同档次或相同风格的酒店入住。

5. 酒店在市场上的信誉

如果是一家在市场上已经建立了良好信誉的酒店,一般客人预订后到店率会较高,酒店应该减少超额预订的数量;相反,则可以考虑适当提高超额预订的比例。对于一家还处于运营初期的新酒店,超额预订的比例可适当提高些,待其市场信誉逐步提高后再减少超额比例。

6. 酒店的地理位置

酒店所处的地理位置对于其吸引客源具有重要的影响。地理位置优越的酒店,客人很容易到达,预订客人订而不到的可能性较小,其超额预订的比例应该小些;相反,则可适当多超额些。当然,对于地理位置较偏远的酒店,可以通过良好的接站服务来提高预订客人的入住率,建立良好的信誉,形成良性循环。

经过详细分析并掌握了以上资料后,就可以根据以下公式计算出超额预订的数量:

$$X = Q \cdot r - D \cdot f$$

公式中,X 为超额预订量;Q 为客房预订量;r 为临时取消百分比;D 为预计离店后空房数;f 为延期离店率。

例:某酒店有客房 500 间,根据资料显示,4 月 5 日预计续住房数为 200 间,预计离店客房数 100 间,申请预订用房数为 350 间。根据前台预订历史资料分析,酒店旺季延期离店率为 5%,临时取消率为 10%。问预订处 4 月 5 日可超额预订的客房多少间?超额预订率是多少?

解:

超额预订量 $X = Q \cdot r - D \cdot f = 350 \times 10\% - 100 \times 5\% = 30$(间)

超额预订率=超额预订量/可供客房数×100%

= 30/(500－200)×100%

= 10%

也就是说,就 4 月 5 日而言,酒店可以超额预订客房数量为 30 间,超额预订率控制在 10% 左右。

在一般情况下,酒店超额预订率控制在 5% 为宜,计算临时取消率和延期离店率通常以近两年的同期资料与最近三天的资料加以确定。

二、预订失约行为的处理

超额预订是订房管理艺术的体现,处理得好会提高酒店客房出租率,增加酒店的经济效益。但是,超额预订的数量的确定毕竟是根据过去的经营统计资料和人们的主观经验得出的结果,而未来将要发生的事情中很多因素的变化是难以准确预料的。因此,超额预订很可能导致预订失约行为的发生,从而引起客人的强烈不满,这无疑给酒店带来很大麻烦,正如本节开头案例所述情景。

一旦发生预订失约行为,酒店必须采取积极的补救措施,妥善安排好客人的住宿,以消除其不满,挽回酒店的不良影响,维护酒店的声誉。

（1）与本地区酒店同行加强协作,建立业务联系。一旦发生预订失约情况,可安排客人到有业务协作关系的同档次酒店暂住。

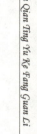

（2）客人到店时,由主管人员诚恳地道歉,并解释原因。如需要还应由总经理亲自出面致歉。

（3）派车免费将客人送到联系好的酒店暂住一夜。如房费超过本店,其差额部分由本酒店支付。

（4）免费提供一次或两次长途电话或电传,以便客人将住宿地址临时变更的情况通知其家人及朋友。

（5）将客人姓名及有关情况记录在问讯处工作日志上,以便向客人提供邮件及查询服务。

（6）对次日愿回本酒店的客人,应留下其大件行李,次日排房时,优先安排该客人的用房要求。次日一早将客人接回本店,大堂副理在大厅迎候并致歉意,陪同办理入住手续。

（7）客人在店期间享受贵宾待遇,房内送鲜花、水果及总经理签名的欢迎卡。

（8）事后由大堂副理或前厅部经理向提供援助的酒店致谢。

三、客房预订纠纷及处理

酒店常常因各种原因与客人之间发生订房纠纷,不管纠纷产生的责任方是谁,酒店都应妥善处理,以帮助客人解决实际问题。

日常产生的订房纠纷,除上述超额预订而失约情况外,还有以下五种原因值得酒店注意。

（1）酒店收到客人的订房传真或电传,但由于上面没有注明发电人的通信地址或联系电话,酒店无法告知当时已客满。

（2）客人通过信函要求订房,但因客满,酒店在回信时只同意将其列为等候客人。

（3）客人抵店时间已经超过规定的留房截止时间,或是未按指定的航班、车次抵达,事先又未与酒店联系,酒店无法提供住房。

（4）客人声称自己办了订房手续,但接待处没有订房记录。

（5）客人在价格上与酒店发生争执或因不理解酒店入住和住房方面的政策及当地法规而产生不满。

酒店在处理这些纠纷时,既要分清责任,维护酒店的利益,又要耐心、诚恳,设身处地为客人着想,帮助客人解决实际困难。注意"情、理、法"三方面兼顾。

上述前两种情况,不能视为确认订房,第三种情况虽为确认订房,但已超过了酒店规定的留房截止时间,这几种情况下发生纠纷,责任不在酒店,但是对客人同样要热情接待、耐心解释,并尽力提供帮助,绝不可与客人争吵。如果酒店没空房,应该与其他酒店联系安排客人的住宿,但酒店不承担任何费用。

在第四种情况下,接待处要与预订处联系,设法找到客人的订房资料,看是否放错或丢失,或是其他原因。如经查找,确认客人是前一天的订房客人,但未能按时抵店;或客人是提前抵店,在酒店客满的情况下,总台接待处应尽力提供各种帮助,为客人解决面临的困难。如经查找,确认客人是当天抵店的订房客人,但酒店已无法提供住房,则按超额预订处理,采取补救措施。

遇到第五种情况时,总台接待人员必须耐心而有礼貌地向客人做好解释工作,使其情绪稳定地接受现实,绝不可与客人争吵,多给客人提建议,给其一些实实在在的帮助。

总之,处理订房纠纷是一件很复杂的工作,有时甚至很棘手,服务人员平时要多积累经验和技巧,把握好客人的心理,妥善处理。

 技能训练

(一)模拟练习:熟练掌握受理团体预订的程序及注意事项。准备练习工具:电脑、电话、传真机、团体预订单、预订控制总表等。学生1人扮演预订员,1人扮演旅行社领队。

情景对话举例:

预订员:下午好!金陵大酒店预订部,很乐意为您效劳。

领队:你好!我是上海铁旅,要为我们的一个旅游团队订房。

预订员:请问您的团队什么时候抵达酒店?准备住几天?有多少人?需要多少个房间?都是要标准间吗?

领队:6月1日到,住2天,25人,其中一个是10岁的小孩,都是标准间。

预订员:小孩加床吗?

领队:是的。

预订员:请您稍等,我查一下。

领队:好的。

预订员:对不起,让您久等了。给您订12间标准间可以吗?其中一间加床。

领队:好的。如果团队还有人加入,在抵店前再和你们联系可以吗?

预订员:您最好能早点告诉我们,现在用房比较紧张。我们酒店和贵旅行社是长期合作伙伴,还是按原先的协议价,每间标准间每晚480元,带早餐的,好吗?

领队：没问题。

预订员：请问您以什么方式付款？

领队：支票。

预订员：请您放下电话后发一份传真给我们，做一下付费担保，好吗？

领队：好的。

预订员：请您在客人抵店前将客人的详细资料传给我们，以便我们提前做准备。

领队：好的。可以安排到机场接我们团队吗？我们在6月1日下午3点到达，航班号是MU2631。

预订员：好的，航班号MU2631，6月1日下午3点到达。我们会安排一辆大巴去机场恭候你们一行。还有其他要求吗？

领队：没有了。

预订员：请问先生，怎么称呼您？您的电话能告诉我吗？

领队：张冰，135＊＊＊＊7987。

预订员：好的，张先生，您在本店订了12个标准间，其中一间加床，6月1日下午3点到达机场，预住2天，每天每间房费是480元。您将用支票付款，您的电话是135＊＊＊＊7987。是这样吗？

领队：是的。

预订员：如果有什么变化，请您及时跟我们联系。在您给我们发来付款担保后，我们会及时回复预订确认函。

领队：好的。再见！

预订员：期待您的光临！再见！

（二）根据以下材料模拟练习：熟练掌握受理散客预订的程序及注意事项。准备练习工具：电脑、电话、传真机、散客预订单、预订控制总表等。学生1人扮演预订员，1人扮演客人。

1. 张红女士从上海打电话到龙华饭店订一间标准间，因饭店正在接待一个大型会议，所有标准间已售出，还有大床间、豪华双人间、套房。如何接待？

2. 向珊小姐打电话至龙华饭店为美国詹姆斯先生订一套美式套房，要保证性预订，用信用卡保证，要求到机场迎接。如何接待？

3. 胡女士打电话到长江饭店为吕清先生订一间房，并说明吕清先生为一双腿有残疾的残疾人。如何接待？

 思考与练习

1. 如何向客人介绍酒店的各类型客房？
2. 列出预订员的工作任务。

第二章　前厅客房预订管理

3. 说明在临时性预订、确认类预订和保证性预订的情况下,酒店和客人分别承担什么责任?

4. 预订处需要整理存档的资料有哪些?需要传递的资料又有哪些?

5. 什么是超额预订?如何处理酒店预订失约的行为?

案例与分析

案例(一) 预订客人没享受网络订房价

4月,广交会期间,广州的大部分酒店入住率都很高。周小姐怕住不到酒店,提前在网上订了某酒店的房间。

晚上9时30分,周小姐到店说已有预订,要求办理入住手续。前台接待员查询电脑后说,没有查到预订。周小姐很不高兴,说:"我已通过网络公司订好了。"前台再次查询仍然没有查到,便请客人先按门市优惠价入住,待次日与网络公司联系后再更改房价。周小姐入住后投诉网络公司为什么不给预订,随后网络公司投诉饭店未给客人及时预订。经查,网络公司于当日晚8时36分将传真发至饭店预订部,此时预订员已下班,而前台接待员在电脑里既没查到预订通知也没到预订部去看有无传真,便告诉客人没有预订,造成客人投诉网络公司,网络公司再投诉饭店。

评析:

凡提前有预订的客人都希望到达饭店后能够尽快按约定办理入住手续,而服务员应立即核对预订资料为客人办理入住手续。当电脑中没有客人预订资料时,服务员应该如何处理此事,反映出服务员是否有工作责任心。

1. 上述案例中的接待员在电脑中没有查找出预订资料时,应该到预订部再进行详细查找看有无传真,同时,遇到这种情况时接待员应及时向领班或主管汇报,不能简单地告诉客人没有预订。上述做法说明预订员缺乏工作责任心,导致客人投诉网络公司,网络公司投诉饭店。

2. 由于前台接待员告诉客人没有接到网络公司的预订,因此客人对饭店的预订和接待服务提出投诉。最终还使饭店在网络公司和客人心目中的服务形象受严重影响。

3. 由于网络公司受到客人的投诉,经查明又非网络公司自身的问题,便对饭店的预订和接待服务提出投诉。

4. 领班和主管应加强对员工的培训和注意进行现场督导检查,以便发现问题能及时进行解决。

案例(二) 把面子留给客人

随着旅游旺季的到来,酒店的住客率大增,客房预订显得特别忙碌。这天,预订处小张上早班,突然电话响起了,拿起听筒,电话那头传来前台收银员的声音:"是客房预订处吗?有位客人已经结账走了,他们单位的一位王先生又打来电话,说发现酒店收的房费与原先预订的不符,要投诉。请向客人解释一下。"

小张一听要投诉,觉得问题比较严重,便放下手头的其他工作耐心倾听这位客人的电话:"小姐,是这么回事,我姓王,是日本帝国电器北京办事处的。我们办事处的一位日本客人和一位中国雇员韩先生通过华北公司向贵店预订了房间,但他们回来报销时我们发现韩先生的房价比协议价高了许多。我们无法报销,你们必须把差价给我们寄来,否则我们就要直接向你们的总经理投诉了。"

小张边听边查预订资料,弄清情况后礼貌地向客人解释:"我们订房原件上中方客人是一位姓郭的小姐,没有韩先生的名字。"对方说:"郭小姐临时有事来不了,换成了韩先生,没有人通知你们吗?"小张很耐心地继续解释:"郭小姐没有来,也没有任何通知,按照惯例我们还专门打电话去确认,他们也没有提改换韩先生的事呀。"

听了小张这番解释,王先生似乎明白了什么,说话的口气也缓和了许多:"那可能是我们工作太忙,忘了通知。"但他还有一个问题:"在韩先生登记时你们就应该仔细查问一下,现在给了韩先生这么高的房价,总公司知道了,我们也会受影响的,以后就不敢再住你们酒店了。"

小张听客人还是有意见,还需要做耐心细致的工作,便又解释道:"日本客人是上午进店的,韩先生是晚上才到,既没问起先来的日本客人的事,又没提起他是来替换郭小姐的,这就很难把他们联系在一起了。我们非常尊重贵公司的来客,主动将韩先生安排在我们新改造的豪华间,而原先的协议订的是普通标准间,房间的种类不一样,房价自然也就不一样了,您说是吗?"

"噢,原来是这样。"小张又追加了一句:"王先生,您公司如果有人来南京办事,不妨与我们酒店签个协议,这样我们今后的合作会更加愉快。"

至此,客人终于很有面子地下了台阶。

评析:

在客房预订过程中酒店与客人之间容易产生纠纷,此案例所述就是由于客人的误解而产生的纠纷。关于订房业务酒店有一系列的政策,对于这些政策客人未必了解和理解,一旦产生了误解,不是要与客人争辩,用自己的"有理"去压倒客人的"无理",让客人认输,而是要作出耐心细致的解释,让客人了解并理解酒店的政策规定,要相信绝大多数客人是讲道理的,只要把面子留给了客人,让客人愉快地下台阶,事情就自然会顺利解决的。

第三章 前厅接待服务管理

学习目标

1. 熟悉总台接待中需要使用的各种表格和设备。
2. 熟悉接待工作中常见问题的处理对策。
3. 掌握散客和团队客人的接待程序及标准。
4. 了解总台排房与接待技巧。
5. 熟悉客房状况的控制方法。

第一节 前厅接待概述

一、前厅接待主管及领班的工作内容

（一）接待处主管

1. 管理层级关系

（1）直接上级：前厅部经理。

（2）直接下级：接待处领班。

2. 岗位职责

按照本部门各项业务指标要求，全面负责客务安排、总台问讯、入住接待和结账、留言等有关部门服务工作。协助前厅部经理检查和控制前台的工作程序，保证下属各班组之间与酒店其他部门之间的衔接和协调，督导员工为客人提供优质高效的服务。

3. 工作任务

（1）向前厅部经理负责，对接待处进行有效管理。

（2）协助制定接待处的岗位责任制、操作规程和其他各项规章制度，并监督执行。

（3）协调前厅服务及工作程序，负责总台班次调整及安排。

(4) 审核当日、次日的房况和房务安排,准确掌握房态。

(5) 督导下属员工及时准确地把客人资料输入计算机,审核客史档案记录、补充、存档等项工作。

(6) 掌握 VIP 客人抵离店动态,亲自参与 VIP 等重大活动的排房和接待工作。

(7) 调查和处理客人的投诉及特殊要求。

(8) 及时申领添加总台各种办公用品、宣传品等。

(9) 对总台计算机、传真机、复印机等专用设备安排维护保养工作,确保设备正常运转。

(10) 检查下属员工仪容仪表及出勤、纪律等情况,检查并督导下属保持管辖区域内卫生清洁。

(11) 按计划实施对下属员工的岗位技能培训,强化员工的销售意识,不断提高员工的业务水平和素质。

(12) 按部门要求对下属员工出勤及工作表现进行考核评估。

(13) 做好下属员工的思想工作,帮助有困难的员工解决实际困难,充分调动员工的工作积极性。

(14) 做好接待处的安全防范工作。

(二) 接待处领班

1. 管理层级关系

(1) 直接上级:接待处主管。

(2) 直接下级:接待员。

2. 岗位职责

协助主管做好接待处的管理工作,确保接待服务质量,并承担相应责任。

3. 工作任务

(1) 检查、打印营业报表,并督促分送酒店领导和相关部门。

(2) 认真核对客房状况,及时准确地掌握房态。

(3) 检查下属员工出勤、仪容仪表及服务质量。

(4) 与预订、行李及客房服务中心保持业务联系,协调合作。

(5) 为团队和重要客人办理入住手续,并将信息及时通知有关部门,共同做好接待工作。

(6) 对客人提出的特殊要求,立即安排或及时汇报。

(7) 发生意外事件时,应立即向大堂副理和前台主管汇报。

(8) 按规定录入和统计境外和境内客人户籍资料。

(9) 检查并确保总台各种用品、宣传品齐全,以及计算机、复印机等设备使用正常。

(10) 督导接待员按照规定认真做好客人住宿登记和验证工作,并注意做好协查通缉犯工作。

(11) 认真细致地做好领班的交接班,并检查督促各岗位做好交接班工作。

二、前厅接待员的工作内容

1. 管理层级关系

（1）直接上级：接待处领班。

（2）直接下级：无。

2. 岗位职责

为客人办理入住登记及离店结账手续，主动、热情地为客人提供优质的接待、问讯等服务。

3. 工作任务

（1）为客人办理入住登记手续，安排房间，尽可能满足客人的特殊需求。

（2）做好 VIP 入住的各项准备工作。

（3）为客人办理换房、加床、续住等手续。

（4）负责制作并发放客房钥匙。

（5）负责将有关客人抵离店情况的资料进行整理、归档。

（6）适时补充接待工作必需的表格与文具用品。

（7）填写、录入并统计入住散客及团队客人登记表。

（8）按查控要求，发现可疑情况立即采取措施。

（9）保持总服务台清洁整齐，检查所需的表格、文具和宣传品是否齐全。

（10）认真核对掌握客人的生日资料，并做好礼品单的派送工作。

（11）掌握房态和客房出租情况，制定客房出租报表。

（12）认真核对上一个班次输入计算机的客人资料，及时、准确地输入当班的客人资料。

三、办理入住登记的目的

1. 办理入住登记手续，签订住宿合同

入住登记表格实际上是一纸酒店住宿合同。通过办理入住登记手续，酒店与客人之间的权利与义务才能明确。客人通过填写入住登记表，确定房价、房号、住宿期、付款方式等基本事项，酒店还告知客人消费客房产品应注意的事项，如退房时间、贵重物品保管等。最后，客人、接待员双方签名确认。

同时，为客人办理入住登记手续，也是酒店必须遵守的国家法律有关户籍管理的规定。我国有关流动人口管理的法律规定,境外旅客及国内旅客在宾馆、酒店入住必须持有合法的证件,办理入住登记手续方可入住。

2. 获得住客的个人资料,为客人入住后各种表格、文件的形成提供可靠的依据

通过客人填写登记表及接待员核实客人有效身份证件,可获得住客的相关个人资料,如姓名、职业、国籍、出生年月、常住地址、公司等基本信息。这些个人资料有助于客人客史档案的建立,有助于日后酒店产品的推介等。

客人填写入住登记表后,接待处获取了住客的有关个人资料和住宿的有关信息,然后根据以上信息制作出有关的表格和文件,如入住单(也称开房单,Check-in slip)、账单、住客名单(In-house guest list)等,这些表格和文件的传递有利于协调其他部门的对客服务。

3. 满足客人对房间及房价的要求

办理入住登记时,接待员向客人介绍房间和房价,回答客人的提问,让客人了解客房类型和房价,为客人决策提供建议参考,然后接待员替客人安排适当的客房。

4. 掌握客人的结账付款方式,保证客房销售收入

确认付款方式的目的是为了保护酒店的利益,决定客人在住宿期间的信用标准以及提高退房结账服务效率。信用标准是指酒店允许赊欠的客人所必须具有的偿付能力。宾客付款的常见方式有:信用卡、现金、旅行支票和转账。

(1) 如果客人使用信用卡结账,则必须核实客人所持信用卡是否是酒店接受的、是否完好、是否过期,然后按客人入住的天数和房租获取授权。

(2) 如果客人使用现金或支票结账,则应该根据酒店的规定,决定客人应预付的押金金额。

(3) 如果客人使用转账方式结账,则应向客人说明转账的具体范围。对于只是房费转账的客人,应请客人以信用卡或现金的方式来确保其他费用的支付,如客人表示不在酒店进行其他消费,则应将此信息告知相关营业部门,以免走单。

5. 向客人推销酒店的其他服务与设施

接待员在给客人办理入住登记过程中,可以在推销客房的基础上,抓住时机,让客人了解饭店所提供的其他服务项目和各种设施。注意要适度,以免让客人产生厌烦,同时要迎合客人心理,引起客人注意,从而促进客人其他消费的实现,为饭店带来更高的经济效益。

四、办理入住登记所需的表格

(一) 住宿登记表

住宿登记表(Registration form),大体分三种:"国内旅客住宿登记表"、"境外人员临时住宿登记表"(Registration form of temporary residence for visitors)和"团体人员住宿登记表"。分别见表3-1、表3-2、表3-3。

表 3-1　国内旅客住宿登记表

房号：　　　　　　房租：　　　　　　　　接待员：

姓　名	年　龄	性　别	籍　贯	工作单位	职　业
			省　市 县		
地　　址					从何处来	
身份证或其他有效证件名称					证 件 号 码	
来宿日期			退宿日期		
同宿人	姓　名	性　别	年　龄	关　系	备注

请注意：
1. 退房时间是中午 12:00。
2. 贵重物品请存放在收款处之免费保险箱内，阁下一切物品之遗失，饭店概不负责。
3. 来访客人请于晚 11:00 前离开房间。
4. 房租不包括房间里的饮料。

离店时我的账目结算将交付：
☐ 现金
☐ 旅行社凭证
☐ 信用卡
客人签名：

表 3-2　境外人员临时住宿登记表

REGISTRATION FORM OF TEMPORARY RESIDENCE FOR VISITORS

用正楷字填写(IN BLOCK LETTERS)　　日租(DAILY RATE)：
　　　　　　　　　　　　　　　　　房号(ROOM NO.)：

姓名：FIRST NAME： SURNAME：MIDDLE NAME：		出生日期： DATE OF BIRTH：	性别： SEX：	国籍或籍贯： NATIONALITY OR AREA：
停留事由： OBJECT OF STAY	入住日期： DATE OF ARRIVAL	退房日期：DATE OF DEPARTURE		公司名称或职业：COMPANY NAME OR OCCUPATION
国(境)外住址：HOME ADDRESS				

PLEASE NOTE：
1. CHECK OUT TIME IS 12:00 NOON.
2. VISITORS ARE REQUESTED TO LEAVE GUEST ROOMS BY 11:00 PM.
3. ROOM RATE NOT INCLUDING BEVERAGE IN YOUR ROOM.

离店时我的账目结算将由：
1. ON CHECKING OUT MY ACCOUNT WILL BE SETTLED BY：
☐ CASH　☐ T/A VCHER
☐ CREDIT　☐ COMPANY
GUEST SIGNATURE：_____

以下由服务员填写：FOR CLERK USE：

护照或证件名称：	号码：	签证种类：	签证号码：	签证有效期：
签证签发机关：	入境日期：	口岸：	接待单位：	

表 3-3 团体人员住宿登记表
REGISTRATION FORM OF TEMPORARY RESIDENCE FOR GROUP

团队名称：(全称)   日期   年   月   日   至   月   日
Name of Group   Date   Year   Mon   Day   Till   Mon   Day

房 号 Room No.	姓 名 Name in full	性别 Sex	出生年月日 Date of Birth	职 业 Profession of Occupation	国 籍 Nationality	护照号码 Passport No.

何处来何处去
Where from and to

留宿单位：   接待单位：

注："团体人员住宿登记表"一式三份。一份给陪同或领队，一份给财务部结账，一份留给服务台存档。

1. 公安部门所规定的登记项目

内容主要有客人的完整姓名（Full name）、国籍（Nationality）、出生年月（Date of birth）、家庭住址（Home address）、职业（Occupation）、有效证件及相关内容等。

2. 酒店运行与管理所需的登记项目

（1）宾客姓名及性别。姓名与性别是识别客人的首要标志，服务人员要记住客人的姓名，并要以姓氏去称呼客人。一个人的姓名被别人记住会获得一种被尊重的感觉。

（2）房号。房号是确定房间类型和房价的主要依据。注明房号同时有利于查找、识别住店客人及建立客账。

（3）房价。房价（Rome rate）是客人与接待员协商定的，它是建立客账、预测客房收入的重要依据。

（4）付款方式。确定付款方式有利于保障客房销售收入及决定客人住宿期间的信用标准，并有助于提高退房结账的速度。

（5）抵离店日期。掌握客人准确的抵店日期、时间，有助于计算房租及查询、邮件等系列服务的顺利进行；而了解客人的预计离店日期（Expected departure date），则有助于订房部的客房预测及接待处排房（Room assignment），并有助于管家部

(Housekeeping department)卫生班工作的安排等。

（6）联系地址。填写正确完整的客人住址，有助于饭店与客人的日后联系，如遗留物品的处理、邮件转寄服务、酒店宣传品的寄发、投诉处理的跟踪服务等。

（7）酒店的有关声明。也即住客须知。告诉客人住宿消费的注意事项，如：退房时间(Check out time)为中午12点前；建议客人使用前厅收银处的免费保险箱，否则如有贵重物品遗失，饭店将免责；访客应在23:00离开客房的规定等内容。这些声明，可以让宾客在入住时就了解酒店的规定，以免发生纠纷。

（8）宾客签名和接待员签名。表明双方对入住登记表上的内容的确认，是把入住登记表当作协议的重要格式要求，接待员代表酒店签名。

（二）房卡

接待员在给客人办理入住登记手续时，会给客人填写封面印有"欢迎光临"字样的房卡(Welcome card)，如图3-1所示。

房客须知 为阁下方便及酒店安全，请于接待处领取房间钥匙时出示此卡。 退房时间 酒店退房时间为中午十二时，若需要代为安排交通，请于二十四小时前通知。 火警指示 为确保阁下在发生火警时之安全，请注意房间门后之楼层失火通道平面图。 保险贮物箱 本饭店不为您在客房或公共区域丢失的个人贵重物品承担责任。请阁下将携带之贵重物品存放于前台收款处设立之免费保险箱内。 Fou your information For your convenience and hotel security, please show this card when obtaining your room key at the Front Desk. Check-out time Please note that check-out time is 12 noon. For your transportation arrangement, please inform the reception one day before departure. Fire instruction In case of fire or other emergencies, please consult the access plan posted on the back of your room door. Safe Deposit Boxes The hotel is not liable for loss of personal valuables in the guest rooms or public areas of the hotel. Guests are advised to make use of Safe Deposit Boxes which are available free of charge at the Front Desk Cashier section.	住客姓名： Name:_____ 每日房租 Daily Room Rate:_____ （另加15%附加费） plus 15% surcharge 房间号码 Room No:_____ 失效日期 Expiry Date:_____ 住客签名 Guest's Signature:_____ 经办人 Clerk:_____

图3-1 房卡

房卡的主要作用是证明住客登记手续时客人的身份,方便客人出入酒店。因此,房卡又称"酒店护照"。

房卡的设计也因酒店不同而有所不同。这种折页式的房卡除了有总经理欢迎辞、客人姓名、房号、有效期等内容外,通常还印制有酒店服务项目、设施、位置、服务时间、会客须知等相关内容,起到了服务指南和推销的作用。

第二节 前厅入住登记的程序

一、入住登记的准备工作

（一）制订排房预案

为了更合理地分配客房,对客房分配进行有效管理,满足宾客的用房要求,应根据宾客的用房心理和酒店可供出租客房的实际情况,预先制订排房方案。

1. 排房顺序

在接待旺季,用房比较紧张的情况下,接待员应根据客人的特点及轻重缓急顺序进行排房,即：贵宾＞有特殊要求的客人＞团队客人＞有预订的客人＞未经预订而直接抵店的散客。

2. 排房注意事项

（1）贵宾一般安排在同一类型的客房中楼层、朝向、房间内部状况等方面最好的,并在安全保卫、隔音等方面给予优先考虑。

（2）同一团体的客人尽可能安排同一层楼、同一标准的客房,并且尽量是双人房,有利于陪同人员进行联络,也便于酒店的管理。

（3）同一团体的领队或会务组人员尽可能安排与团体客人在同一楼层的出口处的客房。

（4）新婚夫妇应安排较安静的大床房。

（5）老年人、残疾客人可安排较低楼层并且靠近电梯口或服务台的客房。

（6）家人或亲朋好友一起住店的客人,一般安排在楼层侧翼的连通房或相邻房,既方便他们之间的联系,同时也可以避免因他们的频繁活动而影响其他客人。

（7）常住客尽量集中在一个楼层。

（二）掌握客房推销技巧

前厅部的首要任务就是推销客房,因此前厅接待员在接待客人时必须要掌握一定的推销技巧,提高客房出租率,提高客房平均售价,增加客房收益。

1. 准确掌握酒店及客房的基本情况和特点

酒店的基本情况和特点包括地理位置、环境、交通状况、酒店星级、经营性质、建筑装饰特点、布置风格和特点、酒店价格及相关政策和规定等等；客房基本情况和特点包括面积、朝向、功能、所处楼层和位置、设施设备和用品的配备、装饰风格、价格及计价方式、房态等等。接待员只有准确掌握了以上情况，才能应答客人的询问，投客人所好，适时推销客房。

介绍客房时一定要尽可能多地介绍优点和特色，以化解客人心里的价格障碍，让客人觉得价有所值，甚至是价超所值。

2. 分析客人心理，了解客人的特点和要求

接待员应当具备敏锐的观察分析能力，及时观察到客人外在表现的细节，由此揣测其心理特点，推断其真正的需要和关注点，把握好客人的购买目的和购买动机，满足客人的物质和心理需要。

3. 以情感人，以言动人

客人到酒店入住不仅仅期望解决住宿的问题，还期望能得到接待员的热情和关爱，因此，前厅接待员必须随时面带微笑，用专注的神情认真对待每一位宾客，让客人得到充分的重视，给予每一位客人亲人般的关爱和照顾；同时，运用礼貌且关切的语言，让客人感受到接待员是站在客人的角度着想，一切都是为了客人的利益而努力，以真诚打动客人。如果能达到这样的效果，客人与接待员之间就能在一种和谐、愉快的氛围中讨论住宿的问题，推销客房就一定能达到良好的效果。

在建议客人接受某种客房时，要强调入住此类客房能给客人带来的益处和满足，增强客人对客房的价值的理解，从而提高其入住愿望。

4. 巧妙地洽谈价格

在洽谈价格时，接待员应注意一些技巧，如高价房要先介绍房间的优点和特色，最后介绍价格；对低价房则先报价，强调其经济性特点，再介绍房间的设备和特点；对于可以享受优惠的客人一定要明确向其告知，让客人感受到其优越性等。

5. 多提建设性建议，帮助客人作出决定

许多客人并不知道自己需要什么样的房间，在这种情况下，接待员要认真观察客人的表情，设法理解客人的真实意图，了解客人的特点和喜好，然后按照客人的兴趣和爱好，有针对性地向客人介绍各类客房的特点，消除其疑虑。假如客人仍未明确表态，接待员可以建议客人通过宣传册、图片甚至带领客人实地参观客房，以增强客人对客房价值的认知和理解。接待员也可以运用语言和行为来促使客人下决心住下来。例如，递上登记表说："这样吧，您先登记一下，住下来先看看行不行，如果您不满意明天我们再给您换房。"或者说："这种客房在我们酒店销得很好，客人们都觉得住这种房间很实惠，要么您先试一试？"一旦客人作出选择，应对客人的选择表示赞赏和感谢，并为客人办理入住手续。

（三）全面掌握信息

在给客人办理入住登记手续或分配房间前，接待员必须掌握接待工作所需的信

息。这些资料信息主要包括以下五个方面。

1. 房态及可供出租客房情况

房态是指客房被占用、清理或待租等状态。酒店的客房随着客人入住和离店等活动而处于变动的状态中。准确掌握房态是做好客房销售工作以及提高接待服务水平的前提。常见的房态有以下六种。

（1）住客房：客人正在使用的客房。其中又包括一般住客房、贵宾房、请勿打扰房、请即打扫房、双锁房、外宿房、长住房、无行李房、轻便行李房等。

（2）走客房，又称为走：客人已经结账离店，房间正处于清扫之中的客房。

（3）空房，又叫吉房：已完成清洁整理工作，可随时投入使用的客房。

（4）维修房，又称为坏房：因设施、设备等发生故障，或正处于维修改造之中，暂时不能出租的客房。

（5）保留房：酒店内部掌握的客房。如因大型会议、团体需要使用而预留的，或常客指定要用而预留的客房等。

（6）酒店自用房：酒店管理人员值班用或其他原因而不对外销售的客房。

在客人到店前，接待员必须获得较为具体的房态报告（Room status report）。从房态报告中，接待员了解现时可出租的客房、稍候可供出租的客房，以及不可出租的客房情况，并根据此报告排房，可避免给客人造成不便。

为了加快相互沟通、联络的速度，提高工作效率，避免工作差错，目前客房数量多、种类复杂、客流量大的大中型的酒店广泛使用酒店计算机联网系统显示客房状态。在前台接待处、前台收银处及客房服务中心均配有联网的计算机终端机，各部门可通过操作终端机来了解、掌握、传递有关客房状况的信息。使用计算机管理系统，客房各种状态分别由客房服务中心、前台等予以转换和控制，达到掌握和控制房态的目的。例如，客房部每天通过由计算机提供的"楼层住客状况表"来完成卫生清扫的组织安排；走客房清扫完毕，主管或领班经检查并确认可以重新出租后，利用客房部终端设备输入电脑，使客房由"走客房"改为"OK房"；客房出租后，前台接待员则将客人的资料及客房出租等信息输入电脑，使"OK房"转换为"住客房"；客人退房后，收银员将客人已经结账的信息输入电脑，使"住客房"变为"走客房"等，从而使各种房态都可以通过电脑输入、显示、变更、自动转换来反映客房状况，达到控制房态的目的，为销售客房提供依据。

由于前台接待处工作量很大，而客房状态处于不断的变化之中，虽然酒店可以通过电脑进行查核，掌握客房的即时状态，但难免出现差错而造成前台接待处的房态与实际房态不相符，易导致卖重房引起客人投诉。因此，必须进行房态核对。

客房部每天都要定时检查各楼层客房的使用情况，并将检查报告送至接待处。接待员根据客房实际使用状况，与电脑中的房态相对照，将不一致之处记录下来形成表格，即客房状况差异表（见表3-4）。

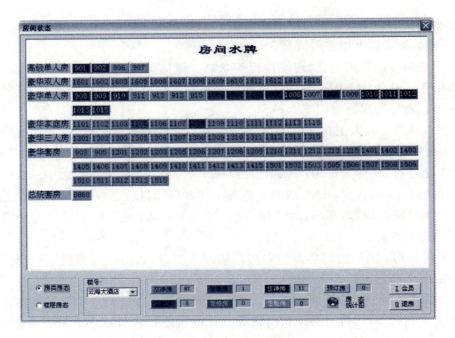

表 3-4 客房状况差异表

分送:财务部、客房部、大堂副理/值班经理

日期/时间:

房　号	客房部状况	前厅部状况	备　注

2. 预抵店客人名单

预订处将已预订准备明日抵店的客人列出名单(即预抵店客人名单)交前台接待处,为接待员提供即将到店客人的一些基本信息,如客人姓名、客房需求、房价、离店日期、特殊要求等,接待员可提前为宾客填写部分入住登记表的内容,节省办理入住登记手续的时间,提高接待效率。

3. 宾客历史档案

高星级饭店均有宾客历史档案,在电脑的帮助下,接待员很容易查到客人在饭店的消费记录,只要客人曾经在该饭店住宿过。根据宾客的历史档案情况,采取适当措施,确保客人住得开心。如该客人曾经因被安排在靠近电梯的房间而投诉过,这次接待员则应安排一间远离电梯较清静的房间;如在酒店接待淡季,对常客可尽量安排他喜欢入住的房号等。

4. 预抵店重要客人名单

饭店必须高度重视重要客人的接待工作。重要客人如下。

（1）贵宾：主要包括政府方面、文化界、酒店方面的知名人士等；

（2）公司客：主要指大公司、大企业的高级行政人员、旅行社和旅游公司职员、新闻媒体工作者等；

（3）需特别关照的客人：主要指长住客以及需要特别照顾的老、弱、病、残客人等。

酒店常为重要客人提供特别的服务和礼遇，如事先预留房间、免费享受接机/接车服务、在客房办理登记手续等。酒店常把预抵店重要客人（即 VIP）名单印发至前厅各部门及酒店相关对客服务部门，做好服务准备。

5. 黑名单

黑名单主要包括：

（1）不受欢迎的客人名单；

（2）公安部门的通缉犯；

（3）当地饭店协会通报名单上的人；

（4）大堂副理的记录名单上的人；

（5）财务部门通报的走单客人；

（6）信用卡黑名单上的人。

（四）准备好入住资料

检查电脑、POS 机、扫描仪等设备的情况，确保正常使用。将登记表、欢迎卡、客房钥匙、账单及其他有关单据、表格等按一定顺序摆放在工作台上，等接待客人时使用。

（五）了解境外人员接待制度

（1）境外人员住宿必须出示有效证件登记，如护照、回乡证及通行证，如证件不符合规定则予婉拒，并通知出入境管理科。

（2）境外人员须填写"境外人员临时住宿登记表"，或"境外人员团体临时住宿登记表"。

（3）登记内容要求：客人填写姓名、国籍、地区、性别、出生日期、停留事由、拟停留天数；服务员填写入境证件种类、入境证件号码、入境证件有效期、签证号码、签证有效期、签证签发机关、入境日期、入境口岸、入住日期、离开日期、接待单位、国（境）内暂住地址、房间号码等，以上内容必须用正楷填写。

（4）服务员将客人证件首页相片扫描及将登记表内容输入电脑。

（5）如有接到外国免登证旅行团，要在组团名单表上盖上或写上酒店名称、该团人数、入境口岸、入住日期、离开日期、住宿房间号、经办人名字、联系电话等。

（6）客人住宿时服务员要问清楚客人有无贵重物品或违禁物品，并做好登记，如有枪支应移交当地公安机关处理。

（7）发现可疑人物时，应及时通知保安做好监控工作，并由保安部决定通知当地公安机关处理。

（8）境外人员的登记表格要在24小时内上传公安局出入境管理网。

（9）境外人员的登记表除公安部门外，酒店任何部门或个人都不得检查。

（10）所用电脑系统发生故障时应及时上报公安局出入境管理科。

二、散客的入住登记程序

入住登记可以分为以下六个基本步骤：客人到店前的准备工作→填写入住登记表→排房、定房价→付款方式的确认→发放房卡，带客上房→制作有关表格。

需要注意的是，酒店不同、客人类别不同，以上入住登记步骤的次序亦可能不同。各酒店要根据自身情况制定入住登记程序。

1. 识别客人有无预订

客人来到接待处，接待员应面带微笑，主动迎上前去，询问客人有无订房。若有订房，就应问清客人订房所用的名字，然后根据姓名在预抵店名单上找出客人的订房资料，复述确认订房内容，特别是房间类型和住宿天数。若客人没有订房，则应先查看房态表，看是否有可供出租的客房。若能提供客房，则向客人介绍房间情况，为客人选房。如没有空房，则应婉言拒绝客人，并为客人介绍邻近的酒店，耐心帮助客人。

2. 协助客人填写入住登记表

接待员应先问清客人证件的名称，然后协助客人填写入住登记表。为加快入住登记速度，对有预订的客人可实行预先登记，退房日期先空出，待客人抵店，如果没有异议，让客人签上退房日期和姓名即可。对于没有预订而直接抵店的客人，接待员要热情、耐心地提供帮助，尽可能缩短办理登记手续的时间，提高登记效率。

客人入住都必须登记，团体客人可一团一表，散客一人一表。

3. 查验并扫描身份证

（1）大陆旅客持有的身份证。

中华人民共和国居民身份证。凡年满16周岁的国内公民，均应申领中华人民共和国居民身份证。

临时身份证。军官证、警官证、士兵证、文职干部证、军警老干部离休荣誉证、军警老干部退休证明书、一次性住宿有效证件。

（2）港澳同胞持有证件。

港澳同胞回乡证。港澳同胞回乡证，是港澳居民来往内地时使用的一种旅行证件。由公安部授权广东省公安厅签发。

（3）我国台湾省居民来往大陆持有证件。

我国台湾省居民来往大陆通行证。台湾居民来往大陆通行证，是台湾居民来往大陆的旅行证件。由公安部出入境管理局授权的公安机关签发或委托在香港和澳门特别行政区的有关机构代为办理。该证有两种：一种为5年有效，另一种为一次出入境有效。它实行逐次签证，签证分一次往返有效和多次往返有效。

（4）华侨持有证件。

中华人民共和国入出境通行证。中华人民共和国入出境通行证有两种：一是为未持我国有效护照、证件的华侨、港澳居民入出我国国（边）境而颁发；二是为回国探亲旅游的华侨、港澳居民证照过期或遗失而补发，分一次有效和多次有效两种。由公安机关出入境管理部门签发。

（5）外国人持有证件。

护照。护照也有很多种类型：外交护照、公务护照、官员护照、普通护照、特别护照、团体护照、联合国护照等。

签证的种类及代码：外交签证(W)、公务签证(U)、礼遇签证(Y)、团体签证(T)、互免签证(M)、定居签证(D)、职业签证(Z)、学习签证(X)、访问签证(F)、旅游签证(L)、乘务签证(C)、过境签证(G)、常驻我国的外国记者签证(J-1)、临时来华的外国记者签证(J-2)。

在查验证件时，要注意证件有无涂改、伪造；核对照片是否与持证人相符；证件的有效期、入境日期和入境口岸等。另外还应注意，在递接证件时应双手递接，礼貌称呼客人姓氏，并向客人表示感谢。

4. 排房、定价

为未预订直接抵店的客人推荐两种以上的客房类型，并详细介绍客房的特点和价格，根据客人要求，安排适当的房间，更改客房状态。如客人已预订客房，则应安排订房单上指定的客房给客人。

为客人分配好房间后，接待员在酒店的价格范围内为客人确定房价，或根据酒店的信用政策规定进行定价。如客人事先有订房，接待员则必须遵守订房单上已确认的房价，不能随意改动。

5. 确定付款方式

确定付款方式的目的，从酒店角度来看，可避免利益损害，防止住客逃账（走单）；从客人的角度来看，可享受住宿期消费一次性结账服务和退房结账高效率服务。

客人常采用的付款方式有现金、信用卡、支票及旅行凭单等。

（1）如果客人用现金结账，客人入住时则要交纳一定数额的预付金。预付金额应超过住宿期间的总房费，具体超过多少，由酒店自定，一般为一天的房费，结账时多退少补。大型酒店，预付金由前厅收银员收取，中小型酒店由接待员收取。

（2）如果客人用信用卡结账，接待员应首先辨明客人所持的信用卡是否属中国银行规定的可在我国使用的且本酒店可接受的信用卡;其次核实住客是否为持卡人;检查信用卡的有效期及信用卡的完好程度;过POS机,取得预授权;最后将信用卡交还客人,将打印出来的信用卡预授权单与制作的账单(有的酒店为入住登记表其中的一联)一起交前厅收银处。

(3)客人向与酒店有售房合同的旅行社购买酒店的客房,房费交付给旅行社,旅行社给客人签发凭单,客人凭此单入住指定的酒店,无须再向酒店支付房费,房费由旅行社与酒店按售房合同解决。如果客人持旅行社凭单结账,接待员则应告诉客人,房费之外的费用必须自己支付,如洗衣费、长途电话费等,并要求客人交纳一定的押金。

(4)如果客人以转账方式结账,这一要求一般在订房时就会向酒店提出,并经酒店有关负责人批准后方可。客人在登记入住手续时,才提出以转账方式结账,酒店通常不予受理。

对于一些熟客、常客、公司客等,酒店为了表示友好和信任,通常会给予他们免交押金的方便。免交押金的名单一般由酒店的营业部或财务部门印发,订房部员工在订房单的备注内容中注明,接待处则灵活处理。

6. 填写房卡并发放客房钥匙给客人

接待员填写房卡,对于某些属于商业机密不宜公开的房价,则不应填写欢迎卡,而是标以"合同价"。

请客人在房卡上签名,并告知其房卡用途。如果酒店为客人提供餐券、免费饮料券、宣传品等,此时应同房卡一并交给客人。制作客房钥匙交给客人,并请客人妥善保管。另外,还要注意有无客人代存的邮件和留言,如有,此时也一并转交客人。

提醒住客,前厅收银处有免费的贵重物品保管服务,并祝客人住得愉快。

7. 引领客人进房

接待员安排行李员引领客人进房。如无行李员,接待员则应将房号告诉客人并指明电梯的位置。为了表达对客人入住的感谢和对客人的重视,有的酒店还要求接待员在客人进房后7~10分钟后,打电话进房间征询客人对客房及服务的意见。

8. 传递、存储信息,建立相关表格资料

(1)将入住登记表的有关内容输入电脑,如果酒店电脑联网,则对客服务的相关部门可得到客人入住的信息。若酒店电脑没有联网,接待员则需填写入住单,将得到的信息分发至问讯处、总机、礼宾部、管家部楼层等相关部门。

(2)在印制好的账单上打印客人的姓名、抵店日期、离店日期、房号、房价等,然后将账单(一式两联)与住宿登记表账务联及信用卡签购单一并交给收银处为客人建账。

(3)在"预期抵店客人名单"中注明该订房单的客人已入住。

◆有预订的情况下办理入住登记程序接待对话举例:罗洪先生五天前在希尔顿

饭店订了一间标准间,并预交了一晚房费担保。现在接待员小夏正在接待他。

夏:先生,下午好!欢迎您光临希尔顿饭店!请问我能够为您做些什么?

罗:我在这里订了一间客房。

夏:请问先生您尊姓大名?

罗:罗洪。

夏:罗先生请您稍等……是的,您五天前在我们饭店订了一间标准房,准备住两天,并且您已经预交了一晚房费800元,是吗?

罗:对。

夏:罗先生,请您填写这张入住登记表。

(罗先生填表时小夏填写房卡,罗先生填写完后交给小夏)

夏:谢谢您。能否出示您的身份证?

罗:让我找找。

夏:您别着急。

(罗先生拿出身份证,小夏双手接过仔细核对后双手交还)

夏:谢谢,请您收好。罗先生您准备用现金付款,按酒店规定请您预付800元房费押金,好吗?

罗:我在订房时不是已经付过800元吗?

夏:对不起罗先生,怪我没说清楚。是的,您是预付了800元,不过您看,标准间一晚房价是800元,您住两个晚上也即1 600元,现在扣除您已付过的800元,您还需另付800元,您说是吗?

罗:噢,是这样。行,这是800元。

夏:谢谢。我收了您800元,这是收据,请您收好。我给您安排在1711房,这是您的钥匙卡,请收好。行李员会送您去您的房间。祝您在我们饭店下榻愉快!

罗:谢谢你,再见!

夏:很乐意为您效劳。再见!

◆无预订的情况下办理入住登记程序接待对话举例:春节期间,李珊小姐未经预订直接抵达天津金龙大酒店入住,接待员小夏接待了她。

夏:新年好!小姐,欢迎您光临金龙大酒店。请问您有什么需要?

李:我刚到天津,想入住你们酒店。

夏:欢迎您下榻我们酒店,请问小姐您订了房吗?

李:没有。还有房吗?

夏:我们还有豪华套房和普通套房,请问小姐您需要哪种类型的房?

李:还有标准间吗?

夏:很抱歉,我们的标准间已售完,不过普通套房也许适合您,卧室内有一张大床非常舒适,还有一间会客室,配有一套豪华沙发和一张大写字台。每晚价格只要

第三章 前厅接待服务管理

880元。您准备住几天?

李：我准备住两天。可是，这个价格能否打折?

夏：小姐，这个价格是打了八折以后的价，我们还将给您赠送水果和《天津晚报》，这个价格是很实惠的。您看，您决定要吗?

李：好吧。

夏：那么，请小姐您填写一下入住登记表，好吗?

（填写完后，小夏核对过登记表）是李珊小姐呀，能否出示您的身份证?（李小姐拿出身份证，小夏双手接过仔细核对后双手送还）谢谢，请您收好。李小姐是用信用卡付款的，那么按照酒店规定请您出示信用卡刷卡，行吗?（李小姐拿出信用卡刷出预授权单后）谢谢您，请您收好信用卡。我给您安排的是1012房，这是您的房卡和钥匙，请您拿好。行李员会领您去您的房间。李小姐您还有其他需要吗?

李：我还是喜欢住20层。

夏：请稍等，让我查一查……没问题，2009房您看行吗?

李：行。

（小夏收回房卡和钥匙，重新签发房卡和钥匙，并更改登记表上的房号）

夏：这是房卡和钥匙，请收好。祝您在我们酒店入住愉快! 再见!

三、团队的入住登记程序

1. 做好团体客人抵店前的准备工作

在一些酒店，团体接待与散客接待是分开的，团体入住登记由团体接待部门负责。

团体客人抵店前，团体接待员的准备工作有以下内容。

（1）根据团体订房要求，查看电脑房态资料或客房状态显示架，安排团体客房，打印团体用房分配表。

酒店如果有专门的团体楼层，团体客排房则是由团体接待处负责。如果饭店没有专门的团体楼层，团体客房一般是由总服务台的散客接待处管理人员按当天团体客房总数分出，然后将分出的客房交回团体接待处，团体接待员再细分至具体的团队。团体分房单，必须送至管家部、礼宾部等部门，让他们做好准备工作，如撤走小酒吧的酒水等。

（2）准备好团体客人信封。信封上标有房号，信封内有房卡、客房钥匙及酒店促销品等。团体客人的房卡大多为不能签单的钥匙卡，房卡姓名栏填写团号，房租栏填写合同价。

（3）随时与管家部联系，了解房间卫生清扫状况。

（4）准备好住宿登记表、团体资料表及团体入住确认表。团体资料表的印发是为了将团体客到店信息通知给相关对客部门。团体入住确认表即账单。

如果团体客人行李已到，则应吩咐礼宾部妥善保管好。

2. 请客人登记

（1）团体客人到达后，由团体接待员迎接。如团体人数较多，有必要由大堂副理或宾客关系主任出面维持秩序。

（2）弄清团体名称，找出订房资料，确认人数、房间数，掌握付款方式。

（3）请团体陪同人员，如导游、领队或会议组织人员等，协助团体客人填写入住登记表。入住登记表的填写，分两种情况：一是客人抵店时临时填写；一是团体客人抵店前，陪同已事先准备好。

3. 协助团体陪同人员分配客房、分发房卡和钥匙

4. 与团体陪同人员确认房间数、房间类型、司陪床位数、餐饮安排、叫醒时间及出行李时间等，填写确认单

5. 了解付款方式

团体订房单上会标明付款方式——现付或转账。如现付，则应请收银员收款；如转账，则应明确转至何单位，是地接社还是组团社。若转至组团社，团体账单中应由地陪签名确认，最后将账单送交前厅收银员。

团体入住，接待单位大多只负责房租和餐费，其他费用客人自理。如个别团体客人要求开通房间长途电话，拥有在酒店消费的签单权，则应要求客人事先交纳一定的押金。

6. 将标明房号的团体客人名单交一份给行李员

7. 制作相关表格，传递信息

（1）填制团体资料表，将团体客的信息分发总机、问讯处、前厅收银员、礼宾部、餐饮部、管家部、大堂副理等相关部门。如果饭店计算机联网，则不必制作表格，只需将入住相关资料输入团体接待处计算机终端，其他部门就可获取团体客人信息。

（2）更改房间状况。

（3）填写"在店团体一览表"。

四、VIP 的入住登记程序

酒店贵宾，一般由大堂副理负责接待，前厅接待处负责配合。贵宾入住登记在客房内进行。

（一）准备工作

1. 大堂副理的准备工作

（1）阅读"预期抵店贵宾名单"，了解预期抵店的贵宾姓名、身份、人数、房号、抵

店时间、接待规格等内容。

（2）填写车单交礼宾部，注明贵宾姓名、航班号、车型、付款方式等内容，并确认落实情况。

（3）检查已安排的贵宾的客房，内容包括清洁卫生情况、设施设备完好状况、客房内免费用品的添置情况，以及鲜花、果篮、酒水等赠品的摆放情况等。

（4）通知管家部做好楼层的迎客工作，将贵宾的用餐时间、人数通知餐饮部做好准备。

（5）视贵宾的重要程度，组织好大堂的员工欢迎队伍。

2. 接待处的准备工作

（1）与订房部配合，安排好贵宾入住的客房。

（2）准备好住宿登记文件夹。根据已知的贵宾资料打印好住宿登记表和贵宾房卡。登记表及房卡的退房日期栏空出，让贵宾自填。准备好客房钥匙，将其与住宿登记表、贵宾欢迎卡一并放在文件夹内，并将文件夹交大堂副理。查看有无客人的信件及其他先到的物品，以便及时转交。

（二）迎接客人，办理入住登记手续

一般贵宾由大堂副理接待即可，如果身份地位高的贵宾，必须由酒店最高管理层出面迎接。

客人抵店时，称呼贵宾姓名，向贵宾问候，表示热烈欢迎，并向贵宾介绍自己和有关迎接人员。

将贵宾带入房间，并对酒店和房间进行简单介绍，告知客人大堂副理台的服务电话，表达愿为其服务的愿望。

大堂副理将已准备好的入住登记文件夹带进客房，请客人登记签字，然后大堂副理核对证件，确认其退房日期。离开客房时，预祝客人居住愉快。

贵宾入住享受多种优惠，如免交押金、房费折扣，甚至是所有费用全免。具体优惠应按酒店贵宾申请单上的待遇执行。

（三）表格制作，信息储存

大堂副理在给贵宾办理入住登记手续后，在大堂副理值班本上记录贵宾入住手续办理情况。

表格制作、信息储存交由接待员完成。接待员将贵宾的情况输入电脑，或制作客房状态卡插入显示架更改房态。

将贵宾抵店信息通过入住单或计算机联网通知相关部门；将客人的订房资料及登记资料整理归档；向前厅收银员交接账单资料。

五、宾客其他入住要求的处理

（一）客人要求换房的处理

换房，也叫转房。客人办理入住登记手续并入住以后，对客房的位置、朝向、大小、设备使用情况等方面有了较为清楚的、详尽的了解。在此情况下，有的客人会觉得房间不够理想，或者不太方便，这时，客人就会向前厅提出换房要求。酒店应在可能的情况下尽量满足客人的要求。

酒店有时也会由于自身的原因要求客人换房。如客房设备损坏，维修需时较长，酒店则主动为客人换房；住客超过原计划住店天数续住，而指定预订该房的客人又快要入住时，酒店亦可能要求原住客换房。

（1）了解换房原因。由于酒店方面原因需要客人换房的，接待员必须向客人解释清楚，求得客人谅解。

（2）查看客房状态资料，为客人排房。查客房状态资料，看是否有与客人原住房相同档次的客房，如果暂时没有，则需向客人说明。倘若房间档次升高了，则要加收房费；酒店自身原因要求客人换房时除外，并要对给客人带来的不便表示歉意。

（3）填写房间/房价变更单。填写房间/房价变更单，由行李员分发至相关部门。

① 管家部：楼层服务员接到此单后，按退房要求对原住房进行检查，然后对走房进行清扫。

② 电话总机：方便电话转接。

③ 前厅收银：接到此单后，转移客账。

④ 问讯处：方便邮件转交和访客查询。

⑤ 礼宾部：及时协助客人提拿行李换房。

（4）换房时为客人提供行李服务。

（5）发放新的房卡及钥匙。

（6）接待员更改电脑资料，更改房态。

（二）客人要求续住的处理

原则上以照顾已住店客人的利益为先。

（1）了解客人续住的要求。接到客人续住的要求，问清客人姓名、房号、续住时间，然后了解当日和近日的客房预订情况，核实客人续住是否会导致超额预订。在酒店接待旺季，这种情况特别容易导致酒店预订失约行为的发生，一旦出现这种情况，一般为新来客人联系其他酒店，按超额预订处理。

（2）续交押金。如果客人原来是用现金付款，请客人补交押金；如果客人原来是用信用卡付款，则要根据客人消费情况决定是否要另外取得信用卡的预授权，并通知前台收银做账务处理。

（3）发放新的房卡，重新激活钥匙卡。

第三章　前厅接待服务管理

(4) 更改电脑资料，修改客人离店日期。

如果房价有变化，并输入新的房价。电话通知管家部楼层客人续住情况（见表3-5）。

表3-5 续住通知单

房号	姓名	通知时间	签发人
备注			

尊敬的　　　　　先生/女士：　　　　　（房号　　　　）

您的房卡已到期失效，为了方便您在本酒店的住宿和消费，请您于13:00前抽空来前台一趟，我们将为您更换房卡，办理续住手续。

敬请谅解，谢谢合作！

××××大酒店总台
年　月　日

（三）加床

一个标准间，正常情况下只能住2个成年人，如要住3个成年人，则需加床。

客人加床大致分两种情况：一是客人在办理登记手续时要求加床，二是客人在住宿期间要求加床。

酒店要按规定为加床客人办理入住登记手续，并为其签发房卡，房卡中的房价为加床价，加床费转至住客付款账单上。如是客人在住宿期间要求加床，第三个客人在办理入住登记手续时，入住登记表需由支付房费的住客签名确认。

接待处将加床信息以"入住单"的形式，或者以专门的"加床通知单"的形式通知相关部门，如前厅收银处和管家部。

（四）押金数额不足

酒店客源复杂，客人付款方式多样，酒店坏账、漏账、逃账的可能性始终存在。客人在办理入住登记手续时，如果表示用现金支付费用的，酒店为了维护自身的利益，常要求客人预付一定数量的押金，结账时多退少补。尤其是首次住店的客人、无行李的客人、无客史档案的客人及以往信用不良的客人。押金的数额依据客人的住宿天数而定，主要是预收住宿期间的房租，一些酒店为方便客人使用房间内长途电话、饮用房内小酒吧的酒水、洗衣费签单等，常会要求客人预先多交一天的房费作为押金，当然也是作为客人免费使用房间设备、设施的押金，如果拿走或损坏客房的正常补给品则需照价赔偿。

有些时候，客人的钱只够支付房费数，而不够支付额外的押金。遇到这种情况，接待员要请示上级作出处理。如让客人入住，签发的房卡为钥匙卡（不能签单消费）；通知总机关闭长途线；通知客房楼层收走客房小酒吧内的酒水或锁上小酒吧。

（五）卖重房的处理

有时由于工作疏忽，接待处已将客房售出，但房态未能及时更改过来，导致该房间重卖；有时由于未能与管家部保持及时的信息沟通而无法掌握最新的楼层实际房态,导致卖重房。这样会给服务工作带来不利影响,也会使新到的客人和原来的客人均感到不悦,酒店应充分重视这类问题。

行李员带新入住的客人进房前,应先敲门,如果发现卖重房,马上向双方客人致歉,然后请新入住客人在楼层稍候,电话报告接待处。

接待处核实卖重房后,应马上找出一间相近楼层同类型的客房,签发新的房卡和客房钥匙,安排另一行李员送上楼层,收回原来的房卡和钥匙。在电脑上变更房态,与其他部门沟通此种情况。特别是要提醒前厅收银处变更客人的账户资料。

(六)无房出租时的接待

在旺季,酒店常常会遇到客房爆满而仍然还有客人前来投宿的情况。这些客人大致分两种情况:一是没有订房的散客,二是饭店超额预订客人。

对于没有订房的散客,接待员同样要热情接待,向客人表示歉意,然后了解一下附近相同档次酒店的客房出租情况,向客人介绍其他酒店,主动帮助客人订房,请礼宾部协助安排车辆。为了争取客人在第二天回来住,征求客人意见,将其列入等候名单,一有空房以后即与客人联系。

对于超额订房,造成已预订的客人没有房间住宿,酒店应负全部责任。遇到此情况按第二章第三节预订失约行为处理办法处理。

(七)住客要求保密的处理

接待员对于客人住店时提出的"不接听电话"、"不接待来访者"、"房号保密"等特殊要求,应予以高度重视,立即在电脑中做特殊标记,并通知总机、客房部、保安部等部门和岗位,不应草率行事,以免引起客人的投诉。

(1) 确认客人的保密要求。一般客人的保密要求,如只接听长途电话、只有某位来访者可以接待、所有来访者一律不见、所有电话一律不接听等。

(2) 在值班日志上做好记录,记下客人姓名、房号及保密要求。

(3) 当有人来访问要求保密的住客时,一般以客人没有入住或暂时没有入住为理由予以拒绝。

(4) 通知电话总机做好客人的保密工作。如来电话查询要求保密的客人时,电话总机房的接线员应告诉来电者该客人未住店。

第三节 收银服务

某旅游学院张老师最近接到一个电话,这个电话让她这几天都心里难受,也让她思考了许多问题。原来,这个电话是一个在某酒店前厅收银处做收银员的学生张婧打来的,电话里张婧哭着叙述了她的"倒霉"经历:她实习结束后离开了实习酒店,来到广州的一家二星级酒店应聘前厅收银员,顺利应聘上了,心想总算可以不用做客房了,前台收银很轻松,收收钱而已。酒店只给了她一天的培训时间就上岗了,她因为在实习期间是做客房服务员的,没有接触过前台的工作,所以虽然较激动,但还是有些担心。结果从第一天起就不停出错,从计算机收银系统的使用、开单据、收现金找零,到建立客账、过账、账目整理等,简直是一团糟,一个月下来不仅没有拿到工资,还倒欠酒店近千元。

张老师感觉学校没有让学生把技能学到手有责任,酒店对员工的培训时间太短,员工在根本不能胜任的情况下强行上岗,责任也很大,当然,张婧对前厅收银工作的认识太粗浅,在校学习时技能掌握不到位,也有责任。

那么,酒店前厅收银服务是一种什么样的服务项目呢?

前厅收银工作是酒店对客服务工作结尾的一个重要组成部分,它不仅将给客人留下最后印象,也最终体现酒店经营的成效。前厅收银处每天负责为宾客建账、记账,负责核算和整理各业务部门转来的宾客消费账单,提供外币兑换服务,为宾客办理退房结账事宜,编制各种会计报表,以便及时反映酒店的营业活动情况。

一、收银岗前准备工作

(1)提前15分钟到岗,检查仪容仪表,进行上岗前的准备。
(2)参加班前例会,了解信息,领取办公用品,清点备用金。
(3)阅读交班本及相关文件,将交班本上所列事项逐项进行交接。
(4)更换工号进行电脑账务交接,钱账当面点清,发票、账单必须连号使用,不连号的查找原因。
(5)交接完毕后与上一班次在交班本上双方签字确认所交接内容。
(6)查看当天的外汇牌价。
(7)检查信用卡压卡机日期是否正确、信用卡单据数量是否充足。
(8)及时了解和整理文件夹内的各种通知。

二、宾客账务管理

(一)建立客账

1. 散客采用现金预付押金的处理

(1)根据"宾客住宿登记表"上的姓名、房号、房价、入住天数填制"预收押金收据"一式三联,收银员签字后并请客人签名确认,收取规定数额的押金,在押金收据上盖上"现金收讫"章。

(2)根据"宾客住宿登记表"上的内容和押金收据在电脑系统中上制作宾客分户账单(见表3-6)。

（3）将"宾客住宿登记表"财务联与当天的账单放在该客人的账单夹内，交审核人员审核。

表 3-6　宾客分户账单

房号		姓　名					备注：	×××HOTEL 地址： 电话： 传真：	
房租		抵店日期			离店日期				
日期	借　方								贷方	余额
	房租	服务费	餐饮费用	洗衣费用	电话费用	传真费用	交通费用	其他	小计		
住客签名：		地址：							最终余额	
						钥匙请交总台				
付款单位：										

2. 散客采用信用卡预付押金的处理

（1）先识别卡的类别，判断是否在本店所接受的范围内，再辨别信用卡是否因过期、恶意透支等原因列入了发卡行提供的止付黑名单。

（2）再用相应的刷卡设备压卡或刷卡，并让客人在持卡人签名处签名，收银员要认真核对客人签名与卡背面的签名、身份证上的姓名是否相一致，同时抄下身份证号码。

（3）在签购单的第一联上写明房号，以防搞错房号。收银员向银行电话查询止付，并要求在收款栏处填写上单位全称及经手人姓名。

（4）根据"宾客住宿登记表"上的内容在电脑系统中上制作宾客分户账单。

（5）将"宾客住宿登记表"财务联与当天的账单放在该客人的账单夹内，交审核人员审核。

专栏3-1　信用卡的知识

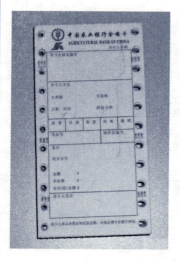

信用卡是商业银行向个人和单位发行的,凭以向特约单位购物、消费和向银行存取现金,具有消费信用的特制载体卡片,其形式是一张正面印有发卡银行名称、有效期、号码、持卡人姓名等内容,背面有磁条、签名条的卡片。信用卡按是否向发卡银行交存备用金分为贷记卡、准贷记卡两类,贷记卡是发卡银行给予持卡人一定的信用额度,持卡人可在信用额度内先消费、后还款的信用卡。准贷记卡则是先按发卡银行要求交存一定金额的备用金的信用卡。我们现在所说的信用卡,一般单指贷记卡。

最通俗的说法就是:当您的购物需求超出了您的支付能力,您可以向银行借钱,信用卡就是银行根据您的诚信状况答应借钱给您的凭证,您的信用卡将提示您,您可以借银行多少钱、什么时候还。信用卡也将记录您的个人资料和消费明细,以便为您提供全方位理财服务。

在外形上,信用卡大小如同身份证,一般用特殊的塑料制成,正面上印有特别设计的图案、发卡机构的名称及标识,并有用凸字或平面方式印制的卡号、持有者的姓名、有效期限等信息;卡片背面则有用于记录有关信息的磁条、供持卡人签字的签名条及发卡机构的说明等。当顾客购货结账时,只需将信用卡交商店,由收款员把信用卡放在压印机上压印一下,那些凸字就会印在一式三联的单据上,然后持卡人在单据上签字,商店收款员将单据上的签字与信用卡上的签字式样核对相符后,即承认记账消费,持卡人不必付现金就可以购买所需的货物。信用卡的持卡人除了可以在特约商户凭卡签字购买各种商品、就餐、娱乐、住宿外,还可以向发卡机构指定的银行透支一定限额的现金。特约商户和指定受理银行凭持卡人签字的账单向发卡机构收款,再由发卡机构送持卡人核对,在规定的期限内付清。至持卡人付清时,发卡机构按规定计收透支款项利息。如到期未付清,则要计收罚息。

目前国内兑换的信用卡主要有美国运通公司的运通卡(American Express)、

> 香港汇丰银行维萨卡（Visa Card）和万事达卡（Master Card）、香港南洋商务银行的发达卡（Federal Card）、香港麦加银行的大来卡（Dinners Card）、日本东海银行百万卡（Million Card）、日本 JCB 国际公司和三和银行的 JCB 卡（JCB Card），以及我国自己发行的信用卡如长城卡、牡丹卡、金穗卡等。

3. 团队采用支票预付押金的处理

（1）根据团队入住单上的团号、团队总房数、团队人数、房价以及是否用早餐等收取适当的押金，并问清团队成员费用是否挂团队账。注意，如果团队成员的个人消费挂个人账，则应再为其成员设立分户账单。

（2）团队如果是用支票支付押金，应仔细核对该支票的真伪，注意辨别是否是银行已发出通知停止使用的旧版转账支票；检查支票上的印鉴是否清楚完整，开户银行账号是否齐全；检查支票上的签发日期是否过期，金额是否超过其限额。

（3）在支票后面记下联系人电话号码及地址，在支票收款栏处填上单位全称以防被盗。

（4）开具一式三联押金收据，收据上写明支票号码和联系人及电话号码，并请客人签名。将支票及团队入住单一并交给财务部进行转账处理。

（5）根据团队入住单和押金收据在电脑系统中为该团队建立团队账单。

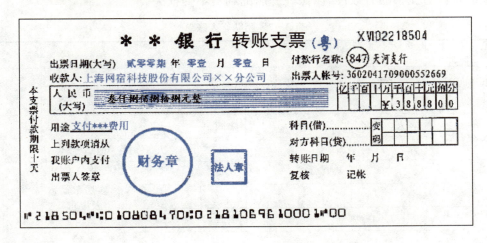

（二）过账

在账户上记录交易的过程叫做过账或记账。过账要求准确、及时，尤其是客人即将离店时发生的消费，及时过账就更重要了。

宾客的房租及服务采取按天累计的方法每天结算一次，直至宾客离店当天结清房费。其他各项费用如餐费、洗衣费、长途电话费、传真费等，宾客在办理入住登记时在前台只要办理一次性结账服务，就可以在营业点签单消费，其消费单据将由各有关部门转入前厅收银处,记入宾客的账户。

过账可由收银员手工进行,在大部分的大中型酒店更多地采用电脑系统过账,通过系统,各营业点的业务通过电脑终端记录到相应房间电子账单上。注意无论是人工过账还是电脑系统过账,从各营业点转来的客人消费单都应在过账后按日期顺序放入客人的账户夹内,以便夜审及结账时与客人核查。

（三）催账

酒店前厅收银员应根据客人入住的不同时间段,了解客人账户中的余额,以判断是否要对客人进行催收账款,催收的时间一般安排在中午12点、16点和18点,以免影响客人的休息。

催账可以用电话通知客人,也可以由行李员把"催交预付金通知单"送到房间。若联系不到客人,或在规定的时间内客人没有来总台续交,则可通知房务中心工作人员协助进行催账,必要时可上报酒店大堂副理配合进行催账。对团队、会议的催收,可根据团队、会议的业务联系单通知其负责人或酒店中负责该团的联系人。

催账一定要注意有礼貌,语言委婉,讲究技巧,切不可简单粗暴。

（四）结账

客人一般有三种结账方式：一是现金支付,这对酒店来说是最理想的,因为酒店收取现金以后可以马上进入流通；二是用信用卡支付,这种支付方式比较方便,酒店的应收款项也可以得到保证；三是使用企业支票支付,这种结账方式下,需要收银员细心检查核对支票的有效性,以保证酒店的利益不受损失。

表3-7 团队客人账单

团 名							编 号	
抵离时间地点		月 日 时 分乘			由	抵	付款方式	
		月 日 时 分乘			赴	离		
人 数		客人			陪同		全陪姓名	
		计 人			计 人		地陪姓名	
用房数							客房布置及要求	
房 费								
膳食	餐别						退伙及其他	日餐日餐
	标准		元/人天(含)(不含)					
	餐差							

(续表)

风味或宴会	月　　日　　时　　分共　　桌计　　人,标准　　元/人(含)(不含)	
确认事项	A. B. C.	
备注	A. B. C.	

三、离店退房与结账服务

(一)散客结账服务程序

(1) 问候客人,问清客人是否退房结账。

(2) 确认客人的姓名和房号,并与客人账户核对。

(3) 通知楼层查房。

(4) 检查客人的退房日期,若客人是提前退房,则应通知相关部门,查核各营业点消费单是否送达前厅收银处;若客人是延时退房,则应核实延时退房是否需要加收房费。

(5) 委婉地问明客人是否还有其他即时消费。

(6) 将核对过的客人分账户及客人的账单凭证交客人过目,并请客人在账单上签名确认。

(7) 确认付款方式,结清余额。如果客人入住时用现金交押金,则收回押金单据,按发票总额冲减押金数额,多退少补,然后请客人在退款单上签字;如果客人入住时确认用信用卡付款的,应该在已取得授权的签购单上填写客人的消费总额,请客人签字,并与信用卡背面的签名及身份证件核对,将信用卡回单交给客人。

(8) 收回客人的房卡和房门钥匙,检查客人是否有贵重物品寄存,并提醒客人。

(9) 行李员提供结账行李服务。

(10) 问清客人是否要预订返程客房,若要,则记录预订要求,并转交给预订处。向客人道别,感谢客人的光临,祝旅途顺利。

(11) 更新前厅相关信息资料,如房态表和住客名单等,将客人结账离店消息通知相关部门。

(12) 做好账、款的统计,材料的存档工作,以方便夜审等。

(二)团体客人结账服务程序

(1) 通知楼层查团体走房。

(2) 打印账单,做到团体总账和客人自付分开。

(3) 如预订单上标明付款方式为转账,则请付款单位陪同人员在转账单上签字认可,并注明报账单位以便将来结算。凡不允许挂账的单位,其团体到店时费用一律付现,团体客人的房价不可泄露给客人。

(4) 为有自付账目的该团客人打印账单,结账。

(5) 收回房卡和钥匙。

四、外币兑换服务

酒店为了方便外国客人,向中国银行申请在酒店前台设立外币兑换点,代办外币兑换业务。中国银行根据酒店业务量大小,相应拨给定额周转金,外币兑换服务员应该进行相关知识和技能的培训。

我国现阶段饭店外币兑换的外币种类有:美元、英镑、瑞士法郎、新加坡元、瑞典克朗、丹麦克朗、挪威克朗、日元、加拿大元、澳大利亚元、欧元、泰国铢、韩国元、菲律宾比索,以及港元、澳门元、新台币、新西兰元、土耳其里拉、沙特里亚尔、南非兰特、卢布等。

欧元则包括19国的共同货币:法国、德国、意大利、西班牙、葡萄牙、芬兰、爱尔兰、比利时、荷兰、奥地利、卢森堡、希腊、斯洛文尼亚、马耳他、塞浦路斯、斯洛伐克、立陶宛、拉脱维亚、爱沙尼亚。

(一)外币现钞兑换服务程序

(1) 询问客人所持外币种类,查看是否为饭店兑换业务范围。

(2) 告之当天汇率以及饭店的一次兑换限额。

(3) 认真清点外币,并检验其真伪。

(4) 请客人出示护照和房卡,确认其住客身份。

(5) 填制水单,并按外币管理局当天公布的兑换牌价进行准确换算。收银员核算、复核员审核,两级控制以确保兑换数额清点准确。

(6) 兑换员在兑换水单上加盖外币兑换私章及外币兑换公章,并请客人在水单上签名,核对房卡、护照、水单上的签字等是否相符。

(7) 清点人民币现金,将护照、现金及水单的第二联交给客人,并请客人检查清点,礼貌地与客人道别。

(8) 结出当班兑换的外币、人民币金额,轧平兑换账。

(二) 旅游支票兑换服务程序

旅游支票是银行或旅行社为便利旅游者在旅行途中支用款项而专门发行的一种定额支票,旅游者购买了这种支票后,可在发行银行的国外分支机构或代理机构凭票兑取现金或支付费用。因为它是旅游者直接用现金向银行购买的,所以它实际上也是一种汇票,所不同的是,旅游支票的收款人就是付款人本人。

(1) 兑换旅游支票时,按当天外汇牌价的买入价折算出人民币金额,按 0.75% 扣除贴现息后,即为实际兑换人民币净额。

(2) 在兑换时,请客人当面在支票复签栏中签字,如已签上,则必须在支票背面签,外币兑换员核查签字笔迹是否与当初签字笔迹一致。

(3) 其他程序与现钞外币兑换程序相同。

表 3-8　××酒店外币兑换水单
××HOTEL Foreign Exchange Voucher

Guest Name 宾客姓名 Room No. 房号		Date 日期	
Currency Type 外币种类	Amount 金额	Exchange Rate 汇率	RMB¥ 人民币
Guest Signature 顾客签名 Cashier Signature 收银员签名		Total 合计	

(三) 外币兑换服务注意事项

(1) 酒店一般只为住店客人提供外币兑换服务。

(2) 外币兑换员一定要经过严格培训,掌握识别外币真伪的技能;在兑换外币时如果对外币的真伪有疑问,可咨询中国银行或外汇管理机构。

(3) 发现伪钞,应向客人解释并留下送交中国银行,客人有意见请其向中国银行或外汇管理机构投诉。

(4) 为安全起见,兑换员应将客人要求兑换的外币的编号写在兑换水单上。

(5) 水单要统一存放，统一保管，联号使用，切勿丢失。

(6) 及时刷新当日外币牌价，确保牌价准确无误。

五、贵重物品寄存与保管服务

酒店的优质服务不仅体现在让客人方便舒适方面，还体现在保证客人的生命财产安全方面，其中免费的贵重物品寄存与保管就是酒店为确保客人的财产安全而采取的重要措施。

为此，酒店专门配备了大、小型两种贵重物品保险箱：一种是在前厅收银处配置的大型的贵重物品保险柜，由收银员负责管理和对客服务。该保险箱是由一组小保险箱或小保险盒组成，每一个小保险箱（盒）有两把钥匙，顾客、前厅收银员各一把，只有两把钥匙同时使用才能打开。另一种是酒店在每一间客房内配备一小型保险箱供住客使用，密码由客人自行设定，客人退房密码自动消除，紧急万能密码由大堂副理掌握。

（一）贵重物品寄存服务的程序

(1) 问清宾客的寄存要求，请其出示房卡或客房钥匙，对已离店的客人和非住店客人婉拒，并耐心解释有关规定。

(2) 介绍酒店贵重物品寄存的相关规定，如贵重物品的认定、保险箱钥匙的保管、保险箱的开启、保管时间、贵重物品遗失处理等方面的规定。

(3) 认真填写"贵重物品寄存单"，并请客人签名。

(4) 根据贵重物品的具体情况，选择适当规格的保险箱，并把箱号填写在"贵重物品寄存单"上，同时收银员自己签名。

(5) 使用保险箱的母钥匙与客人的子钥匙一起为客人打开保险箱，并嘱咐客人保管好子钥匙。请客人亲自将贵重物品放入保险箱内，把寄存单第一联一同放入，然后锁上保险箱。当客人面取下钥匙，把子钥匙和寄存单第二联一并交给客人手中，母钥匙则由收银员小心保管。

(6) 在客人离开前要告诉客人，启用保险箱时须出示该箱子钥匙和寄存单。

(7) 收银员在保险箱使用登记簿上填写相关内容，以备查。

(8) 在客人填写好的寄存单底联上，把客人姓氏的第一个字母填写在寄存单的右上角，并将寄存单按英文字母顺序存放。同时注意，客人每开启一次保险箱，都应在寄存单相关栏目内签名。

（二）贵重物品提取的程序

(1) 当客人提出需要终止贵重物品存放时，收银员应向客人收回该保险箱钥匙和寄存单第二联。

(2) 收银员根据寄存单上的箱号和客人姓名的第一个字母迅速查找出寄存单底联，并请客人在寄存单终止栏内注明终止日期、姓名，以防纠纷发生。

（3）核对客人的签名与寄存单上的签名，笔迹相符方可开箱取出贵重物品。

（4）用收银员保管的母钥匙和客人保管的子钥匙当客人面开启保险箱，请客人亲自取出贵重物品，收银员检查保险箱，以确保客人的物品全部取走，然后锁上保险箱，将子钥匙放回原处存放。

（5）向客人道别。收银员在寄存单上签名，注明日期、时间，并将寄存单的空余栏画掉，说明此单已经终止使用。

（6）在保险箱使用登记簿上记录退箱日期、时间、经手人，在电脑上删除记录，并将寄存单存档。

（三）贵重物品保险箱钥匙遗失的处理

酒店前厅收银处应该安装有电子监控器，24小时不间断地监控保险柜，以保证贵重物品存放的安全。

收银处保管的保险柜总钥匙（母钥匙）应该专人保管，保管措施明确，交接班时对钥匙的交接手续应该完备，以保证钥匙不因保管漏洞而遗失。

客人寄存贵重物品时，收银员应该向客人强调对子钥匙的保管责任，若宾客遗失了保险箱钥匙，酒店一般都有明文规定要求宾客做出经济赔偿，一般在寄存单上标示有关赔偿规定，以减少处理过程中的有可能出现的纠纷。若宾客将钥匙遗失而又要取出贵重物品时，必须征得客人赔偿的同意后，在客人、当班收银员及酒店保安人员在场的情况下，由酒店工程部技术人员将该保险箱的锁破坏后（锯开、钻开等），取出物品，并做好现场情况记录，以备事后查核。

表 3-9　贵重物品寄存单（正面）
SAFE DEPOSIT BOX KEY RECORD

房号 Room No.	保险箱号 Box No.	签名 Specimen Signature
姓名 Name		
联系地址 Address		

须知 Notice
1. 住客可免费寄存贵重物品，但不得寄存任何违禁物品。
   No charge for keeping.
2. 如遗失此钥匙，必须更换新锁，需赔偿人民币 280 元。
   If this key is lost, we will not only replace a new lock, you will pay a compensation of ￥280.00 to Hotel. Please take care of the key.
3. 退房离店时，请将此钥匙交回前台收银处，否则酒店有权自行开启，并取出所寄存物品，不负任何责任。
   The Hotel management reserves the right to open the box and remove contents without liability, if key is not sent back when guest departs from Hotel.

日期 Date	时间 Time	收银员签名 Clerk

表 3-10 贵重物品寄存单(反面)
SAFE DEPOSIT BOX KEY RECORD

日期 Date	时间 Time	客人签名 Guest Signature	收银员签名 Clerk

我认可已经取走所存放物品,此物品以后与酒店无关。
I hereby acknowledge that all property stored in the safe box has been safety withdrawn, and liability of said Hotel therefore is released.

日期 Date	时间 Time	客人签名 Guest Signature	收银员签名 Clerk

第四节 行政楼层

一、行政楼层及其工作内容

现代高档豪华酒店一般都设有行政楼层,也叫商务楼层。专门接待商务客人等高消费客人,为客人提供优质服务。该楼层提供有别于普通客房楼层的贵宾式服务,因此被誉为"酒店中的豪华酒店"。酒店行政楼层是为了满足许多对服务标准要求高,并希望有一个良好商务活动环境的客人而特别设置的楼层。它拥有自己的小型总服务台,客人可在此办理入住和离店手续,宽敞华丽的休息室可供客人会客、洽谈及阅览报刊。客人还可以在此享用早餐和茶点、鸡尾酒。房间豪华舒适,并专为商务客人设置办公台,完备的委托代办服务为客人解决文秘、通讯及交通方面的问题。每一位入住行政楼层的客人都将受到贵宾般的接待,高贵优雅的

环境及细致快捷的服务,为商务客人在生意上的成功和生活上的享受创造了极佳的条件。

(一)行政楼层的需求特征

1. 公务要求与豪华性

大部分公务旅游者不是自己选择旅游目的地,而是因工作需要或由他人决定的;大部分公务旅游者不是自己花钱,而是由公司花钱,因而消费出手大方,往往住豪华型饭店,消费很高。因此,行政楼层的客房样式、大小与普通客房无异,但提供的日用品及客房房间装潢较为高档。现代行政楼层的象征不仅是"豪华",它还与电子技术和计算机设备紧密联系起来。饭店要提供商务服务和通讯服务,楼层的商务中心服务功能要齐全,环境要好,服务时间要长。

2. 需求特征与多功能性

方便的位置,安全贴切的服务,合理的价格,完备的设施、室内娱乐活动,宽大的客房,一流的餐厅,高雅的气氛,配备无烟客房、健身俱乐部、游泳池等。调查还表明,公务旅游者经常性的服务需求是:订餐、订机票、租车、机场接送、发送传真、翻拍照片、确认机票及秘书服务等。为了争取公务旅游者,在传统服务项目的基础上,还开设多项特别服务,如个人计算机、同声传译、专家服务等。一些客人对语言信箱、信息网络、视听设备、电话答录设备以及复印、传真、打印等设备都有较高的要求。

3. 工作特征与服务的多样化

大多数公务客人或长或短都要在客房内办公,这就不同于普通旅游者。客房设施的设置要考虑办公条件,如办公桌要大,坐椅要舒适,灯光要明亮,配备常用的文具用品等。因此,商务楼层标准客房的写字台和床头照明应更亮一些,以便客人看书写字。在写字台上有电话和国际互联网接口,这样,客人在客房里办公时,就可以很方便地使用笔记本电脑收发电子邮件,在互联网上交流信息。在伏案写字时也不必再起身到床头去接听电话。

入住商务楼层的客人除希望得到一般宾客"家外之家"的享受外,更希望得到"公司外公司"的服务,即为这些公务客人提供其公司从事公务活动所需要的服务,如管理服务、经纪服务、信息服务、文秘服务、交通服务、休闲服务和保健服务。酒店要延伸提供这些服务,必须投入大量资金,并对服务人员进行必要的培训,对整个饭店的管理制度和运作程序进行调整。公务客人的结构呈多层次,客人需求呈多样化。商务楼层需做市场调查,要知道住店公务客人是哪些人,在什么时候、什么么场合,喜欢什么档次的餐饮。这种建立宾客档案的基础工作枯燥、琐碎,但却十分重要。许多饭店的商务楼层根据这类客人的需求,在商务楼层上设置免费的早餐、下午茶、晚餐,甚至不断加大力度提高客房送餐服务项目及内容。因此,对入住商务楼层的客人采取针对性的、个性化的、优质的服务,是赢得客人忠诚的重要因素。

4. 娱乐特征与休闲性

公务客人对休闲时间的利用兴趣广泛,有的甚至是为饭店的设施或活动而来的。因此,要关心酒店公务客人的"8小时之外",让他们愉快充实地度过休闲时光,多数商务楼层均在楼层布置各种娱乐设施,如棋牌类、影音设备等。由于客人需求的大相径庭,一些酒店设有专职人员进行调研,并为公务客人组织有关的活动。例如,多数商务楼层在夜间均设置各类娱乐活动,如"欢乐时光",客人可以在此免费喝各种酒水饮料,可以在此交朋友,可以看书,可以看电影、电视、DVD等,或进行其他娱乐活动。有些酒店甚至将娱乐设施放置于客房内,令客人不出客房就可以享受其所需的各项娱乐活动。

5. 商务特征与安全性

入住商务楼层的客人尤其是商务客人都希望客房安装电子门锁,甚至要求电话、传真加装保密装置,以防止泄露商业机密。高档的公务客人对商务楼层酒廊等公共区域或会议室,也会提出安全和保密的要求。因此,商务楼层应尽量选择能单独分隔开来的楼层,或采用先进科技方法来达到对楼层的保密。

(二)商务楼层的布局特色

商务楼层与普通客房楼层在布局上有明显不同,它可以向商务客人提供更多、更细致、更具个性的专业化服务。

1. 单独设接待处

凡预订商务楼层的客人,都可以在到店后直接在楼层快速登记入住,以及离店时在本楼结账退房。接待处设计精巧,环境氛围轻松,旁边设置有沙发等休息座位,使得这种"一对一"式的轻松、开放、专用的服务接待方式更显个性化,更具温馨的感受。

2. 单独设酒廊

在商务楼层设置环境幽雅、独具匠心的专用酒廊,并提供冷饮、热饮、早餐、午茶,还可以安排鸡尾酒会及会晤朋友,是商务楼层吸引商务客人的重要场所。这种酒廊的设置,提高了商务楼层客人始终被尊重的"身份感",使客人体会到"家"的感受。

3. 单独设商务中心

商务楼层一般设有专用商务中心及规格不等的会议室、洽谈室等设施,以供商务客人随时召开会议,或与客户会晤及洽谈生意。商务中心设备先进、种类齐全,从文件打印、复印、分拣至装订等一应俱全,而且服务效率高。

(三) 商务楼层的管理及服务特色

商务楼层的管理是一套相对独立运转的接待服务系统,在行政管理上通常隶属于前厅部,在人员素质和服务内容上,均有不同于总台的特殊要求。

1. 硬件设施要求

商务楼层的客房样式、大小与普通客房存在一定程度的差异,它所提供的日用品及商务楼层的客房室内装潢应力求高档。现代商务楼层的象征不仅是"豪华",它还需与电子技术和计算机设备紧密联系起来。

(1) 提供商务设备设施。

如语言信箱、信息网络、视听设备、电话答录设备以及复印、传真、打印等设备。楼层上的商务中心服务功能要齐全,环境要好,服务时间要长。

(2) 提供各种先进的会议设施。

住商务楼层的客人可能有各种会议,如研讨会、论坛、讲座、培训、会谈等,因此商务楼层应设置相应的、大小不同的会议场所及配备相应的设施设备,如要求会场有各种信源接口,具有同声传译系统、电子投票系统、多媒体咨询系统、声像播放系统和电子系统。

(3) 对客房设备设施的要求。

商务楼层应尽可能为客人提供宽敞的活动空间,客房的照明应达到便于工作的足够亮度,办公桌要宽大。由于手提电脑的流行,桌面高度开始降低,以方便操作。有些饭店的办公桌极大,上面放置传真机和打印机,并安装了更多的插座。

客房安放两张大的双人床。通过客用品、材料、色调等来增强家居感。客房内家具成套化、组合化,多用木质材料,多暖色调,多采用棉织品、手工织品和舒适的纤维编织品。Mini-Bar 发展成一个小的"购物中心"。房内娱乐、电视和音乐选择,均可通过 CD 资料库或 Internet 网络进行。

讲究卫生间的布局、设置。卫生间要有宽大的盥洗台,由大理石砌成的优质地面和台面,供各种用途的更多的镜子,更良好的照明和通风等。

2. 服务要求

入住商务楼层的客人希望得到多样性、个性化服务。他们欢迎专门的早餐和酒吧;他们要求有适当的洽谈公务的场所,齐全的娱乐健身设施,如健身房、网球场、游泳池、桑拿浴室等,房间内提供更多的文具,有保险柜、供会客用的额外的椅子等;他们对传真、电话、计算机、打字、复印、秘书等商务服务有很高的要求,饭店还应具备快捷方便的通信手段;他们对价格和付款方式往往不太注重;对叫醒服

务、邮件传递服务、洗熨衣服务等较其他客人要求更多。

（1）人员的专业素质和特殊素质要求。

商务楼层从事接待服务的管理人员及服务人员，在形体、形象、气质、知识、技能及外语等方面条件突出，均接受过严格、系统的专业培训。他们在熟练掌握了前台预订、接待、结算等技能的同时，还应掌握商务中心、餐饮方面的服务技能和技巧，尤其善于与宾客交往、沟通，能够圆满地处理客务关系，合作与协调性强。

（2）个性化的私人管家服务。

商务客人之所以优先选择商务楼层，设施及环境的舒适条件固然是重要因素，但最为他们看重的是商务楼层所提供的细致入微、个性化的"私人管家"服务。

① 对客人一见如故。商务楼层的接待服务人员只要见过客人一次，第二次再见面时就可以称呼客人的姓名和头衔，客人由此产生被重视和被特别关照的心理满足感和荣誉感。

② 对客人体贴入微。商务楼层的接待服务人员对每一位在此下榻的客人都要作详尽的客史档案记录，记录下客人的喜好、偏好，使客人每次下榻时都会惊喜地看到，按自己的习惯和喜爱的方式所布置的房间，甚至连所喜爱的某种品牌或特殊规格的物品都已放在熟悉的位置。因此，商务楼层的房价虽然大大高出普通客房的房价，但是却不断吸引着众多的回头客及商务客人。

③ 提供特殊服务。价格昂贵的商务楼层实行了许多特殊的服务，有"单独入住登记"——客人进入饭店，穿过大堂，直奔电梯，然后来到商务楼层特有的单独总台。在这里，客人不用按传统的方式排队办理入住手续，设有客人专用坐椅，客人可边办手续边休息；饭店往往也同时为客人提供免费的酒水和饮料，以供客人在长途旅行之后消除疲劳和解渴；这里的服务员都是经过专门训练的高级职员，外语娴熟，谈吐优雅，而且反应敏捷。能提供个性化服务是商务楼层客人的普遍要求，饭店根据对客人详细的资料收集，尽可能提供有针对性的服务，达到服务的高水准。

（四）商务楼层的日常工作流程

商务楼层设有商务楼层经理、商务楼层主管、商务楼层领班和接待员。各岗位人员在日常的接待工作中，各尽其责，力求尽最大可能满足客人的一切合理要求，向客人提供最完善的服务，真正做到宾客至上、服务第一。

（1）行政楼层早班接待员在7:00到前厅部报到，取出客人邮件，与值夜班人员交接。

（2）打印当日房况报表、预抵店客人名单、在店客人名单等，然后在预离店客人名单上作记号,以便做好预离店客人结账等相应服务的准备工作。

(3) 值班台负责接待、结账及商务中心服务等项工作。

(4) 7:10 备好自助餐台、餐具等,提供早餐服务。

(5) 准备并检查客房水果、鲜花篮、礼品,核对欢迎卡、总经理欢迎致辞等,并与预订客人名单逐一核对。

(6) 早餐服务于 10:00 结束。

(7) 主管召集当日工作例会,传达饭店有关信息和安排当日工作。

(8) 接待入住客人,办理入住登记手续,并送上迎宾茶或咖啡,主动介绍商务楼层各服务项目及饭店其他服务设施。

(9) 为离店客人办理结账手续及代订车辆、安排行李员等事宜。

(10) 检查是否有客人需要洗、熨衣服务。

(11) 受理并安排预订机票、预订饭店等委托代办服务。

(12) 中班 13:30 上班,打印各种报表。

(13) 中班 15:30 与早班交接班。

(14) 提供下午茶服务(16:00～17:00)。

(15) 提供鸡尾酒会服务(18:00～19:30)。

(16) 中班做好第二天的各项准备工作。

(17) 中班晚间 23:00 下班,并委托前厅总台代理夜间服务。

(五) 商务楼层的服务程序

1. 客人入住前的准备工作程序

(1) 查阅订单。

(2) 根据客人的历史档案或订单的特别要求安排房间并输入计算机。

(3) 检查订车情况。

(4) 备好登记卡。

(5) 备好住房卡、钥匙。

(6) 备好欢迎信并交客房台班放进房间。

(7) 送鲜花、水果。

2. 入住登记程序

(1) 接到客人抵店信息后,迅速找出其订房资料及登记卡。

(2) 通知所在楼层台班准备欢迎茶。

(3) 迎接及引导客人到休息室。

(4) 询问客人喜爱什么饮料,并迅速送上饮品。

(5) 请客人出示有效证件,并代客人填写

（6）确认客人的入住天数、房间种类及房价。
（7）请客人在登记卡上签名。
（8）如可能的话，请客人留下名片。
（9）询问客人的付账方式，刷信用卡或收保证金。
（10）发放住房卡和房间钥匙。
（11）介绍商务楼层的优惠服务。
（12）引导客人到房间。
（13）在登记卡上打上时间，输入计算机。
（14）通知行李处入住客人的房号。
（15）做好客人的计算机档案。

3. 商务楼层员工引导客人到房间的程序

（1）告知客人所在楼层、房号、景色等。
（2）示意客人行进方向。
（3）乘电梯时，先按电梯，并请客人先进入电梯，到所在楼层，让客人先出电梯门，然后快走两步继续指引客人到房间。
（4）示意客人到达所住房间。用房匙打开房门，先开启门厅灯，在门口环视房间一周，若无异常情况方能将客人请进房内。
（5）向客人介绍房间的设施、设备以及饭店的一些情况，若客人说不必介绍，就应立即退出房间。
（6）介绍完毕后，征求客人是否还有吩咐，若没有，把钥匙交给客人后，迅速离开。
（7）将房门轻轻拉上，立即返回岗位。
（8）如若该客人的行李是由行李员运送的，须向行李处询问客人的行李运送情况，确保将行李准确无误地送到客人的房间。

4. 迎、送客梯服务程序

（1）迎客梯的服务程序。
① 当听到客梯上、下提示声，应快步走到该客梯门前。
② 当客梯梯门开启时，接待员应站在客梯一旁，内侧手扶梯门，外侧手收于背后，腿站直，身微鞠躬，恭请客人出客梯。
③ 面带微笑，向客人打招呼。要熟记并经常称呼客人姓氏。
④ 询问客人房号或客人是否需要帮助。一手示意客人房间方向，指引客人进房。
⑤ 若客人是办理入住登记手续，则引导客人进入休息厅。若遇参观者，应礼貌地请其下楼层，为他们按往下去的电梯，并致歉。

（2）送梯的服务程序。
① 当听到客房关门声，或看到客人自房间出来，应预先帮客人按住电梯。

② 寻声判断客人自哪一边出来,面向客人,微笑向客人打招呼,称呼客人的姓氏,并询问客人是否下楼层。

③ 当听到客梯上、下提示声,应快步到该客梯门前,并一手示意客人客梯的方向。

④ 当客梯梯门开启时,接待员应站在客梯一旁,面向客人,内侧手扶梯门,外侧手收于背后,腿站直,身微鞠躬,一手示意客人进客梯。

⑤ 当所有客人进入客梯后,可松开扶梯门的手,向后退两步,面向客梯,两手交叉于背后,微鞠躬恭送客人直到客梯门关上,说"祝您愉快"。

⑥ 当电梯门已开启而客人还未走进电梯间时,应礼貌地请梯内客人稍等。

5. 商务楼层早餐服务程序

(1) 当客人莅临餐厅时,应立即上前接待客人,面带笑容,礼貌地与客人打招呼。当弄清客人人数后,服务员即做一个请的手势,并在客人左前方距离50厘米左右引导客人入座。

(2) 帮客人拉椅,并为客人铺好餐巾,把同一张台上多出来的餐具收走。

(3) 询问客人是否需要咖啡和茶,要求从客人右边服务。

(4) 向客人介绍用餐形式。

(5) 收餐具。

① 在客人用餐过程中,要勤巡台,检查是否需要换烟灰缸。要求烟灰缸不能超过两个烟头或有杂物。

② 收客人吃完后的空餐碟(杯),则要做一个手势,征询客人是否可以撤下空餐碟(杯),然后从客人的右边把此碟(杯)收走。

③ 在收餐碟过程中,要询问客人对早餐的质量和服务意见。

(6) 为客人添咖啡或茶。

(7) 如客人认为咖啡太浓,则用一个茶壶,装上开水,然后倒进客人的咖啡里,并征询客人的意见,看看是否适合客人的口味。

(8) 添加、补充自助餐台上的食物、饮料和餐具。8:30～9:00间,更换冰块。

(9) 注意保持自助餐台和餐厅地面的清洁。

(10) 当餐厅内有客人进餐时,厅内电话只用作转接客人的电话。

(11) 送客。当客人用餐完毕,准备离座之际,服务员应主动上前拉椅,还要检查客人是否遗留物品,如有,应及时送还客人,并对客人的光临表示感谢。

(12) 迅速把餐桌、餐椅清理干净。

6. 下午茶服务程序

(1) 引领客人入座,并拉椅。

(2) 询问客人是否先饮用咖啡、茶或其他饮料。

(3) 上茶点,并希望客人能喜欢。

(4) 收餐具。当客人用餐后,可为客人撤掉空碟。

(5) 在客人用茶点过程中,要勤巡台,换烟灰缸,收空餐具,为客人添咖啡、茶。

(6) 送客。拉椅并道别。

7. 鸡尾酒会服务程序

(1) 引导客人入座,并拉椅。

(2) 询问客人是否饮用饮料或鸡尾酒。

(3) 要勤巡台,换烟灰缸,收空餐具及台面杂物。

(4) 送客。拉椅并道别。

(5) 各项程序和要求可参照早餐服务程序。

此外,商务楼层还提供鲜花服务、水果服务、商务服务、委托代办服务、结账服务等,参照前厅部相关服务程序。

 技能训练

1. 基本训练

① 按照两人一组,使用道具及正式表格,分别模拟客人和接待员进行无预订散客入住登记的操作技能训练。

② 模拟客人和接待员的学员互相交换角色,使用道具及正式表格,进行无预订散客入住登记的操作技能训练。

(2) 应变训练

① 由学员自由选定客人或接待员的角色,模拟客人的学员尽量提出各种可能性的问题,要求模拟接待员的学员进行应答训练。

② 接待员与客人互换角色,进行同样的练习。

2. 案例实训

某酒店是一家接待商务客人的饭店,管理很严格。总台主管小王和其他两位服务员值班,11:00 进来了两位客人,小王很礼貌地招呼客人,并热情地向其介绍酒店的客房。听了小王的介绍,客人对饭店的客房非常满意。同时,他们告诉小王,由于他们是商务客人,公司对他们出差住房的报批价格有规定,希望能给予他们房价的七折优惠。但是,酒店规定总服务台主管只能有房价八折的权限,况且部门经理早已下班回家。小王想是否多销售两间客房对自己也没多大关系,还是非常礼貌地拒绝了两位客人的要求。最后,两位客人不得不失望地离开了这家饭店。

问题:

(1) 造成这两位客人离开的原因是什么?

(2) 饭店从这件事情中应及时调整哪些制度?

讨论：酒店应对此进行哪些调整？

 思考与练习

1. 饭店前厅为什么要与管家部进行房态核对？
2. 为了增加饭店收入，你将向下列客人介绍哪些饭店服务项目？
  ——商务旅游者
  ——休闲旅游的年轻人
  ——新婚夫妇
3. 当宾客不愿填写入住登记表时，接待员应如何说服宾客填写？
4. 接待 VIP 时应该注意哪些事项？
5. 如何防止客人逃账？
6. 讨论：

（1）某日，骆敏女士来到长江饭店前台要求入住，并说她已经预订了房间，可是接待员小吴并未在预抵名单上找到骆女士的名字。应如何接待骆女士？如果客人说她已经预交了保证金，又如何接待？

（2）张小姐正在前台办理入住手续。接待员小吴要求张小姐出示身份证件时，张小姐说证件已被小偷偷去，请小吴帮忙给安排一间房，并声称可以多付点房费。如何接待？

（3）黄先生上周在长江饭店订了两间房，现在他正在办入住手续，他的朋友要晚些时候才能到。黄先生说这两间房的费用都由他来付，他想帮他的朋友登记并拿钥匙。如何接待？

（4）熊女士到长江饭店前台对接待员小吴说，她是饭店明天要接待的产品推介会的与会人员，由于特殊原因她提前来了。如何接待？

 案例与分析

案例（一） 房租计算

王先生到某地出差，原定 8 月 15 日晚上 8:00 起飞的飞机，但由于飞机晚点，改为晚上 9:00 起飞，结果到达目的地机场已是晚上 11:00，再坐出租车到饭店，此时饭店前厅的时针指在零点 30 分。8 月 17 日上午 9:00，王先生临走去饭店前台结账时犯嘀咕了：这前一天零点 30 分住进饭店该算 1 天还是 2 天？他先在客房内打电话问前厅服务员，服务员毫不犹豫地回答："当然算 2 天。"他又打电话给饭店所在区的区物价局,区物价局的同志回答:"这事我们真还没碰上过,请您打电话问市旅游局吧!"他再给该市旅游局挂电话,从那头传来一位男性的声音:"这事我们真还头一回碰上!还真不好回答,你说算一天吧也成,你算两天吧也成。你看是不是这样,你和饭店商量商量,这零点以后算一天半行不行?"在前台收银处,王先生问收银员算一天半行不行,收银员理直气壮地说:"不行。这零点以后住进饭店,到了上午我们要打扫一次客房卫生;到了第二天上午我们又要打扫客房一次,所以,必须算2天,收2天房费。"然而,掏钱的王先生却不理解:这零点30分住进饭店,到底该算8月15日还是算8月16日住进店?假如算8月16日进店,那么住1天怎能收2天的钱呢?假如算是8月15日住进店,那么新的一天究竟是不是从零点开始呢?

评析:

问题出现的主要原因是客人、物价局及旅游局的当事人对饭店的惯例不熟悉。根据国际惯例,客人入住时间是下午6:00之后,退房时间为中午12:00前,也就是说计算一天的房租是从前一天下午6:00到第二天中午12:00前。但在实际的操作中,客人不可能都是下午6:00后入住,一天24小时当中,任何时候都可能有客人住饭店。解决问题的根本办法就是酒店在国际惯例的基础上制定一个收费原则,规定什么情况下(加)收半天/一天的房租。

凌晨客人入住,房租的计算过程中,饭店最容易与客人发生纠纷。为避免这种情况的出现,前厅接待员事先在客人入住登记时就应向客人解释说明清楚,防患于未然。

案例(二) 调 换 房 间

日本东京大仓酒店是世界十大最佳饭店之一,其服务水准有口皆碑。1994年夏,两位中国客人赴日考察,下榻该酒店。第二天,中国客人准备去九州参观,酒店知悉后,立即提供小面包车接送。开车的是位50岁开外的司机,自接客人上车离开酒店起,一路上停留数处,每次上下车,司机都是站立在车门口迎送。90°鞠躬,两位中国客人感到很不好意思。

那天参观内容较多,回到酒店已是夜幕低垂。中国客人劳顿了一天,十分疲乏,走进房间却发现室内卫生清扫不很彻底,桌上物品没有放齐,垃圾筒里还有上午临走时扔下的废纸。洗手间盥洗台上梳洗用品没有更换。两位客人便与总台接通电话,把房间情况叙述一遍,总台答应马上派人前来解决此事。

不到两分钟,值班人员已赶到中国客人的房间,先是规规矩矩地鞠躬,接着便是连声不迭的"对不起,这么晚了,还给两位增添那么多麻烦,敬请原谅",值班人员歉意深重地说道:"我马上请人为两位先生重新清扫整理房间,并配齐所有物品……"说到此处,他稍稍停顿一下,听听客人对此建议的反应。看到中国人没有表态,他又继续说:"或者我立刻安排另一个房间,不知两位意下如何?"

中国客人接受了第二种补救措施。值班人员又深深地一鞠躬,感谢客人的谅解。他很快重开了一个OK房,并亲自提行李,把客人送进房间。整个问题的处理不到5分钟。

评析:

考察过日本酒店的中国同行回来都有一个感觉,即日本酒店的硬件设施与我国同级酒店相比,并没有好多少,有些酒店还不如我们,但是日本酒店员工的服务意识和业务素质明显高于我们。在日本,无论低星级还是高星级酒店,从业人员至少有两点值得我们学习:一是礼貌。接受90°鞠躬是身居日本的一大享受。客人在酒店内走动,不管到达哪个岗位,员工必定暂停手中的工作,鞠躬致礼,还会站立一旁让客人通过,直到客人走远才继续工作。本例中那位开车司机每到一处便站在车门口迎接,便是良好职业习惯与道德的反映。二是微笑。总体来说,国际友人认为在日本酒店见到的微笑更多、更甜、更富有亲切感。问候语和"May I help you?"(我可以帮助您吗?)在日本随处可以听到。相比之下,我国酒店便显得不足。现在不少酒店已经觉察到这一点,并采取了种种措施,但"微笑"水准还不高,人情味还不足。

另外,大仓酒店员工的效率意识,也是值得我国同行学习的。服务失误情况发生后,他们的夜间值班人员两分钟内赶到客人房间,整个问题的处理不到5分钟。服务效率低是我国部分酒店依然存在的弊病。在抓服务质量的时候,更多考虑的是态度和技能,较少关注服务效率,其实服务效率不高,在很大程度上已经影响了部分酒店的形象与声誉。

本例中的酒店客房工作没有做好,致使客人投诉,这当然是不可取的。但是,他们发现问题后能以最快的速度补救,并给客人以两种选择,这样的处理效率与方式值得借鉴。

第三章　前厅接待服务管理

第四章 前厅综合服务管理

  学习目标

1. 熟悉礼宾服务、问讯服务的要求与服务规程。
2. 了解电话总机服务和商务中心服务的要求及内容。
3. 掌握前台收银服务与贵重物品保管服务的程序及注意事项。

第一节 前厅礼宾服务

　　一个春节前的深夜,广州某五星级酒店机场迎宾员小白本可以在23:00从机场撤回酒店,但在他的接机名单上还有两位从澳洲来的客人没有到,他打听到是因为飞机延误,且大约在凌晨1:00前会到。于是,小白没有离开,留下来等那两位已经预订的客人。他设想到那两位客人一定又饿又累,天气还较冷,他要求酒店接机的车辆也留下一起等。

　　机场广播里报告该航班已降落,小白赶紧来到出口处,高高地举起牌子,寻找自己的客人,果然,两位客人朝他走来,非常兴奋地说:"太好了,你还在等我们,谢谢!"确认了客人的身份后,他们准备立即上车赶往酒店。这时,另有五位同航班降落的澳洲客人走过来,问小白可不可以跟他们一起去酒店,他们预订了另一家酒店的客房,可现在太晚,那家酒店的工作人员已经离开机场,他们不想去那家酒店了。小白一听,马上联系酒店,确认酒店还有客房提供,于是把这五位客人一起带上了车,并要求酒店前台做好接待这七位客人的准备,同时要求前台联系餐饮部做好简单的夜宵等待客人用,并特意嘱咐要热的,因为客人由于飞机延误而到现在都还饿着肚子,真是又冷又饿又累。

　　这几位是澳洲的商务客人,他们受到如此温馨的服务,认定该酒店就是他们在广州的家,从此,他们就成了该酒店忠诚的客人。这个饭店代表看似简单的工作行为就这样为酒店赢得了宾客的信任和忠诚,酒店各项服务都应该是这样的。

前厅礼宾部,又被称为大厅服务处,是酒店最先也是最后面对面为客人提供服务的部门,他们能否给客人良好的第一印象和最后印象,直接关系到酒店的声誉。它下设酒店代表、门童、行李员、委托代办、车队等岗位,为客人提供热情而周到的礼宾服务。

一、礼宾部岗位职责

(一) 礼宾经理的岗位职责

(1) 掌握当日、次日客房出租状况,以及餐饮宴会、VIP、团队抵离店等信息;
(2) 根据任务情况合理安排班次,保证各岗位工作正常运转;
(3) 检查下属仪表及出勤情况;
(4) 办理委托代办服务,满足客人提出的特殊要求;
(5) 与前台接待、销售代表协调合作,及时为团队客人取送行李;
(6) 督导检查客人寄存的行李物品符合规定;
(7) 检查行李车、秤、物品存放货架、轮椅、行李网罩、客用雨伞等设施用品的完好;
(8) 按部门要求对下属员工出勤及工作表现进行考核评估;
(9) 按计划对所辖员工进行培训。

(二) 行李领班的岗位职责

(1) 掌握当日、次日团队、VIP 预抵离情况;
(2) 检查行李员和门童的仪表、举止行为及出勤情况;
(3) 检查行李接送记录、积存记录,填写值班日记,做好交接班工作;
(4) 安排人员及时、准确分发报纸信函;
(5) 当礼宾经理不在时,受理委托代办事宜;
(6) 协助管理和疏导门口车辆,确保店门前的有序畅通。

(三) 门童的岗位职责

(1) 热情迎送每一位到店离店的客人,提供礼宾服务;
(2) 为客人提供拉门服务;
(3) 协助行李员装卸行李物品;
(4) 提供问讯服务;
(5) 招唤出租车,协助疏导车辆;
(6) 对衣冠不整者予以礼貌劝阻,协助保安人员做好店门前的安全工作。

(四) 行李员的岗位职责

(1) 为客人提供行李接运服务;
(2) 引领入住客人进房,主动介绍酒店及客房设施设备及服务项目;
(3) 代客寄存行李物品;
(4) 提供住客换房行李服务;
(5) 收发并分送报刊、信函及留言;

（6）为住店客人取送商务中心传真、电传；
（7）公共区域寻人服务；
（8）召唤并预订出租车。

（五）机场代表的岗位职责

（1）预订车辆，并跟随车辆到机场接送客人；
（2）协助客人办理入住手续；
（3）随时注意机场车辆交通变化情况，与酒店前台保持联系；
（4）争取未预订客人到酒店入住；
（5）负责接送抵离店的客人及行李物品。

二、店外迎送服务

店外迎送服务的人员叫饭店代表，被酒店派往机场、车站、码头，代表酒店迎接已预订的客人，送别离店客人，并争取未预订的客人到酒店来入住。饭店代表要有较佳的形象气质、较强的外语交往能力、强烈的责任感和事业心、良好的灵活应变能力，为人热情，乐于助人。

（一）迎客服务程序

1. 做好准备工作

（1）从预订处获得需要接站的客人名单，并掌握客人姓名、航班（车次）、到达时间、车辆要求等信息。
（2）根据所掌握的情况写好接站告示牌，安排好车辆，提前半小时到站等候。
（3）到机场车站询问航班、车次的延误情况，准确掌握预抵客人的到达时间。

2. 迎接客人

（1）站在显眼位置举牌等候，主动问好，介绍自己，代表酒店欢迎客人。

（2）根据所掌握名单确认客人，对于没有预订而有意向入住本酒店的客人应热情介绍本酒店情况，争取客人的入住。
（3）帮助客人搬运行李，挂好行李牌，引领客人前往接站车辆。
（4）若有延误或取消航班的情况，应及时通知酒店前台接待处。
（5）若班次正常到达，而并未接着客人，应立即与前台接待处联系，查看客人是否已经到店，或已经取消预订。

3. 送客上车

引领客人上本店车辆，协助行李装车，把客人介绍给司机，然后与客人告别，及时与酒店前台联系，告知客人即将到店,做好入住准备。在所接客人为贵宾,或客人生病等特殊情况下,有必要随车送客人回店,可根据具体情况或介绍酒店的服务项目及城市风光,或随车照顾客人。

4. 注意事项

(1) 饭店代表应时刻注意自己的形象,仪表端庄,制服整洁。在店外条件可能有时不是太好,天气较热或较冷,但要时刻记住自己所代表的是饭店的形象,不能因为天气原因而出现衣冠不整、形象不佳的状态。

(2) 对没有预订本酒店客房的客人应该主动争取,热情介绍酒店情况,如位置、等级、房价、服务、风格等,要运用感情上的交流沟通,设身处地为客人着想,以热情真诚的态度取得客人的信任,但也要注意不能太过热情,以免引起客人的反感。如果客人是预订了其他酒店的,不能以诋毁其他酒店为手段来争取客源。

(3) 迎接的如果是贵宾,应该问清楚是否有特殊车辆安排,并确保与司机随时能联系上;接到贵宾后,应及时与大堂副理或酒店高层联系,以便酒店安排好欢迎队伍等。

(4) 因为接站或接机的工作场所都是在机场或车站,饭店代表要注意与机场、车站的相关人士沟通协调好,争取他们的工作支持。

(二) 送客服务程序

(1) 掌握贵宾和其他需要送站客人的离店时间及所乘交通工具的车次和离站时间,与行李组及车队取得联系,至少提前10分钟在酒店门口等候客人。

(2) 帮助客人搬运行李上车,询问客人有无遗留物品。

(3) 将客人送到机场、车站,在车上可以询问客人对酒店的意见或建议,并记录下来以便转达给相关部门,对客人提出宝贵的意见或建议表示感谢。

(4) 到车站或机场后,协助客人托运行李和办理报关手续。

(5) 热情地与客人告别,感谢客人光临酒店,祝他一路平安,欢迎再次光临。

注意送别客人时同样要体现出足够的热情,不能给客人留下不好的最后印象,要善始善终。

三、门厅迎送服务

门厅迎送服务主要是由酒店的门童负责的一项迎送服务。门童一般是身材较高、面容较端正俊秀的男士(有时酒店也会用气质较好、端庄秀丽的女士,如深圳凯宾斯基酒店和深航国际酒店),穿着比较高级华丽、标志醒目的制服,站在门厅处代表酒店迎送客人到店或离店。门童工作责任重大,他象征着酒店的礼仪,代表着酒店的形象,有时还要在迎接外国元首时做仪仗队和升旗手,所以要求他着装整洁、精神饱满、姿势规范、彬彬有礼、思维敏捷、语言标准、热情周到。

有些规模较小的酒店将门厅服务与行李服务合并，在这种情况下，要注意对员工的调配，不能因行李服务而弱化了门厅服务的职能，且大堂副理的调动协调作用要充分发挥出来。

（一）门厅迎客服务程序及注意事项

（1）做好迎宾的准备。门童通常站在大门两侧或台阶下、车道边，站立时要挺胸收腹，双手自然下垂，或背于身后，双脚自然分开与肩同宽，表情自然，面带微笑。

（2）引导停车，迎候客人。若客人乘车抵达酒店，在距离迎面车辆约 10 米时，使用规范的手势示意司机停车，并将车辆引导到适当位置停靠。若客人走路到达酒店，门童应走上前去迎接客人。

（3）开、关车门，迎接客人。当车辆停下后，门童走到车门处，面带微笑，为客人开车门，护顶，左手拉开车门成 70 度角左右，右手伸至车门框上沿，防止客人碰头，如有行动不便的客人，应扶助他们下车，若遇雨天应为客人撑伞。致欢迎词，注意对常客和重要客人要称呼客人的姓名和头衔，并对客人的再次光临表示欢迎。如果客人是走路到达酒店的，同样要问候客人，若遇雨天可建议客人将自带雨伞收于店门前的雨伞架上，以免将雨具上的雨水带进大堂造成地面打滑。

（4）协助行李员卸行李。用手势招呼行李员，并协助行李员卸行李，提醒客人核对行李件数。为客人开店门，用手势向客人示意"请进"。由行李员引领客人进入大堂到前台办理登记手续。

（5）登记出租车牌号，然后回到原位，继续迎候客人。

特别注意：

（1）在引导车辆停靠时，注意不能因车辆停靠而影响其他客人进出酒店。客人的行李卸下后，应及时引导车辆离开，以免造成店门前的拥堵。

（2）若遇有信仰佛教和伊斯兰教的客人，无须为其护顶，因为他们认为手护头顶会挡住佛光和好运气。

（3）迎接贵宾时，应先把贵宾迎接入店后，再由其随行人员与行李员一起卸行李，清点行李。

（4）开车门时，原则上先女宾后男宾，先长者后晚辈，先领导后随员，无法判断性别时，则先开车后门。

（5）对于残疾客人的到达，应给予特别关照，需要时使用酒店的轮椅。

（二）门厅送客服务程序及注意事项

（1）注意观察客人在前台结账的进程，及时提供离店送客服务。

（2）客人离店时，热情地为客人叫车，并把车引导到合适的位置。若客人不用出租车，则可以为客人指引公交车站或地铁站。

（3）等车停稳后，协助客人将行李装车，并提醒核对行李件数。

（4）拉开车门，请客人上车，护顶，将车门轻轻关上，并向客人微笑道别，欢迎客人下次再来。

（5）示意司机将车辆开离，目送客人离开，并挥手告别。

（6）登记出租车牌号，以防客人有物品遗留在车上。

（7）注意事项：

① 门童有责任及时疏导门前车辆，尤其是要控制出租车为争抢生意而发生纠纷，造成店门前的混乱局面，这将直接影响到酒店的正常运营秩序和酒店的声誉。

② 送别客人时要真诚，这是争取回头客的重要环节。

③ 不能歧视不用出租车的客人，现在越来越多的客人害怕城市道路的拥堵而选择公交和地铁，有些环保人士拒绝使用出租车，我们要给予他们足够的尊重。

④ 关车门时一定要确保客人及其衣物全部已经进入车辆内，否则容易造成客人的人身伤害和衣物损坏。

（三）其他日常服务

（1）安全服务。

① 注意出入酒店的人员的动向，保持高度警惕性，对个别精神病患者或形迹可疑者谢绝进入酒店，与保安部人员一起确保酒店的安全。对于个别衣冠不整者，应尽可能劝其穿戴整齐后再进入酒店。

② 注意酒店大门附近的无主包裹，发现后及时向保安部报告，由保安部作出妥善处理，以防恐怖破坏事件的发生。

（2）回答客人的问讯。对于进出客人的问讯应以热情的态度准确回答，如关于酒店服务项目方面的，关于当地交通、天气、购物等方面的。如果遇有不能准确答复的，应向客人表示歉意，并礼貌地请客人到问讯处询问，不可以"不知道"、"不清楚"、"也许"、"大概"等回答。

（3）调度门前的交通，引导车辆有秩序地进出，尤其是对出租车的疏导要得力，切不可与当地出租车司机一起欺骗客人。

（4）负责店门前的日常卫生，一旦发现店门前需要清洁，立即招呼公共区域清洁员在不影响正常迎送客人的情况下进行处理。

案例 4-1

夏日的广州骄阳似火，气温高达36摄氏度。

广州花园酒店正门前，一辆出租车刚离开，穿着华丽、高大英俊的门童目送客人离开后刚转过身来,一位年轻的母亲快步走进店门前的荫处,同时招呼她的孩子快点跟上。孩子正认真地撕下雪糕的外包装,随手扔在地上,然后美美地吃着雪糕。还没等这位母亲反应过来,门童很快地走下台阶捡起雪糕纸放进了自己的制服口袋里,抱起孩子走进了店门,把孩子放在母亲身旁,然后向他们鞠躬问候,笑了一笑,回到店门前继续工作。

看到这一幕,人们应该会对这位门童的行为会心一笑,他是那么自然、优雅,就像是一道酒店门前的风景,他弯腰捡起雪糕纸和抱起孩子的一瞬表现,不仅丝毫无损他的形象,反而让他更具风采。

四、行李服务

为客人提供行李服务是前厅部行李员的职责,其工作岗位在大堂一侧的行李服务处或礼宾部,所处位置应该使客人和门童很容易看见,随时准备接受客人和门童招呼,帮助客人行李进店或出店。行李员的工作主要由行李部主管或大堂副理或"金钥匙"指挥调度,他们除为客人提供行李服务外,还要负责给客人送报纸、送信件包裹,给各部门送报表、通知等。

(一)散客入店行李服务程序及注意事项

(1)根据预订处和接待处提供的"预抵店客人名单",及时掌握当日进店客情,做好工作安排,尤其注意VIP抵店情况,准备好行李车及行李牌等。

(2)散客抵店时,向客人问好,将客人的行李从车上卸下,注意检查行李有无破损,清点行李件数,贵重物品和易碎物品应让客人自己提拿。

(3)引领客人到前台办理入住手续。行李员跟在客人后面,保持1.5米的距离;客人办理登记手续过程中,行李员应站在客人身后2米处看管着客人行李,并随时听从前台接待员的提示;当客人登记完毕后,行李员应主动上前向接待员领取房间钥匙。

(4)引领客人到达楼层。行李员应走在客人左前方或右前方1米左右处引领客人到达房间,路遇拐弯时或地面不平时应回头关照客人。搭乘电梯时应请客人先进或先出,行李员站在电梯按钮附近,以便控制电梯按钮,若遇其他客人同乘电梯,也应为其他客人服务。如果用行李车运送行李,行李员应乘用行李电梯。

(5)进房并简单介绍房内设施。进房前可简单向客人介绍钥匙卡的使用方法;开门前先敲门,确认房内无人后方可用钥

匙开门;请客人先进,晚上进房后应先开灯,把行李放在行李架上或按客人要求放好;简单介绍房内设施,如店内电视节目的收看、电话的使用(长途的开通,市话的收费要求等)、小酒吧的收费、热水的供应情况,节能、节水提示等。

(6) 询问客人是否还有其他需要,如果没有,向客人道别:"祝你下榻愉快!"退出客房,轻轻关上房门,迅速离开。考虑客人旅途疲惫想要休息,注意不能在房内停留过长,否则将给客人你要小费的误会。

(7) 回到礼宾部,在"散客入店行李登记表"上记录并签名。

表 4-1　散客入店行李登记表

房　号	行 李 件 数	进 店 时 间	预计离店时间	备　注

(二) 散客离店行李服务程序及注意事项

(1) 掌握当天离店客人名单,准备好行李车、行李牌等。

(2) 接到客人收取行李的电话时,应问清楚客人的房号、行李件数、收取时间等,并按客人的要求时间准时送达房间。

(3) 按进房的规定敲门进房,通报身份,得到允许方可进入;清点客人行李件数,注意检查房内有无客人遗忘物品,跟在客人身后离开楼层。

(4) 到达大堂后,确认客人有无结账,如果客人尚未结账,应礼貌地请客人到收银处结账。

(5) 用手势示意门童为客人叫车,待客人结账后引领客人走出酒店,帮助客人行李上车。

(6) 确认行李已全部上车,与客人道别,欢迎其下次光临,并祝旅途愉快。

(7) 返回礼宾部填写"散客离店行李登记表"并签名。

表 4-2　散客离店行李登记表

房　号	行 李 件 数	车 牌 号	离 店 时 间	备　注

(三) 团体入店行李服务程序及注意事项

(1) 根据团队的抵店时间安排好行李员,提前填写好进店行李牌,注明团队名称和进店时间,准备好足够的大、小行李车。

（2）团队行李到达时，负责交接的行李员与行李押运员对行李清点数量、检查行李的破损情况，填写"团队行李记录表"，并且交接双方签字。

（3）立即对每件团队行李系上行李牌。如果该团行李暂不分送，可将行李整齐堆放在指定地点，用行李网罩罩上，妥善保管，以免跟其他进出团队行李混淆，以防其他客人经过时顺手拿走。

（4）得到指令可以将该团行李分送给客人时，行李领班应该尽快组织行李员将行李装上行李车，走专用通道到指定楼层。

注意装行李车时下重上轻、下大上小，行李装运高度不得超过行李车把手 30 厘米，两边宽度不得超过 10 厘米，否则会严重影响行李员的行走视线。另外，同一楼层的行李尽量装在同一车上，按从上到下依次装入从离行李通道口近的房间到离行李通道口远的房间的行李，以便推车依次分送，节省体力，提高效率。

（5）到达客人房间门口敲门通报，征得客人同意后进入房间，向客人问好。将行李放在行李架上或客人指定位置，并请客人清点行李件数，检查行李完好状况。离开房间时向客人道别，祝下榻愉快。

如果客人不在房间，可先进房间暂时放在行李架上。

（6）个别无房号的行李应先暂时存放在楼层，由专人保管，并与团队负责人协调处理。

（7）回到礼宾部填写"团队行李入店登记表"，并签名。

表 4-3　团队行李入店登记表

团队名称：_____　团队标号：_____
行李到达时间：_____　行李车号：_____
押 运 员：_____　交 接 员：_____
行李件数：_____　团队人数：_____
旅 行 社：_____　行李主管：_____
备　　注：_____

房号	行李件数	行李员	备　注	房号	行李件数	行李员	备　注

（四）团队出店行李服务程序及注意事项

（1）仔细阅读团队离店名单，与团队领队取得联系，掌握团队离店的准确时间，做好准备。

（2）找出该团入店行李登记表，了解入店行李数量，准备好行李车。

（3）到了预定的退房时间，行李员到达楼层，按已核对的团队房号逐间收取行李，并做好记录。对已丢失行李牌的行李还要重新挂上行李牌。

（4）行李装车后，立即从行李通道将行李推至指定地点，并整齐排好。若不能马上装运，则应由专人看管，或用网罩罩住，以免行李丢失或混淆。

（5）与领队核对行李件数和行李破损状况，并双方签名认可。

（6）行李交接完成后，协助行李押运员装车。回到礼宾部填写团队行李登记表并存档。

（五）宾客行李寄存服务程序及注意事项

（1）当客人要求寄存行李时，礼貌地请客人报出姓名和房号。原则上只为住客提供免费的行李寄存服务。

（2）检查客人的行李是否为酒店拒绝寄存的范围。酒店将不为客人寄存贵重物品、鲜活物品、易碎物品、易燃易爆物品、公安部门严禁的物品（如枪支弹药、毒品）等。一旦发现客人有危禁物品，应立即报告领班或大堂副理。

（3）问清行李件数和寄存时间，请客人填写一式两份的行李寄存单，或由客人口述，行李员代写好后请客人签字。将行李寄存单第二联交给客人保管，作为领取行李的凭证。

（4）填写行李寄存登记表。

（5）将寄存行李存放在行李房，注意一位客人的行李须用绳系在一起，挂上行李寄存单的第一联。行李房要上锁，钥匙由行李领班或礼宾主管亲自保管。行李房内严禁吸烟，不得存放杂物，保持清洁卫生，无关人员不得入内，行李要整齐摆放。

（6）客人来取行李时，收回"行李寄存单"第二联，并请客人在上面签字。

（7）询问行李的颜色、大小、形状、件数、存放时间等，以便查找；核对"行李寄存单"上下联是否相符，如相符，则将行李交给客人。

如果客人遗失了"行李寄存单"，须请客人出示身份证件，并请客人写一张领取寄存行李的说明并签字，或复印其身份证，将客人所填写的证明、证件复印件与"行李寄存单"第一联订在一起存档。

表4-4　行李寄存单(正面)

宾客姓名：		房号：	
寄存日期：		时间：	
提取日期：		时间：	
行李件数：			
宾客签名：		行李员签名：	
宾客姓名：		房号：	

(续表)

寄存日期：	时间：
行李件数：	
经手人：	
请注意反面条款！	

行李寄存单(反面)

注意条款：
饭店对因不可抗力造成的寄存物品损失将不承担责任。存放时间如未作特别说明，饭店则对存放时间超过1个月的物品不予负责。提取行李时，必须持有行李寄存凭证，否则饭店不交付行李。对于持有行李寄存凭证的任何人，饭店都将交付行李，故请妥善保管行李提取凭证。

如果行李是由他人代领的，请代领人出示领取凭证，并登记其身份证件或复印身份证件。

（8）在行李寄存登记表上做好记录。

（9）对于长期无人认领的行李，行李员应及时向领班或大堂副理汇报，查找客人，通知其来领取，或按客人意见处理。

五、委托代办服务

客人在入住酒店期间，除需要酒店提供日常服务外，还常常提出一些特殊要求，如到本市代购商品、代其修理物品、代订电影票、代订车、转交物品等等，这些都是委托代办服务的范围。委托代办业务范围广，客人要求随机性强，尤其是许多业务是在店外进行的，这就要求酒店对此类服务制定明确的规程和服务标准，选取有强烈责任心的员工来承担。

（一）转交物品服务

酒店住客的亲朋好友，或业务伙伴送给客人物品，因客人外出而见不到客人，又不能久等，这时会委托酒店转交。其服务流程如下。

（1）确认本店有此客人。

（2）请来访者填写一式两份的委托代办单，委托单上应注明来访者的姓名、住址和电话号码，以便联系。还应注明转交物品的名称和数量。

（3）接受物品时一定要认真检查，并向来访者说明不转交贵重物品、易燃、易爆、易腐烂的物品及危禁物品等。

（4）代客收存物品，开出一式两份的住客通知单，一份送入房间，待客人一回到房间看见通知单便到礼宾部领取，一份留礼宾部存底。

如果转交的物品是鲜花、水果、食品等，须立即由行李员送入客房，并在物品上面留卡片说明情况。

（5）住客来取物品时，请其出示相应证件并签名。对于超过保管期限而无人领取的物品，酒店应与客人联系，由客人作出处理。

（二）预约出租车服务

客人外出要预约出租车时，委托代办员应替客人预约。出租车可以是本酒店所有的，也可以是出租车公司在酒店设点服务的，或是用电话从店外出租车公司叫来的，根据客人的需要也可提前预订包车。

（1）当被叫的出租车到达酒店门口时，委托代办员应向司机讲清客人的姓名、目的地等，必要时充当客人的翻译向司机解释客人的要求。也可填写一张向导卡给客人，卡上用中文写明客人要去的目的地。

（2）请客人上车，并向客人道别，祝客人出行愉快。

（3）记录出租车牌号，以防客人物品遗失在车上。

（三）外修外购服务

（1）当客人提出此类服务要求时，代办员应详细问明外修、外购物品的名称、品牌、规格、损坏程度及部位、服务时限和费用限额，说明维修费、服务费用标准，收取预付款，并填写委托单一式三份，一份交给客人，一份给外出代办员，一份留底。

（2）根据要求外出为客人代办。

（3）任务完成后，将物品交礼宾部签收。

（4）电话通知客人来取，也可由代办员送到客人房间，并且物品、单据、费用余额交接清楚。

（5）当客人要求无法完成时，应及时通知客人，并说明原因。

（四）"金钥匙"服务

"金钥匙"一词，来自法语Concierge，原意为门房、守门人、钥匙看管人，是指古代饭店的守门人，负责迎来送往和饭店的钥匙保管。在现代饭店业中，"金钥匙"已经成为向客人提供全方位、一条龙服务的标志和象征。

"金钥匙"的国际性组织是"国际金钥匙协会"，成立于1952年4月25日，其标志是两把金光闪闪的交叉金钥匙，它代表着两种职能：一把用于开启饭店综合服务的大门，另一把用于开启本城市综合服务的大门。斐迪南·吉列先生是一名"金钥匙"，他为金钥匙事业呕心沥血，是金钥匙组织的主要创始人，并被尊称为"金钥匙之父"。现在国际饭店金钥匙组织已拥有超过4 500名来自34个国家的金钥匙成员，中国于20世纪90年代初期成为"国际金钥匙协会"的第31个成员国，1993年，我国第一把"金钥匙"产生于广州白天鹅宾馆，经过二十多年的发展，现在"金钥匙"已经在中国大部分大中城市酒店为客人服务。

1. 酒店金钥匙服务理念

（1）金钥匙的服务宗旨：在不违反法律和道德的前提下，为客人解决一切困难。

(2) 金钥匙为客排忧解难,"尽管不是无所不能,但是也是竭尽所能",要有强烈的为客服务意识和奉献精神。

(3) 为客人提供满意加惊喜的个性化服务。

(4) 金钥匙的工作口号是"友谊、协作、服务"(Service Through Friendship)。

(5) 饭店金钥匙的人生哲学:在客人的惊喜中找到富有乐趣的人生。

2. 酒店金钥匙的工作内容

"金钥匙"是前厅部的一个工作岗位,归前厅部经理直接管理,其工作内容为:

(1) 保持良好的职业形象,以大方得体的仪表、亲切自然的举止迎送每一位客人。

(2) 全面掌握酒店各方面的信息,全方位满足客人提出的特殊要求。

(3) 协助大堂副理处理酒店各类投诉,协助客务经理建立与宾客的良好关系。

(4) 协同安保部对有不良行为的客人进行调查。

(5) 将上级指令、所发生的重要事件或事情详细记录在行李员、迎宾员交接班记录本上,每日早晨呈交前厅部经理,以便备查。

(6) 检查大堂及其公共区域,消除隐患,确保安全。

(7) 对行李员工作活动进行管理和控制,检查礼宾部各岗位值班情况,并做好有关记录。

(8) 对受前厅部经理委派进行培训的行李员进行指导、训练和督导。

(9) 确保行李房和酒店前厅的卫生清洁。

(10) 控制酒店门前区域车辆活动,确保畅通。

(11) 与团队联络员协调,确保团队行李顺利运送。

(12) 确保行李组服务设备运转正常,随时检查行李车、行李存放架、轮椅、伞架等。

(13) 完成前厅部经理下达的其他任务。

专栏 4-1　中国饭店金钥匙会员资格及入会考核标准

一、中国饭店金钥匙组织会员的资格要求

1. 在饭店大堂柜台前工作的前台部或礼宾部高级职员才能被考虑接纳为金钥匙组织的会员。

2. 21 岁以上,人品优良,相貌端庄。

3. 从事饭店业 5 年以上,其中 3 年必须在饭店大堂工作,为饭店客人提供服务。

4. 有两位中国饭店金钥匙组织正式会员的推荐信。

5. 一封申请人所在饭店总经理的推荐信。

6. 过去和现在从事饭店前台服务工作的证明文件。

7. 掌握一门以上的外语。

8. 参加过由中国饭店金钥匙组织组织的服务培训。

二、中国饭店金钥匙会员的入会考核标准

(一) 思想素质

1. 拥护中国共产党和社会主义制度,热爱祖国。
2. 遵守国家的法律、法规,遵守饭店的规章制度,有高度的组织纪律性。
3. 敬业乐业,热爱本职工作,有高度的工作责任心。
4. 有很强的顾客意识、服务意识,乐于助人。
5. 忠诚于企业,忠诚于顾客,真诚待人,不弄虚作假,有良好的职业操守。
6. 有协作精神和奉献精神,个人利益服从国家、集体利益。
7. 谦虚、宽容、积极、进取。

(二) 能力要求

1. 交际能力:乐于和善于与人沟通。
2. 语言表达能力:表达清晰、准确。
3. 协调能力:能正确处理好与相关部门的合作关系。
4. 应变能力:能把握原则,以灵活的方式解决问题。
5. 身体健康,精力充沛,能适应长时间站立工作和户外工作。

(三) 业务知识和技能

1. 熟练掌握本职工作的操作流程。
2. 会说普通话和至少掌握一门外语。
3. 掌握中英文打字、电脑文字处理等技能。
4. 熟练掌握所在宾馆的详细信息资料,包括饭店历史、服务时间、服务设施、价格等。
5. 熟悉本地区三星级以上饭店的基本情况,包括地点、主要服务设施、特色和价格水平。
6. 熟悉本市主要旅游景点,包括地点、特色、开放时间和价格。
7. 掌握本市高、中、低档的餐厅各 5 个(小城市 3 个),娱乐场所、酒吧 5 个(小城市 3 个),包括地点、特色、服务时间、价格水平、联系人。
8. 能帮助客人安排市内旅游,掌握其线路、花费时间、价格、联系人。
9. 能帮助客人修补物品,包括手表、眼镜、小电器、行李箱、鞋等,掌握这些维修处的地点、服务时间。
10. 能帮助客人邮寄信件、包裹、快件,懂得邮寄事项的要求和手续。
11. 熟悉本市的交通情况,掌握从本饭店到车站、机场、码头、旅游点、主要商业街的路线、路程和出租车价格。
12. 能帮助外籍客人解决办理签证延期等问题,掌握有关单位的地点、工作时间、联系电话和手续。
13. 能帮助客人查找航班托运行李的去向,掌握相关部门的联系电话和领取行李的手续。

第二节　问讯服务

"请问从你们酒店去机场需要多长时间?""请问你们酒店的具体位置在哪?""请问你们酒店的保龄球馆的收费标准是怎样的?""你们这里有哪些好玩的旅游景点?怎么去?门票多少?""从这儿到上海的动车是什么时候开出的?需要多少时间可以到?"……问题无穷无尽,这些都是酒店客人可能需要的各种资讯,谁会知道这么多呢?问讯员必须知道这些,且要求知道得更多。

问讯服务是设立在前厅部的一个专门为客人解答疑难问题、提供各类咨询、受理客人留言、处理宾客邮件、负责客用钥匙的管理等服务的岗位,一般设置在总台、接待处附近。

一、问讯服务

(一)准备相关信息

宾客需要了解的问题很多,包括酒店内部信息和外部信息,涉及的内容有以下方面。

(1) 酒店中西餐厅、酒吧、商场、商务中心等所在的位置及营业时间。
(2) 酒店宴会、会议、展览会举办场所及时间。
(3) 酒店提供的其他服务项目、营业时间及收费标准,如健身服务、娱乐服务、旅游服务、洗衣服务等。
(4) 国内、国际航线的最新时刻表和票价,以及航空公司名称。
(5) 最新铁路时刻表、里程表和票价。
(6) 出租车市内收费标准。
(7) 酒店所在地到周围主要城市的距离及抵达方式。
(8) 酒店所在地的市内交通情况。
(9) 酒店所在地影剧院、歌舞厅的地址和即日上演的节目及时间。
(10) 酒店所在地展览馆、博物馆的地址、电话号码、开放时间及上展项目。
(11) 酒店所在地主要银行的名称、地址、电话号码。
(12) 酒店所在地主要医院的名称、地址、电话号码。
(13) 酒店所在地政府各部门的地址和电话号码。
(14) 酒店所在地大专院校、科研机构及主要工商企业的地址和电话号码。
(15) 酒店所在地附近的教堂、庙宇的地址及开放时间。
(16) 酒店所在地近郊著名名胜的距离以及名胜特色和开放时间。
(17) 酒店所在地各使馆、领事馆的地址和电话号码。

(18) 全国、全省及本市的电话号码簿及邮政编码簿。

(19) 世界地图、中国地图、本省和本市地图。

(20) 本地风景名胜的宣传册。

(二) 准确回答客人的问讯

对于酒店内部的营业信息，问讯员应熟知，给予客人准确回答，千万不可模棱两可或使用否定词回答，如"可能还在营业吧"，"大概在 23：00 关门"，"应该是每小时 20 元吧"等。对于不能立即回答的问题，应尽快查询后给予宾客满意答复。

案例 4-2

某天早上，一位昨天下午入住的加拿大客人来到酒店总台询问服务员小郭："房费是否包含早餐？"小郭只听懂了"早餐"二字，于是点头说"YES"，并热情地指引客人到自助餐厅。两天后，这位客人离店结账，收银员把账单给客人过目时，客人吃了一惊，两个早餐的费用一笔不漏地记入在自己的账单中。客人越想越糊涂，经再次询问才得知酒店的早餐费用并不包含在房费里的，可是为什么服务员要回答"YES"呢？客人无奈，只得付了早餐费后向酒店投诉。

看来小郭的问题较严重：一是英语水平较低，不能胜任总台的工作；二是不懂装懂，给了客人错误的答复，造成客人的不满。

二、住客信息查询服务

住客的信息属个人隐私，酒店各方面都有责任为住客保守秘密，因此在访客查询住客资料时就必须遵守一定的操作规范。

(1) 礼貌接待问询客人，了解访客的要求。

(2) 根据访客的要求，通过电脑迅速查询住客资料后，询问查询者的姓名及与住客的关系。

(3) 打电话至住客房间，征询意见是否见访客，得到肯定的答复后将房号告诉访客，或由行李员将访客带到住客房间；如果住客不见访客，则替住客委婉拒绝，注意语言技巧；如果此时住客不在房间，可以建议访客留言。

(4) 如果查找不到，向访客解释或提供其他线索，帮助查找。

(5) 当住客入住时提出了保密要求，如不要告诉任何人他住在该酒店、不要告诉别人他的房号、除某某人外不要告诉其他人等，前台接待处应该在他的入住信息栏内进行备注,以便所有工作人员掌握他的这一要求。在这种情况下,当来访者询问该位住客情况时,应按住客的要求对其进行保密处理。

三、留言服务

在酒店,留言服务有三种情况:一是访客给住客留言;二是住客给访客留言;三是酒店给住客留言。酒店给住客留言主要是因为客人已经超过消费限额,给客人派发的催缴押金单,或当酒店组织了针对住客的活动时给住客的活动通知单和邀请函等。

(一)访客留言服务

当受访者不在酒店时,问讯员应主动向来访者建议留言。

(1)要求访客填写一式三份的留言单,第一联放入钥匙邮件架内;第二联送电话总机,由接线员开启客房电话机上的留言指示灯;第三联交行李员送住客房内。

(2)客人收到留言后,立即取消电脑中的留言并关闭客房留言指示灯。

(3)在访客留言登记簿上记录该留言的大致内容。

(二)住客留言服务

住客由于提前离店而又无法通知访客时,一般会在酒店问讯处给访客留言。问讯员请住客填写"住客留言单"一式两份,问讯处和总机房各留一份,一般要盖上时间戳,并且要注意询问留言的保留时限,做好记录。

当访客到店来取留言时,问讯员首先应该核对客人的身份,然后可将留言内容转告或将留言单交予客人。

表 4-5 访客留言单(Visitors Message)

姓名 NAME: _____	日期 DATE: _____
房号 ROOM NO.: _____	时间 TIME: _____
留言 MESSAGE: _____ _____ _____	
经手人 CLERK: _____	日期 DATE: _____	时间 TIME: _____

表 4-6 住客留言单(Message)

住客姓名 GUEST NAME: _____ 房号	日期 DATE: _____

(续表)

```
┌─────────────────────────────────────────────────────┐
│ ROOM NO.：_____   │
│ 我将会在                                             │
│ I WILL BE AT _____   │
│ 由           上午/下午        至      上午/下午     │
│ FROM _____ a.m./p.m.   TO _____ a.m./p.m.     │
│ 留言                                                 │
│ MESSAGE：_____    │
│ _____    │
│ _____签名 SIGNATURE：_____    │
└─────────────────────────────────────────────────────┘
```

四、邮件服务

前厅问讯处所提供的邮件服务包括分拣、派送进店邮件以及代售邮票为住客寄发邮件。处理进店邮件的程序如下。

(1) 仔细清点当日进店邮件，并分成酒店邮件和客人邮件两类，给每一件邮件打上时间戳。挂号类邮件必须在专用的登记表上登记，填写上日期、时间、房号、姓名、邮件种类、邮件编号、收件人签名、收件时间、经办人等内容。

(2) 按邮件上的收件人姓名查找房号，然后将核实无误的房号注明在邮件的正面。查无此人的邮件则在邮件上注明"查无"字样。

(3) 请派送员(有的酒店为行李员)将已明确房号的邮件送至楼层，普通邮件可从门缝塞入房间，特快专递、快件、包裹、电报、传真、汇款单等应亲自送到客人手里，并请客人签名。若客人不在房内，则可以给客人留言，或打亮房内留言灯，通知客人回房后到问讯处来取，或由问讯处送给客人。

(4) 对于注明"查无"字样的邮件，问讯员应在已预订客人和已离店客人中寻找，如果是已预订未抵店的客人的邮件，则将该邮件与客人预订单放在一起，待客人抵达办理入住登记时将邮件交给他；如果是已离店的客人的邮件，可根据客史档案上留下的地址寄发给客人，或按客人的要求处理。对于真正查无此人的邮件，则按规定退回。

有的酒店与邮政部门合作，在酒店内设置邮局代办点直接为客人代办邮寄服务。为客代办邮寄时对邮件进行分类，按规定邮资收费标准收取费用，并开出收据给客人，及时将贴好资费的邮件送往邮局。

五、客用钥匙的管理

住客的客房钥匙统一归前厅部总台发放和管理。

（1）专供宾客使用的钥匙应在宾客入住时才制作，每位磁卡钥匙制作的接待员有独立的密码进入制作系统。

（2）由高层管理人员专人管理磁卡钥匙的制作者及密码，随时查对钥匙制作情况。楼层服务员的工作钥匙由客房主管制作。

（3）若客人忘记带出钥匙或遗失，问讯员经验明证件后方可提供新钥匙。

（4）若两位客人同住一个房间，也应只发一把钥匙，特殊情况另作处理。

（5）若住客委托他人进入房间取物，应有书面凭据。

（6）客人离店时将磁卡钥匙交前厅收银员，收银员应及时交给接待员。

（7）当电脑或制作钥匙的机器出现故障时，可使用备用钥匙，一般备三套以上，由管理人员使用，并用专用保险箱保管。

第三节 电话总机服务

对于生活在现时代的每个人而言，电话是生活中离不开的通讯工具，对于现代酒店而言，电话同样是不可缺少的沟通联络的重要手段。酒店电话总机是前厅部设置的为酒店内外沟通服务的专业部门，话务员的声音代表着酒店的形象，是酒店"只闻其声，不见其人"的幕后天使。

酒店电话总机所提供的服务项目主要有店内外接转电话服务、长途电话服务、问讯服务、留言服务、叫醒服务、"免电话打扰"服务、店内外传呼服务，以及酒店遇紧急情况时充当临时指挥中心等。

为了顺利完成电话总机的各项工作，总机房需要配备相应的设施设备，如电脑、电话交换机、话务台、问讯架、长途电话自动计费机、传呼器发射台、自动打印机、定时钟、记事牌等。总机房要保持良好的环境，如靠近总台、安静保密、清洁整齐等。

一、话务员的基本素质要求及岗位职责

（一）基本素质要求

（1）嗓音甜美，吐字清晰，口齿伶俐。

（2）精于业务，热爱本职工作。

（3）熟悉电脑操作，打字速度快。

(4) 反应灵敏,耐心细致。

(5) 具有较强的记忆力,听写迅速,有速记培训经历。

(6) 有高度责任感,严守话务机密。

(7) 有较强的信息沟通能力。

(8) 有较强的外语听说能力,能用外语为客人提供话务服务。

(二) 岗位职责

(1) 按工作程序迅速准确接转每一个电话,对客人的询问要热情有礼,迅速应答。

(2) 认真仔细,准确地为客人提供叫醒服务。

(3) 处理需要人工接转的长途电话。

(4) 了解并记住 VIP 的头衔、姓名及房号。

(5) 认真填写交班日记,向下一班人员交代清楚下列情况:

① VIP 房电话转接情况及 IDD、DDD 情况;

② 电话留言情况;

③ 叫醒服务情况。

(6) 掌握店内组织机构,熟悉酒店主要负责人和各部门经理的姓名、声音、办公室电话号码,准确掌握当日值班经理的安排及其移动电话号码。

(7) 掌握总机房各类机器的功能、操作规程及注意事项。

(8) 对酒店各部门的工作及店内各种设施的运行情况等不对外公开事项,必须严格保密。

(9) 遇到日常工作以外的情况,不要擅自处理,立即向主管汇报。

(10) 搞好总机房的清洁卫生。

二、电话总机服务程序

(一) 电话接转服务

(1) 电话铃声三响内接听电话。

(2) 问候来电话者并报出所在酒店名称及部门。"您好!这里是××酒店电话总机。"

(3) 认真聆听完客人讲话后再接转,在客人等候接转电话过程中按音乐键。注意对口齿不清的来电者应有足够的耐心进行引导,对来电者口音较重而听不懂时,可不断猜测其意并与其核对通话内容,切不可粗暴地挂断电话或嘲笑。

(4) 若电话占线或无人接听(铃响 30 秒),应礼貌说明情况,请其稍后再拨或留言。

（二）长途电话服务

现在大部分酒店都采用程控直拨电话系统。住客在前厅办理交纳押金手续后，即可开通长途电话。客人在房内挂拨长途电话，可以不通过总机，直接拨号自动接通线路，通话结束后，电脑自动计费并打印出电话费用单。

（三）叫醒服务

电话总机应提供24小时的叫醒服务，可分为人工叫醒和自动叫醒两类。

1. 人工叫醒服务

（1）受理宾客的叫醒要求，问清要求叫醒的准确时间和房号，并记录在叫醒记录单上，话务员签名。

（2）在定时钟上定时。

（3）定时钟鸣响，话务员接通客房分机，叫醒客人："早上好！现在是××点，您的叫醒时间到了。"

（4）若客房内无人应答，5分钟后再叫一次，若仍无人应答，则立即通知客房楼层前往查看，查明原因。

2. 自动叫醒服务

（1）受理客人的叫醒要求，记录叫醒日期、房号、时间、话务员签名。

（2）及时将叫醒信息输入电脑，并检查屏幕与打印机记录是否相符。

（3）当日最早叫醒时间之前应先检查叫醒机是否正常工作，打印机是否正常打印。若发现有问题应立即通知工程维修部，并立即改为人工叫醒。

（4）检查自动打印记录，检查叫醒工作有无失误。

（5）对无人应答的房间，可用人工叫醒方法补叫一次。

在为客提供叫醒服务时，可以同时为客人提供天气资讯，为客人的出行安排做参考。

（四）"免电话打扰"服务

（1）将要求"DND"服务的客人姓名、房号、具体服务时间记录在交接班本上，并写明客人通知的时间。

（2）在免打扰期间，将电话号码通过话务台锁上，如有人要求与住客通话，话务员应礼貌地将有关信息通知来电者，并建议其留言或待取消DND后再来电话。

（3）宾客要求取消DND后，话务员立即释放被锁的电话号码，同时在交接本上记录。

（五）电话总机消防应急工作标准

当酒店发生火灾、伤亡事故等紧急情况时，电话总机成为酒店管理人员的临时指挥中心。

（1）接到报警，话务员应设法让报警人保持冷静，向报警人询问其姓名、所在部门（员工）或房号（住客）、着火位置、何物着火、火势大小等内容，并准确记录在案。

（2）将以上报警人所报内容通知消防控制中心，并记录受话人姓名。

（3）接到紧急报警后，消防中心会立即派人进行实地查看，若情况属实，立即会从出事地点向总机报警，话务员应仔细听清所报内容，重复所报内容并准确记录。

（4）将报警内容通知有关部门，如客房部经理、安全部经理、总经理办公室等。

（5）若火势没有得到控制，需要疏散人员，电话总机应把酒店其他电话挂断，只留与消防指挥中心的联系，以便指挥中心能畅通地发出指令。话务员应坚守工作岗位，做好本职工作，直到指挥中心发出撤离指令。

第四节　商务中心服务

现代酒店与古代旅馆相比，不仅其规模更大、更加豪华，更重要的是其功能增加了，它不仅能满足人们出行生活的需要，成为人们休闲活动场所，还是大量商务客人的工作场所。对于商务客人来说，酒店内的商务服务是否周全、及时，关系到能否顺利完成公务目的，所以酒店内的商务设施就值得关注。酒店一般都在大堂附近设有商务中心，为客人提供订票、商务洽谈、打印文件、网络联系、收发电子邮件和传真、复印、出租商务秘书和翻译等服务。商务中心是现代酒店的重要标志之一，是商务客人经常光顾之处，是客人"办公室外的办公室"。

商务中心需要配备相应的商务设施设备和用品以便完成以上所述商务活动，包括会议室、谈判间、传真机、复印机、可上网的计算机、打印机、扫描仪、直拨电话、投影仪、幻灯机、录像机、大屏幕电视和其他办公用品。此外，还应备些电话号码簿、航班时刻表、财经类报纸和杂志等。商务中心文员应热情礼貌、业务熟练、服务高效，满足客人高标准快节奏的活动要求。

一、订票服务

订票服务是指为住客代购机票、车票、船票等业务。这一项业务的服务质量将直接影响到商务客人的商务活动顺利与否，已成为影响客人选择酒店的重要考虑因素。

（1）了解客人的订票要求，包括日期、起点、目的地、服务等级（如火车的硬座、硬卧、软卧等，飞机的经济舱、头等舱等，轮船的一等舱、二等舱等），对机型、时间是否要求，喜欢什么样的座位（靠窗与否），是否有优惠证，根据情况向客人介绍合适的航班、车次及票款数额，同时向客人讲清服务费收费标准，在旅游旺季，对于没有把握的票，要向客人问清楚可否有其他代替的航班、车次。

（2）填写订票委托单，一式两份，并请客人留下联系电话。

（3）确定付款方式，如果客人用现金预交票款，应在订票单上注明，若客人需要商务中心垫付票款，则应将收据交前厅收银处，记入客人账户。

（4）根据客人要求到票务中心拿票后，将票、手续费收据及找零一并装入信封，在信封上注明客人姓名、房号、日期、航班车次等，及时通知客人来取。

（5）如果没买到客人所需的票，要及时与客人联系，致歉，说明情况，询问可否改变行程，给客人以建设性的意见。

（6）对于客人的退票、改签等事宜应参照交通部门的相关规定办事，并给客人清楚解释。

二、打印服务

（1）问清客人对打印文件的格式、排版、字体、时间等要求，复述并确认。

（2）浏览原稿件，看有无字迹不清楚之处并向客人提出求证。

（3）主动介绍收费标准，告知打印文件的完成时间，并请客人稍候或回房等候。

（4）打印初稿后立即请客人校对或修改。

（5）按照客人要求予以修改，并再次核对。

（6）客人确认文件定稿后，询问每一个文件是否存盘及保留时间，或按客人要求复制、删除。

（7）把打印好的文件交给客人，并收取费用，开出收据。

三、复印服务

（1）主动热情地问候客人，问清客人复印要求，接过文件原件，介绍收费标准。

（2）选择纸张规格、复印张数及深浅程度。

（3）将文件原件放在复印机平面上，检查纸盒有无纸张后，按操作要求复印。

（4）若要复印多张，或调整比例，应先看第一张复印效果，如无问题，即可连续复印。

（5）复印完毕，取出复印件和原件并如数交给客人。

（6）主动询问客人是否需要装订，若需要，则应为客人装订好。

（7）按规定收取费用，并开出收据。若客人挂账，则请客人出示房卡，与电脑核对后，请客人在账单上签名。

四、传真发送服务

（1）当客人提出需要帮助发送传真时，问明发往的国家和地区及传真号。

（2）向客人说明收费标准。

（3）请客人填写传真内容，仔细检查后向客人复述，客人认可后方可发送。

（4）按照客人要求发送的传真号输入传真机发送。如果对方是自动传真机，可直接按键发送；如果对方是通话状态，则需要拿起电话告知对方接通传真机，再按发送键。出现线路占线暂时发不出去时，应有礼貌地请客人稍等，继续拨发，直到发送完成。

（5）传真发送完成后，将"发送完成报告"与传真原稿一并交给客人。

（6）按规定计算并收取费用，办理结账手续。

（7）填写"商务中心发送传真登记表"。

五、传真接收服务

（1）当接收到传真来件时，应根据传真上的客人姓名在电脑上查找其房号，并将"传真接收完成报告"与来件放在一起装入信封，盖上"FAN IN"印章，注明姓名、房号、页数、费用。

（2）电话通知客人来取传真来件，或由行李员送往客房并请客人签名。若客人不在房间，可通知问讯处留言，留言单上注明请客人回来后立即与商务中心联系。

（3）将费用单送往前台收银处，或现金结账。

（4）遇到疑难传真来件时，应及时报告大堂副理作出妥善处理。

（5）填写"商务中心接收传真登记表"。

 技能训练

（一）代酒店设计一份物品转交委托单。要求内容完整、形式规范、布置美观。

（二）查询服务模拟接待对话训练

1. 江河先生前来长江饭店拜访住在饭店的朋友洪涛，现在问讯处查询，问讯员小林在接待江河先生。

林：早上好！欢迎您光临。先生您有什么需要？

江：我是住在你们饭店的洪涛先生的朋友，请问他住几号房？

林：先生，请您稍等，让我查一下……是的，洪涛先生是住在我们饭店。请问先生您尊姓大名？

江：我叫江河。

林：江先生您好,请您稍等,让我打电话到洪先生房间看他是否在房内。

江：不用麻烦了,你只要告诉我他的房号就行了。

林：非常抱歉,按饭店规定我现在不能告诉您房号。不过,请您等候片刻我马上与洪先生取得联系。(打电话进房间后无人接听)很遗憾,洪先生现在不在房间。江先生您是否需要留言,洪先生一回来我们就会转告他。

江：不用了,你只要告诉我他的房号,我等会儿再来找他。我是他的朋友,我不会害他的。

林：我当然相信您是他的朋友。但是,为住客保密是我们的职责。再说,您肯定希望您朋友在我们这儿是安全的,是吗?不过,您等会儿可以打电话到总机,看看洪先生是否已经回来,我们总机电话号码是1234567。您看行吗?

江：我现在要去办事了,不能等他了。

林：要么,您留下您的联系电话,等洪先生一回来我们就立即通知他与您取得联系。您看如何?

江：好吧,我的电话是7654321。

林：您放心,我一定及时转告。再见!

 思考与练习

1. 哪些资料是问讯员应该记在心里的?哪些是问讯员可以在电脑里查阅的?
2. 电话总机如果提供留言服务,应注意哪些细节?
3. 简述团队行李服务的程序。
4. 商务中心订票服务的程序是怎样的?应该注意哪些问题?
5. 江小姐是饭店订了房的客人,她现在乘出租车到达饭店办理入住手续。当接待员要求她出示身份证时,她突然想起来自己一个小提包遗忘在出租车上了。江小姐非常着急,不知如何是好。

请问,前厅部员工应该如何帮助江小姐?

 案例与分析

案例(一)　传真张冠李戴

一天1429房间的客人打电话到商务中心说:"有一个客户马上发一个传真过来,我们这就派人下去取。"几分钟后有一位客人到商务中心来说:"我是14层的来取传

真的。"服务员将传真给客人后让客人签单,然后将账记到了1429房间。又过了2分钟,1429的客人打电话问商务中心:"我们的传真来了吗?"服务员说:"已经有人取走了。"客人问:"谁取走的,我们的人还没下去。"服务员赶紧查账单签字,说:"是×××取走的。"1429房间的客人说:"我们没有这个人。"服务员再一查原来客人签的是1409房间,经与1409房间的客人联系,得知客人取的是发给1409房间的传真,1409房间的客人对服务员找他们查对1429房间的账单表示不理解,说我们取自己的传真跟1429房间有什么关系?

评析:

商务中心是商务客人"办公室外的办公室",其主要职责是为客人提供各种秘书性服务,为客人提供或传递各种信息。先进的服务设施、设备,齐全的服务项目,加之高素质的专业或一专多能型的服务人员,是商务中心提供高标准、高效率对客人服务的保证,也是现代高档饭店的重要标志之一。商务中心为客人提供收发传真、复印、打印,应细心、保质、保量地按时完成,全程服务必须严格遵守操作程序。

1. 上述案例中服务员在整个服务过程中都没有按操作程序工作,取14层的传真件时没有核对接收传真件的房间号,给客人传真时没确认客人房间号,在让客人签单时仍然没有核对客人房间号,只是想当然地认为刚才1429房间的客人打电话要取传真,来了一位客人说取14层的传真,就以为是1429的客人,以致出现张冠李戴的情况。

2. 上述案例中1409房间的客人取走的确实是发给自己的传真,只是服务员错将账单记到了1429房间,商务中心发现错误后立即与收银员联系,及时调整账目,使问题迅速得到解决。

3. 上述案例中1409房间的客人如果取走的是1429房间的传真,如果该传真又涉及重大商业秘密那后果将不堪设想。

4. 商务中心的主管和领班应对员工加强服务程序的培训并应加强现场督巡检查。

案例(二) 错发了团队行李

某日,饭店行李员小郝在团队行李处值台,某旅行社行李押运员对小郝说我来拉16件行李。行李员小郝想当然地认为肯定是我早上接的某旅行团的16件行李,于是随手一指,说这边的就是。旅行社行李押运员清点完数量签字后便把行李装上,去了飞机场,将行李发往乌鲁木齐。大约过了一个小时,另一家旅行社行李押运员也来拉16件行李,说完团号后,领班一查,马上意识到小郝发错了行李,本应去西安的行李发往了乌鲁木齐,而要去乌鲁木齐的行李却还滞留在饭店。

评析:

团队行李涉及旅行客人的切身利益,团队行李的收发正确、安全,又事关饭店的声誉。因此,团队行李收发有其严格的操作程序,稍一疏忽就有可能酿成大错。上述案例说明,因为行李员缺乏工作责任心,将发往西安的行李错发到了乌鲁木齐,为宾客造成了不便。

案例(三) 传真发出了吗?

　　一天早上,某酒店商务中心刚刚开始工作,一位住店客人满面怒容地走进商务中心,"啪"地一声将一卷纸甩在桌子上,嚷道:"我昨天请你们发往美国的传真,对方为什么没有收到? 小姐,你想想,要是我的客户因收不到传真,影响同我们签合同,几十万美元的损失谁承担?"

　　接待客人的是上早班的宋小姐。面对怒气冲冲的客人,她从容不迫,态度平静,然而却迅速仔细地审核了给客人发传真的回执单,所有项目显示传真已顺利发到美国了。凭着多年的工作经验,她知道,如果客人的传真对方没有收到,责任不在我店。怎么办呢? 当面指责客人? 不能! 因为客人发现对方没有收到传真来提批评意见,也在情理之中。宋小姐脑子飞快地转动,很快灵机一动,计上心来。

　　只见她诚恳而耐心地对客人说:"先生,您且息怒。让我们一起来查查原因。就从这台传真机查起吧。"客人欣然表示同意。宋小姐仔细地向客人解说了这台传真机自动作业的程序,并当场在两部号码不同的传真机上作示范,准确无误地将客人的传真从一台传到另一台上,证明饭店的传真机没有问题。客人比较了两张传真,面色有所缓和,但仍然心存疑虑道:"不过,我的那份传真对方确实没有收到呀!"为了彻底消除客人的疑虑,宋小姐主动建议:"先生,给美国的传真再发一次,发完后立刻挂长途证实结果,如果确实没有发到,传真、长途均免费,您说好吗?"客人点头同意了。传真发完后,宋小姐立刻为客人接通了美国长途,从客人脸上露出的笑意可以知道:传真收到了!

　　客人挂完电话,面带愧色地对宋小姐说:"小姐,我很抱歉,刚才错怪了你,请你原谅。谢谢你! 谢谢你!"宋小姐面带微笑地答道:"没关系,先生,这是我们应该做的。"最后,客人愉快地付了重发的费用,满意而去。

　　评析:

　　本案例中饭店商务中心宋小姐对客人反映传真没有发出去的意外事件,采取了正确的态度和恰当的处理方法,从而取得了使客人满意的结果。

　　首先,宋小姐面对客人上门指责的突发事件,沉着冷静,迅速仔细审核了传真回执单所有项目无误,确定了责任不在饭店的结论,心里有了底数。

　　其次,宋小姐没有简单地指责客人过失,而是设身处地地站在客人的立场上,充分理解传真拖延客人将损失几十万美元的苦衷,采取了从"我"(饭店传真机)查起的理智做法,使客人乐意接受和配合,有利于搞清问题。

　　最后,宋小姐先后采取了两台传真机当场示范和再发传真并长途证实的合理步骤,打消了客人的疑虑,让客人心服口服,使问题得到圆满的解决。

第五章 宾客关系管理

学习目标

1. 认识建立良好宾客关系的重要性。
2. 了解酒店宾客关系的政策和措施。
3. 掌握与宾客沟通的技巧,处理好宾客投诉。
4. 了解大堂副理和宾客关系主任的职责与工作内容。

第一节 酒店宾客关系的建立

关于酒店员工与宾客之间关系的定位长期以来有很多争论,有的认为宾客是"上帝",有的认为宾客是朋友,有的认为宾客是衣食父母,等等,各家有各家的道理,谁都难以说服谁。无论哪一种观点,都有一定的道理,关键是要有定位,一旦确定酒店员工与宾客的关系,才能制定相关的宾客关系政策,才能真正建立良好的宾客关系。

一、客我关系定位

1. 宾客是酒店请来的客人,是酒店员工的朋友

美国乔治亚希尔顿饭店(Hilton Hotels Corporation,Atlanta,Georgia,USA)是这样来评定最佳饭店的:"一所最佳饭店,决不是它的楼体设计、造型和陈设,也不是它的客房床具和餐厅的美味佳肴,而是那些精心、细心,使客人有一种舒适、安全和宾至如归感的服务员。这是成为一所最佳饭店的秘密,这个秘密会使饭店成为同行业中的强者并享有威名。"宾客来到饭店或多或少会产生紧张感,会有需要员工帮助的方面,员工要用真诚友好的态度去化解宾客的紧张感让他们松弛下来,用优质高效的服务去帮助他们消除生活和工作的不便,把宾客当作自己请来的朋友,这是建立良好宾客关系的基础。

纵然一位宾客在酒店的下榻生活需求很多,但他的期望与满意更多地集中在舒适和感情服务两大方面。我们完全可以想象一位风尘仆仆步入酒店的宾客,他期待着前厅服务员的热情、礼貌、快捷接待。服务员的热情微笑和快捷的礼仪接待就是承认、欢迎客人的到来,而宾客的最大满足和对酒店的美好第一印象就是在那豪华耀眼的大堂里能见到一副副漂亮的仪表、良好的修养、快捷的接待和热情的笑脸。宾客希望从前厅服务员那里得到暖人的感情服务,得到朋友般的对待。

2. 所有的宾客都应受到充分重视

酒店的宾客可分为住客和非住客,住客又可分为团体/会议客人和VIP、商务客、常客、长住客、过路客等;非住客包括本地消费客和访客等。酒店在营销政策上对不同类型宾客会有所不同,但员工在态度上应对所有宾客一视同仁,给予充分的尊重和重视。

具体地说,我们要做到以下六个方面。

(1)"高、低"一样。对高消费客人和低消费客人一样看待,不能重"高"轻"低"。

(2)"内、外"一样。对国内客人和对外国客人一样看待,不能重"外"轻"内"。

(3)"华、洋"一样。对境外华人(华侨、外籍华人和港、澳、台客人)和外国客人一样,不能重"洋"而轻"华"。

(4)"东、西"一样。对东方国家客人和西方国家客人一样看待,不能重"西"轻"东"。

(5)"黑、白"一样。对黑人客人和白人客人一样看待,不能重"白"轻"黑"。

(6)"新、老"一样。对初次来的客人和熟悉的回头客人一样看待,不能重"老"轻"新"。

3. 培养忠诚的宾客

在现代酒店业竞争异常激烈的背景下,争取更多回头客,根据自身特点稳定一批客源,是酒店立足市场得以发展的基本经营思想。因此,酒店在采取相关优惠政策吸引回头客的同时,还必须真正把宾客当作朋友,与宾客建立互相依赖、互相信任的关系,培养一批忠诚于酒店的宾客。

二、宾客关系政策

(一)酒店宾客的分类

强调酒店在态度上对待所有的宾客都一视同仁,给予同样的尊重和重视,并不意味着在经营政策上也对所有的宾客一视同仁,毫无区别。对于酒店的经营业务而言,宾客之间是存在差异的,针对不同类别的宾客应当采取差别化的政策和措施。

可以将酒店宾客分为以下两种类型。

1. 住店客人

住店客人应该是酒店最重要的客人,包括团体/会议客人和 VIP、商务客、常客、长住客、过路客等。因对酒店的经营所产生的影响不同,除过路客外,其他各类客人都得到不同程度的房价上的优惠。

2. 非住店客人

主要指本地消费客和访客等。虽然非住店客人没有产生房费,表面上看对酒店的经营收益没有产生重要的贡献,但他们是本地消费者,会在很多层面上与酒店的经营管理产生千丝万缕的联系,因此不能忽视对他们的良好关系的建立。

(二)宾客关系建立的责任人

1. 酒店管理层

酒店中高层管理人员应深入研究客情,制定正确的宾客关系政策和措施,同时在需要时通过拜访客人表达对宾客的尊重和重视,掌握更为客观的客情一手资料。

2. 大堂副理和宾客关系主任

大堂副理和宾客关系主任是维护良好宾客关系的重要责任人,他们以维护处理日常宾客关系为主要责任,包括宾客档案的管理、VIP 接待、应急文件的处理、应急事件的处理、宾客投诉的处理、客情预测等。

3. 基层员工

每一位基层员工都是良好宾客关系建立的责任人,且是重要责任人。在日常对客服务中,每一位员工与宾客接触都是与宾客建立良好关系的机会,基层员工应当充分重视自身的这一责任。

三、与宾客沟通的技巧

1. 重视对客人的心理服务

酒店为客人提供"双重服务",即"功能服务"和"心理服务"。功能服务满足消费者的实际需要,而心理服务就是指在满足消费者的实际需要以外,还要能使消费者得到一种"经历"。客人在饭店的经历,其中一个重要的组成部分就是他们在酒店与员工的人际交往。这种交往常对客人能否产生轻松愉快的心情、能否带走美好的回忆起着决定性的作用。因此,作为前厅员工,只要能让客人经历轻松愉快的人际交往,就是为客人提供了优质的心理服务,就是生产了优质的产品。

总之,如果前厅员工只会对客人微笑,而不能解决实际问题,或只能为客人解决实际问题,而不懂得人情味,都将不能赢得客人的满意。

2. 对待客人要做到谦恭、殷勤、善解人意

所谓"殷勤",就是对待宾客要热情周到、笑脸相迎、问寒问暖;要做到"谦恭",就不仅意味着不能去和客人"比高低、争输赢",而且要有意识地把"出风头的机会"全都让给客人。如果说饭店是一座"舞台",服务员就应自觉地去让客人"唱主角",而自己则"唱配角"。

要给客人以亲切感,还要求前厅员工"善解人意",即能够通过察言观色,正确判断客人的处境和心情,并能根据客人的处境和心情对客人做出适当的语言和行为反应。

3. 应学会"反"话"正"说

前厅员工应讲究语言艺术,尽可能用"肯定"的语气去表示"否定"的意思,即学会"反"话"正"说。例如,使用"您可以到收银处兑换外币"代替"这里不提供外币兑换";使用"您可以到那边(吸烟区)吸烟"代替"您不能在前厅吸烟"等。

4. 学会欣赏客人,赞美客人

客人是酒店请来的朋友,前厅员工要以发自内心地欢迎的态度去发现客人的优点,恰如其分地欣赏赞美客人的外貌、服饰、风度、判断、选择、才干、智慧等,如:"张小姐,您今天真漂亮!""李先生,好久不见了,您还是那么精神!""王教授,您真有眼力,您选的这套房是我们酒店这类房中最好的!""田中容一先生,没想到您的中文说得那么好!"一般情况下得到欣赏和赞美的客人会以相同态度对待饭店员工,这样就容易创造宽松和谐的沟通氛围。不能对宾客评头论足,挑剔客人的"毛病",更不能把客人当作"教训"和"改造"的对象。

5. 应学会看到自己的不足而不应否定客人

在酒店服务中有一句格言:客人总是对的。很多员工不理解:难道客人永远不会有错?上帝还会犯错误呢!在这里,首先,"客人总是对的"强调的是一种无条件为客人服务的思想。"客人总是对的"这句话是由被誉为"饭店管理之父"的斯坦特勒(Ellsworth Milton Statler)先生首先提出来的,而后得到酒店业同行和整个服务业的普遍认可。用它来指导服务工作,强调的是一种无条件地、全心全意地为客人服务的思想,而不能教条地理解,否则,便会出现类似"客人偷东西也是对的?客人打人也是对的?客人逃账也是对的"这样的问题。其次,"客人总是对的"是指在一般情况下,客人总是对的,无理取闹者很少。客人离家在外,一般不愿惹是生非,找不愉快,一旦客人提意见或前来投诉,就说明我们的服务或管理出了问题,重要的是赶快帮助客人解决,而非争论孰是孰非。再次,"客人总是对的",并不意味着"员工总是错的",而是要求员工"把对让给客人"。为此,要求员工必须宽宏大量,有时甚至要忍气吞声,无条件尊重客人,不与客人争论对与错的问题,只要不违背原则,就按客人的要求去办。

前厅员工在对客服务过程中出现沟通障碍时,应首先否定自己,而不要首先否定客人。比如,应该说:"如果我有什么地方没有说清楚,我可以再说一遍。"而不应该

说："如果您有什么地方没有听清楚,我可以再说一遍。"应该说："您看我说清楚了吗?"而不应该说："您听懂了吗?"

6. 面对故意挑衅的客人要有良好的心态

在酒店有时会遇到素质较低、带有挑衅性的、故意来"找茬儿"的客人,服务员只有用正确的心态来控制自己的情绪和言行,才能使自己立于"不败之地"。

首先,你可以想:你是客人,我是服务员,此时此地,我是不可能与你平起平坐的,如果你骂我一句,我也骂你一句,到头来吃亏的还是我。这个道理我是不会忘记的!

其次,你还可以想:我知道你是故意来找茬儿的,你的办法是激怒我,等待我的还击,你就有了大闹一场的借口,就能赢得"观众"的同情。所以,没那么容易激怒我,我决不还击!

再次,你无理又无礼,这是你的问题,不是我的问题,我犯不着因为你的问题而生气。不管你是谁,只要你还是我的客人,我就仍然把你当作客人来接待。能把礼貌待客坚持到底,我就立于不败之地!

四、大堂副理与宾客关系主任

大堂副理(Assistant Manager,A. M.)是沟通酒店和宾客之间的桥梁,是宾客的益友,是酒店建立良好宾客关系的重要环节。在酒店大堂一侧显眼的位置,设置一张典雅精美的桌子,上面摆放鲜花,那就是大堂副理的工作场所。其主要职责是代表酒店总经理接待每一位在酒店遇到困难而需要帮助的客人,并在自己的职权范围内予以解决,包括回答客人问讯、解决客人的疑难、处理客人投诉等。

对大堂副理的管理模式通常有两种:一种是隶属于前厅部,其工作在前厅经理的管辖下进行;二是由总经理办公室直接管理,大堂副理向总经理办公室主任或直接向总经理汇报工作。

宾客关系主任(Guest Relation Officer,G. R. O.)是一些中、高星级酒店设立的专门从事建立和维护良好宾客关系的岗位。宾客关系主任直接向大堂副理或饭店值班经理(Duty Manager)负责。

(一)大堂副理的素质要求

(1)有良好的外表形象,风度优雅。

(2)个性开朗,乐于且善于与人交往,有良好的人际沟通能力。

(3)口齿清楚,语言得体,能熟练使用一门以上外语(其中一门是英语)与客人沟通。

(4) 见识广,知识面宽,对本酒店各部门的工作标准和规程掌握准确。

(5) 熟悉本城市的情况。

(6) 具有高度的工作热忱。

(7) 彬彬有礼,不卑不亢。

(二) 大堂副理的岗位职责

(1) 代表总经理做好日常的 VIP 接待工作,完成总经理交办的各项工作。

(2) 代表总经理受理宾客对酒店内各部门的一切投诉,并把客人投诉整理成文,与相关部门联系,尽可能地采取措施,保证客人投诉逐步减少。

(3) 回答宾客的询问,并向宾客提供一切必要的协助和服务。

(4) 代表酒店维护、照顾宾客利益,在宾客利益受到损害时,与有关部门以及酒店外有关单位联系,解决问题。

(5) 处理各种突发事件,如停电、火警、财产遗失、偷盗或损坏,客人逃账,宾客突发疾病和死亡等,处理不了的问题及时向经理汇报。

(6) 负责维护前厅消防安全、环境和秩序,确保前厅安全、整洁、卫生、美观,并始终保持前厅对客服务良好的纪律与秩序,发现问题及时督促有关人员解决。

(7) 检查前厅部各岗位员工的仪表仪容和工作效率,并负责培训和指导总台员工的操作及服务技能。

(8) 沟通前厅部与各部门之间的关系,在前厅部经理缺勤的情况下行使前厅部经理的职权。

(9) 做好每日工作记录,每日按时递交各类报表。

(10) 协助总台做好客情预测和售房工作,努力完成每月销售指标,并根据团队信息及当天住房情况合理排房。

(11) 参加酒店的有关例会,及时传达上级布置的各项任务,并督促下属员工执行。

(12) 完整记录在值班期间所发生和处理的任何事项,将一些特殊的、重要的及具有普遍性的内容整理成文,交前厅经理阅后呈总经理批示。

(13) 以身作则,加强劳动纪律,团结员工,做好模范带头工作。

(三) 大堂副理的工作程序

1. VIP 的接待程序

(1) 抵店前的准备工作。

① 了解 VIP 姓名、职务、习惯及到店时间。

② 检查 VIP 入住登记单。

③ 检查 VIP 房的分配情况和房间状况,确保房间的最佳状态。

④ 在 VIP 到来前一小时检查鲜花水果和欢迎信的派送情况,督促接待人员半小时前到位,提醒总经理或其他相关领导提前十分钟到位,确保一切接待工作准确

无误。

(2) 抵店时的接待工作。

① VIP 进入大堂时,要用准确的客人职务或客人姓名来称呼和迎接客人。

② 引领 VIP 进入预分的房间,查看客人的有效证件,确保入住登记表打印的内容准确无误,并礼貌地请客人在入住登记表上签字。

③ 向 VIP 介绍客房及饭店内设施、设备。

④ 征求客人意见,随时提供特殊的服务。

(3) 离店后的后续工作。

① 接待完 VIP 后,要及时把入住登记表交给前台,准确无误地输入各种信息。

② 做好 VIP 的接待记录,必要时及时向总经理报告 VIP 到店情况和接待情况。

③ 协助预订处建立、更改 VIP 的档案,准确记录客人的姓名、职务、入店时间、离店时间、首次或多次住店、特殊要求等,作为以后订房和服务的参考资料。

2. 为住客过生日的程序

(1) 做好准备。

① 申报签字。如有宾客在住店期间过生日,由前厅填写客人生日申报单,然后交宾客关系主任或大堂副理签字。

② 将经签字的申报表一份送回前厅留存,另一份由前厅送交餐饮部准备生日蛋糕。

③ 通知前台服务员,以便随时祝贺客人生日快乐(或输入电脑,各营业点值台服务员均可查看到)。

④ 从办公室领取生日贺卡,请总经理签字,准备送入住客房间。

(2) 祝贺客人生日快乐。

① 与住客取得联系,选择合适的时间持生日贺卡上楼,由送餐服务员递上生日蛋糕,同时祝贺客人生日快乐。

② 借此机会与住客做短暂交谈,征求客人意见。

③ 将上述工作详细记录在记录本上。

3. 紧急事件处理程序

(1) 住客生病或受伤。

① 先以电话询问病情,然后根据病情和客人要求决定请医生来或去医院治疗,严禁随便拿药给客人服用。

② 如住客确实病情严重或有特殊情况,可联系医生出诊,注意在请医生出诊前,应事先电话提供病人的详细情况,若情况紧急,可拨打 120,请急救中心出诊;若客人行走不便,可使用轮椅或担架。

③ 与医院联系后,应协助客人订好出租车,并将医院的确切位置告知司机;若无出租车,则可联系酒店车队。客人需住院治疗时,将客人病情及病房号等做好记录,

如有可能须通知其当地的亲友。

④ 保留房间。客人住院期间若欲保留其客房,则通知前厅部;若无需保留,则帮助整理行李并寄存在行李房(征得客人同意)。

⑤ 对于患传染病的住客,应劝其离店,并对客房及其物品彻底消毒,同时对楼道及相关区域做消毒处理。

⑥ 客人往往会向饭店要一些药物,此时应委婉告知客人酒店无法提供;若属于小擦伤,则可使用大堂副理处药箱中的创可贴等。

(2) 住客自杀或死亡。

① 在未确定是否已死亡时,应立即报保安部,并急送医院抢救,将事件报告总经理并做记录。

② 立即封锁现场和消息,并通知前厅部、客房部等部门,由保安部经理判断是否报警处理。

③ 凡有住客死亡时,立即报告保安部、总经理。如属于自然死亡,则首先封锁消息,封闭该房门后速请医院派救护车运走,由保安部报告有关部门,再通知住客友人或家属直接到医院料理丧事;如遇谋杀事故现场,应保持现场完整,报保安部,等候公安机关人员调查,再视情况处理;如遇自杀事故现场,应先封锁消息和现场,速请医院派救护车运回急救,若急救无效依自然死亡处理。

(3) 火灾。

① 接到火警通知后,先报消防中心,后用电话通知总机,记录通知时间,然后携带总钥匙和手电筒迅速赶到现场。

② 如火灾发生在厨房,则应通知工程部立即关闭所有的煤气阀门和所有电源,关闭相关联的通风装置。

③ 检查火警现场,并与保安部、工程部等有关部门的人员取得联系,在最高领导层决策后,决定是否报 119 请求支援。

④ 根据现场情况做好各部门协调工作,在最高领导层决策后,组织客人撤离现场。

⑤ 当需要将客人安排入住其他酒店时,应立即与其他酒店取得联系,妥善解决。

(4) 偷盗。

① 发生任何偷盗现象,应首先报告保安部。

② 通知保安人员赶赴现场。若发生在客房内,则同时通知客房部主管前往。

③ 请保安部通知监控室注意酒店相关区域是否有可疑人员出现。

④ 查询住客被盗物品及是否曾有客人来访的有关资料,并做记录,由客人决定是否向公安机关报案。

⑤ 如客人有物品遗失,无论饭店有无责任赔偿,均应酌情给予关照;一般情况下酒店不开据遗失证明,若客人信用卡遗失,可由大堂副理代为通知银行停止兑付。

⑥ 如住客在店外被盗,征得客人同意后,可协助客人向事发地区公安机关报案。

(四) 宾客关系主任的岗位职责

（1）协助大堂副理执行和完成大堂副理的所有工作。
（2）在大堂副理缺席的情况下行使大堂副理的职权。
（3）发展酒店与宾客的良好关系，并征求意见，做好记录，作为日报或周报的内容之一。
（4）欢迎并带领 VIP 入住客房。
（5）负责带领有关客人参观酒店。
（6）处理客人投诉。
（7）留意酒店公共场所的秩序。
（8）与其他部门合作沟通。
（9）完成大堂副理指派的其他任务。

第二节　宾客投诉的处理

案例 5-1

"五·一"劳动节放假期间，何女士一家三口自驾到张家界旅游，入住张家界某酒店。因下雨，第一天旅游回到酒店，衣服鞋子都湿了，换了衣服，可鞋子没有换的，于是就要求客房服务员给房间送一圈卫生纸来，把鞋子给吸干一些，准备第二天继续穿。电话打到房务中心说明原因，可服务人员说一间房一天只能送一圈纸，不能多给。何女士说："可不可以借我一个电吹风机用？"对方回答："没有，对不起。"何女士很无望地问："那我怎么办呀？""我们也没办法。"服务员说完就挂了电话。

第二天何女士一家提前结账离开这家酒店，在服务台结账时正好接到一个朋友的电话，说他们几家人组团也来张家界旅游，问她住哪儿，想跟她一家人住一起。何女士跟朋友说："别来这儿住，这家酒店太不近人情了，连多要一圈纸都不可以，我帮你们在其他酒店订房，等我电话。"

何女士的要求遭拒后并没有投诉。她为什么不投诉？客人不投诉好不好？酒店还有没有挽回余地？

一、投诉产生的原因

宾客投诉的实质是客人在酒店内消费时付出的花费没有换回预期的价值享受，也就是说，客人在酒店内的花费与服务产品质量不成正比，从而造成客人的投诉。一般来说,是由于酒店本身的经营沟通渠道受阻、部门之间的服务协调网络不通,另外也由于服务人员个人的服务项目、服务程序、职责范围不清,从而出现服务中的脱节而怠慢客人、冷遇客人,以致造成客人的投诉。

宾客投诉的原因主要集中在以下三个方面。

(1) 酒店的某些设施设备和服务未能达到应有的标准,没有体现"价有所值"。

(2) 由于客人的需求不同、价值观不同、对问题的看法不一致,而导致不同的感受和看法,或对有些方面存在误解。

(3) 客人本身心情不佳,或其他非酒店的原因产生的不满而在酒店宣泄或故意挑剔。

二、投诉的类型

1. 有关设施设备的投诉

这类投诉主要包括空调不灵、照明灯不亮、电梯夹伤客人、卫生间水龙头损坏等。酒店的设施设备是为客人提供服务的基础,设施设备出现故障影响客人的正常生活工作,服务态度再好也无法弥补。酒店应建立对这类设备的保养、检查、维护制度,但只能相对减少酒店设施设备的隐患,而不可能完全杜绝。

2. 有关服务态度的投诉

这类投诉主要包括冷冰冰的接待方式、粗暴的语言、戏弄的行为、过分的热情及不负责的答复等。

3. 有关服务和管理质量的投诉

这类投诉主要包括卖重房、电话叫醒失误、邮件或留言未及时送交客人、总机转接电话不准确或速度太慢、行李无人搬运、住客在房间受到骚扰、住客财物在店内丢失、结账时让客人等候时间太长或账单出现差错、服务不一视同仁等。

4. 有关酒店相关政策规定的投诉

这类投诉主要涉及酒店的政策规定。由于客人自身的习惯或观念的不同,对酒店的有关政策不了解或不理解,从而引起客人的不满,此时酒店可能并没有什么实质性的过错,如客人对住房优惠政策的不了解、对有关访客管理规定的不理解等。遇此类投诉,应给予客人耐心解释,热心帮助客人解决问题。

5. 有关异常事件的投诉

这类投诉主要涉及无法购得机票/车票、城市供电/供水系统出现障碍、酒店已客满而无法满足客人的入住要求等。这样的问题是酒店也无能为力解决的,可客人却希望酒店能帮助解决。处理此类投诉应想方设法帮助客人,若实在无能为力,应尽早向客人解释,取得其谅解。

专栏 5-1　常见酒店客人投诉事实

美国饭店质量咨询公司对各种类型的酒店进行了服务质量调查,发现以下常见的酒店客人投诉事实。

(1) 有些客人在酒店下榻期间,由于在其他一些部门的费用,如在餐厅的就餐费用,直到客人已经办理完了迁出结账以后,才转到财务部;此时要客人补交餐厅就餐费用,客人不但拒付而且心情感到极不愉快,因此也就自然发火,抱怨饭店。这是不时出现的情况。

(2) 有时候,在客人的费用付款凭证单上,忘记让客人在产生费用时签字;以后客人对此费用账目拒付,同时客人还向饭店反问道:"你能对没有经过核实和当场验证的费用付款吗?"这是财务部出现客人投诉的另一种情况。

(3) 由于前厅部工作粗心,客人迁入时没有验证客人的正式证件,加之又将客人的名字搞错,为此客人在饭店内的下榻及其费用账目无法收集,最后在客人离店结账时出现很大的麻烦,引起投诉。

(4) 客人在前台登记时发现跟自己同样类型的客房别人的房费比自己的低,觉得饭店对待自己不公平,有欺客行为,从而投诉。

(5) 当客人到达饭店时,其客房租用价格与原来旅行社提供的价格不符,使客人感到不愉快。

(6) 由于酒店销售人员没有及时了解客源市场的变化及宾客的需要,因此使酒店提供的服务项目不被客人喜欢和满意。

(7) 销售部人员所做的销售许诺(即优惠价格或优惠项目)未能在实际中兑现,使客人来到酒店下榻以后感到失望,造成客人的投诉。

(8) 有的时候,酒店中厅杂役员忘记告诉客人有关饭店所提供的各项服务,如宾客干湿洗衣服时间和价目表、餐厅的营业时间及提供的菜点佳肴、康乐中心设施及娱乐项目所在地点、客房送餐服务等,客人没有及时得到所需的信息,从而造成客人的不便,并招致客人不满。

(9) 中厅杂役员协助客人提拿行李、护送客人来到他的房间,但忘记告诉客人如何使用室内的一些设施项目,如室内中央空调旋钮调到什么位置为正常室温、彩色电视与多功能控制音响台的使用方式、程控直拨电话内部使用说明等,从而也引起客人的不满,导致客人投诉。

(10) 中厅杂役员或行李员,将客人的行李送到其他客人的房间,造成客人的久等而投诉。

(11) 客人提前预订的交通没有及时到来,引起客人的投诉。

(12) 为客人提供的客房不合格,设施设备有故障,给客人造成了一定程度的伤害,或给客人的生活工作造成了不便引起投诉。

(13) 由于怠慢下榻客人提出的房内维修项目要求,从而引起客人投诉。

(14) 工程部弱电工程人员没有按照会议的要求及时安装好会议通讯系统,如主席台所用话筒、同程翻译接收耳机、中央空调系统以及与会议相关的一些设施设备等,从而引起会议组织者的抱怨和投诉。

(15) 由于工作疏忽,列明需要维修的客房房间号码搞错,所以未能及时提供客房维修,因此也会造成客人的投诉。

(16) 客房中央空调失灵,造成客人身体不适,因此引起客人投诉。

(17) 餐厅服务员将客人所点菜单与客人所在餐桌席号搞错,最终出现上桌菜点与客人事先所点菜点不符,引起客人极大不悦。

(18) 宴会部主任在客人订餐时没有问明是否要在正餐前安排鸡尾酒或其他有关活动,以致客人感到十分扫兴,从而引起投诉。

(19) 宾客订餐或宴会预订没有被存档记录,更没有按时提供客人的订餐需求,造成客人极大不满。

(20) 客人发现在自己所点的菜点佳肴中有脏物,或提供的酒杯、饮料杯、餐具等不洁净,从而投诉。

(21) 当客人只是被告知所点菜点由于某些原材料暂缺,一时不能提供,但客人没有得到再次照顾,也没有被问明或被建议再改其他什么菜点,服务员只顾忙其他事去了,引起客人投诉。

(22) 餐厅服务员没有按客人所点的菜点项目上菜,漏上部分菜点,最后客人拒付费用以表示不满。

(23) 餐厅服务员或清桌员没有认真清洁餐桌或地面,引起前来用餐的客人的不满。

(24) 餐厅服务效率低,如厨房出菜太慢或餐厅服务员太少上菜太慢,造成客人不能及时用餐而引起客人投诉。

(25) 送餐服务怠慢,不能达到饭店所承诺的效率标准,引起客人投诉。

(26) 厨房备菜员没有及时通报当班主厨或厨师长有关食品原材料的变化和短缺情况,从而造成客人已点的有些菜点不能提供,使客人就餐情绪低落,招致投诉。

(27) 在客人的就餐视线范围之内,服务员清桌时动作幅度太大,影响到了客人用餐情绪,导致客人不满。

(28) 客人持有客房确认预订单,但来到酒店时却没有可提供的房间下榻,这是因为前台接待员自认为客人可能不会到来,因此将该房间另外租给其他客人。客人会产生极大抱怨。

(29) 客人持有客房确认预订单,但是在客人步入前厅办理迁入登记时,接待人员却找不到客人预订记录单,这样也毫无疑问会引起客人的投诉。

(30) 当客人抵达酒店时,前台不能为其提供事先所预订的那种类型的房间,引起客人抱怨。

(31) 前厅部接待人员不够热情和礼貌,接待服务中有不尊重客人的举止和言行,引起客人投诉。

(32) 由于没有足够和完善的预订系统,从而导致超额预订,使正式预订的客人没有客房,结果造成客人紧张不安而投诉。

(33) 有时护送客人前往下榻房间的中厅杂役员或客人本人所拿的房间钥匙与客人下榻的房间号码不符,中厅杂役员或客人本人不得不回到前厅换取钥匙,给客人带来麻烦,引起投诉。

(34) 由于等候迁入登记下榻或者结账迁出的客人较多,客人等候时间过长,让客人感到受到怠慢而不满。

(35) 前厅服务员没有及时转交客人的信件或留言,从而引起客人的投诉。

(36) 由于客人的个人情况、身份等均不合法,因此遭到婉拒下榻,引起客人的不满。

(37) 由于前台房态出错,造成住客房又安排另一位客人入住,使两位客人都产生不满甚至愤怒。

(38) 饭店员工随意冷遇客人,对客人提出的问讯不答复或答复不准确,引起客人投诉。

(39) 由于电话总机没有准时叫醒客人而影响了客人的活动,使得客人不满和投诉。

(40) 客人交洗的衣物未能按时送回,从而影响了客人的生活和工作,引起客人的投诉。

(41) 由于客房卫生间用品提供不符合标准,使客人感到生活不便产生投诉。

(42) 住店客人房间没有及时整理,使客人感到下榻环境脏乱,引起客人投诉。

(43) 酒店员工没有按要求办好客人的委托代办事项,又没有及时向客人通报,从而耽误了客人生活和工作安排,引起客人的投诉。

(44) 由于没有对访客进行有效的管理,使入住客人受到了打扰,给下榻客人造成了安全上的担忧,或是楼层太嘈杂影响了客人的休息,产生了客人的投诉。

三、处理投诉的原则

受理及处理客人对酒店的投诉时,酒店应持欢迎和重视的态度,将其作为改进对客服务的一次有利机会。因此,在处理客人投诉的时候,应遵循以下原则。

1. 真心诚意帮助客人

接受投诉的工作人员要理解投诉客人当时的心情，同情其所处环境，并满怀诚意地帮助客人解决问题，满足其合理要求。

2. 绝不与客人争辩

当客人怒气冲冲、情绪激动地前来投诉时，酒店接受投诉的人员更应注意礼貌，耐心听取客人的意见，然后对其表示歉意等，绝不可争强好胜，与客人发生争执。

3. 维护酒店应有的利益

受理投诉时，要认真听取客人意见并表示同情，同时注意不要损害酒店的利益，不可随意推卸责任，或者当客人面贬低酒店其他部门或其他服务人员。应当清楚：除非客人物品因饭店的管理不善而遗失或损坏外，否则，退款或减少收费等措施不是处理投诉的最佳方法。对于绝大多数的投诉，酒店应通过面对面的额外服务，给客人更多体贴、关心、照顾，并尽快解决问题或提出解决问题的方案。

四、处理投诉的方法

各个酒店有关投诉处理的规定各有不同，但综合起来可归纳为如下四个方面。

1. 做好接待投诉的心理准备

首先，不要惧怕客人投诉。酒店接待大量来自不同国度、不同地区、不同文化背景、不同生活习惯的客人，他们的要求是千差万别的，要让所有客人都绝对满意是不可能的，因此酒店遭受客人的投诉就不可避免。只要酒店认真对待每一位客人的每一次投诉，把它当作酒店改进服务与管理、改善宾客关系的机会，就一定能很好地处理投诉，把"坏事"变为"好事"。

其次，要树立"客人总是对的"的信念。一般来说，客人来投诉，说明我们的服务和管理存在问题，而且，不到万不得已或忍无可忍，客人是不愿来投诉的，因此，要替客人着想，树立"客人总是对的"的信念，换一个角度想一想：如果你是这位客人，在酒店遇到这种情况，你是什么感觉？更何况，在酒店业，乃至整个服务业，我们提倡在很多情况下，"即使客人错了，也要把'对'让给客人"。只有这样，才能减少与客人的对抗。

再次，要掌握投诉客人的心理。我们要相信，大部分客人来投诉不一定是要得到经济上的好处，而是要把自己的不满发泄出来，得到相关人员的尊重和重视。因此，在接待投诉客人时要正确理解客人、尊重客人，给客人发泄的机会，不要与客人进行无谓的争辩。

2. 保持冷静，认真倾听，做好记录

客人投诉的问题只有在理智的状态下才能得到妥善的解决。因此，在接待投诉客人时，一定要保持冷静，不管客人投诉时情绪有多么激动，使用多么激烈的言词，接受投诉的工作人员都应保持冷静，克制住自己的情绪；若有可能，应尽量让客人坐下来慢慢谈；同时用目光与客人交流，认真倾听客人的述说，并及时表示歉意，绝不可随意打断客人而进行解释，要表现出足够的耐心，决不能随客人情绪的波动而波动，不得失态，即使遇到一些故意挑剔、无理取闹者，也不应与之大声争辩，或仗"理"欺人，而要以柔克刚，使事态不致扩大或影响他人，若需要解释也应在客人已经说完相对冷静后，并且讲话时要注意语音、语调、语气及音量的大小；边听边记录要点，有助于了解客人投诉的内容，也让客人感觉到酒店对其投诉的重视，并为后面处理该投诉提供充分的依据。

接待投诉时，要慎用"微笑"，否则会使客人产生"出了问题，你还'幸灾乐祸'！"的错觉。

3. 表示同情和理解

听完客人投诉后，用恰当的语言给客人以安慰，对其遭遇表示道歉（即使客人反映的不完全是事实，或饭店并没有过错，但至少客人感觉不舒服、不愉快）；同时，对客人的不幸遭遇表示同情和理解，并使用姓名称呼客人，让客人感觉受到了尊重，同时也会使客人感到你和他站在一起，而不是站在他的对立面与他讲话，从而可以减少他的对抗情绪。可以把客人带离嘈杂的公共场所，请客人先坐下来喝杯茶，再商量解决问题的方法。

4. 不转移目标

对于客人的投诉，酒店工作人员应从整体利益角度出发，将注意力集中在客人投诉的问题上，不能为了保全自己或本部门不受投诉而盲目随声附和、转移目标，更不能找借口责备他人等。

案例 5-2

一日，某饭店总经理与其朋友正在饭店大堂吧谈话，服务员上前问客人需要喝点什么，总经理和他的朋友分别要了一杯茶和一杯咖啡。

过了一会儿，服务员发现客人面前杯子里的饮料所剩不多了，便手持咖啡壶为两位客人的杯子添满咖啡。几分钟后，总经理拿起杯子一喝，才发现自己的茶杯里添的是咖啡，便把服务员叫来，问道："我喝的是茶，怎么添的是咖啡？"服务员见状，急忙申辩："……这不是我倒的，可能是×××倒的，我去问问她。"说完，转身就要走。

"先别走!"总经理叫住了服务员,"给我先把这杯咖啡换了行不行?"总经理接着说:"请你记住,客人投诉时,他所关心的是尽快解决问题,他只知道这是饭店的问题,而不关心这是谁的或哪个部门的问题,所以,接待投诉客人,首要是先解决客人所反映的问题,而不是追究责任,更不能当着客人面推卸责任!"

总经理给这位服务员上了一堂生动的案例教学课。

客人投诉最终是为了解决问题,因此,对于客人的投诉应该立即着手处理,切不可在客人面前推卸责任。在解决客人投诉中所反映的问题时,往往有多种方案,为了表示对客人的尊重,应征求客人的意见,请客人选择。

5. 尽快处理投诉,将要采取的措施和解决问题所需的时间告诉客人

争取尽快解决客人投诉,以免耽误时间引起客人更大的不满。若有可能,可让客人选择解决问题的方案和补救措施,以示尊重。同时,也应充分估计出解决问题所需时间,并告知客人。切勿只一味地向客人致歉,而对客人投诉的具体内容却置之不理,或流露出因权力所限而无能为力的态度或表现出急躁情绪。对事态严重的问题要马上决定是否请示上级领导及相关负责人,并按酒店所确认的投诉受理范围、权限上报。

6. 立即行动,解决问题

着手调查事实真相,沟通协调部际关系,并将解决问题的进展情况告诉客人。所有部门及人员都应以问题为中心,而不应以自我为中心,对有过错的部门及相关人员的处理不应在此时进行,现时要解决的是客人的问题。

7. 检查落实,对投诉的处理结果予以关注

接待投诉的人员不一定是实际解决问题的人员,因此客人的投诉是否最终得到了解决,仍然是个问号。事实上,很多客人的投诉并未得到妥善解决。与客人保持联系,并检查和落实客人的投诉是否已得到圆满解决显得非常重要。

与此同时,应再次感谢客人把问题反映给酒店,使酒店能够发现问题,并有机会改正错误。

8. 归类存档,统计分析

将该投诉的处理过程整理成材料,并进行归类存档。同时将其记入客人的客史档案,以备使用。

作为酒店管理人员,还应对该次宾客投诉处理进行分析,分析一下投诉的产生是偶然的还是必然的?投诉的处理是否得当?有没有其他更好的处理方法?只有这样才能不断改进服务质量,提高管理水平,并真正掌握处理宾客投诉的方法和艺术。

酒店质检部应定期对客人的投诉进行统计分析,从中发现客人投诉的规律,采取相应的措施或制定有关制度,以便从根本上解决问题。

表 5-1 客人投诉情况统计分析表

		一月	二月	……	十二月	小计	宾　客　分　类				合计	情况分析
表扬	饭店印象						散客		内宾			
	前厅服务											
	客房服务											
	餐厅服务						团体					
	康乐服务											
	商品部											
	商务中心						长住		外宾			
	食品											
	遗失物品寻回											
投诉	商品部服务						散客		内宾			
	商务中心											
	康乐服务											
	前厅服务											
	餐厅卫生											
	餐厅服务						团体					
	客房卫生											
	客房服务											
	客房用品											
	客房设备											
	电视											
	空调											
	洗衣						长住		外宾			
	供水											
	电梯											
	维修服务											
	遗失物品											
	……											
建议												

第三节　客史档案管理

小陈来到酒店实习已经快一个月了,她这个英语专业的本科生刚开始只是为了暂时找到一个实习场所才来到这里,本想坚持一个月就离开,可现在她被这个工作团队所感动,认为这是一个创造奇迹的地方,决定留下来不走了。这个工作团队"神通广大",他们常给人带来意外惊喜,他们不仅可以准确地称呼回头客人的姓名,记得他们的生日,而且还知道他们的一些生活习惯、兴趣爱好等,客人还没到来就已经为其准备好了最舒适惬意的生活了。他们的优质服务赢得了大批客人的心,使得大量客人尤其是一些中、高层次消费者成为这家酒店的常客。

小陈觉得这很神奇,决定认真学习其中的奥秘。

其实,这就是酒店客史档案的神奇作用。

一、客史档案建立的意义

客史档案是酒店对住店客人的基本情况、住店时的消费行为、信用状况和特殊要求所作的历史记录。前厅部一般都要为住店一次以上的客人建立客史档案。

客史档案是酒店用来促进销售的重要工具,也是酒店改善经营管理和提高服务质量的必要资料。

1. 客史档案的建立,有利于为住客提供个性化的服务,提高服务效率和质量

通过查阅客史档案,知道谁是酒店的客人,他们喜欢什么,不喜欢什么,以便于针对客人的需要提供他们所需要的服务,以提高客人满意度。

2. 客史档案的建立,有利于酒店开展促销活动,争取更多的回头客

客史档案记录了客人的通讯地址、出生年月等基本情况。通过阅读客史档案,酒店可以在客人生日时向客人邮寄生日贺卡,可以给住过酒店的客人寄发酒店的宣传资料,在中外重大节庆日给客人寄贺卡,在酒店重要的纪念活动日给贵宾寄发邀请函,给住店若干次的客人寄发感谢信等。这些做法都是为了酒店促销,争取更多回头客。

3. 客史档案的建立,有利于酒店提高经营决策的科学性

通过整理客史档案,可以很直观地了解客人需求的变化趋势,在市场竞争中更容易抓住目标市场,抢占先机;同时,通过了解客史档案中有关投诉的内容,有助于酒店管理层掌握现阶段酒店服务与管理中存在的问题,通过改进工作质量,提高酒店管理水平。

二、客史档案的内容

1. 常规档案

常规档案主要包括客人姓名、性别、年龄、出生日期、通信地址、电话号码、公司名称、职务头衔等。这些常规资料，有助于了解目标市场客人的基本情况，真正明确"谁是我们的客人"。

2. 预订档案

预订档案主要包括预订方式、预订日期、预订的种类、预订单位及联系人等。这些预订资料，有助于酒店选择销售渠道，促进销售工作的开展。

3. 消费档案

消费档案主要包括客人所租用的客房、支付的房价、餐费及其他项目的消费；客人的付款方式、信用程度、账号；客人喜欢何种房间和酒店的哪些设施，从而了解客人的消费水平、支付能力和消费倾向等。

4. 爱好与习俗档案

这是客史档案中最为重要的内容，包括客人旅行的目的、爱好、生活习惯、宗教信仰和禁忌、住店期间的特殊要求，有助于为客人提供针对性的服务、超常服务。

5. 反馈意见档案

反馈意见档案主要包括客人住店期间的意见、建议、表扬、投诉和处理结果等。这有助于酒店跟客人的沟通，进一步改进服务，提高决策水平和管理水平。

三、客史档案的建立与管理

（一）客史档案的资料来源

客史档案的建立，一般由前厅部负责，而信息资料的收集则依赖整个酒店的各个服务部门。

客史档案的资料主要来源于预订单和预订确认书、宾客入住登记表、账单、宾客意见簿、各部门的工作日志、大堂副理的拜访报告、投诉及处理结果记录、平时的观察和信息收集等。

（二）客史档案的整理

1. 分类整理

为方便管理和有效使用客史档案，应对客史档案进行分类整理。如按国别和地区划分，可分为国外客人、内地客人、港澳台客人；按信誉程度划分，可分为信誉良好客人、信誉较好客人、黑名单客人等。

2. 定期清理

酒店各部门在每月底需完成对本部门的宾客历史档案的清理与核查工作，检查资料的准确性,及时、准确地完成信息资料的更新、整理、存档和删除工作。

(三) 客史档案的建立

在酒店信息系统中设定客史档案栏目。

(1) 按要求或在宾客离店后,由前厅接待员把入住登记表、酒店管理系统中有关该客人的全部信息资料输入宾客档案中。

(2) 在酒店历史账户中的宾客姓名末端注明新的客史编号,表明该客人在酒店存在有客史档案。

(3) 酒店各营业点在历史账户中可根据客人姓名或客史档案编号,进入该客人的客史档案,进行查询或更改有关内容。

(4) 酒店各管理系统使用部门,在电脑中查询宾客的账户时,一旦看到客人姓名末端注有客史档案编号,就应留意该客人在本酒店的客史档案,及时跟进相关服务。

(四) 客史档案的使用及删除

客史档案信息是否有效使用,关系到各部门的服务质量,各业务部门应在当天打印出次日抵店客人报告,对那些有客史档案记录的客人及时跟进相关服务。

酒店应当经常整理客史档案库的信息资料,及时清理和删除已失去价值的信息。主要工作有以下五个方面。

(1) 由申请部门填写需要删除客史档案的《客史档案删除记录》,并注明有关内容,报所在部门经理审批。

(2) 将《客史档案删除记录》和该客人的全部客史档案资料交前厅部经理查阅。

(3) 经前厅部经理批准后,预订处在该客人的《客史档案卡》上加盖"删除"印章,同时将审批过的《客史档案删除记录》附在档案卡的下面。

(4) 预订处将该客人的客史档案及其编号从酒店管理系统内清除。

(5) 记录该客史档案删除的原因及有关内容。

表 5-2　酒店客史档案卡

姓名	性别	国籍
出生日期及地点		身份证号
护照签发日期与地点		护照号
职业		职务
工作单位		
单位地址		电话
家庭地址		电话
其他		

(续表)

住店序号	住宿期间	房号	房租	消费累计	习俗、爱好、特殊要求	表扬、投诉及处理	预订信息	信用卡及账号	备注

技能训练

（一）制作客史档案卡，并根据客房预订服务和前台接待入住登记的模拟训练内容，整理使用客史档案。

（二）模拟以下情景，将问题妥善处理。

前台某主管去见一位因饭店叫醒工作失误而误飞机的客人。

主管："您好先生，请告诉我发生了什么事？"

客人："什么事你自然知道，我耽误了飞机，你们要赔偿我的损失。"

主管："您不要着急，请坐下来慢慢说。"

客人："你别站着说话不腰痛，换上你试试。"

主管："如果这件事发生在我身上，我肯定会冷静的，我希望您也冷静。"

客人："我没你修养好，你也不用教训我。我们没什么好说的，去叫你们经理来。"

主管："您可以叫经理来，但您应对我有起码的尊重，我是来解决问题的，可不是来受气的。"

客人："你不受气，难道让我这花钱的客人受气？"

主管：……

如果你作为经理再次与客人交谈解决问题，应如何处理？

思考与练习

1. 哪些因素决定酒店宾客关系？
2. 作为一名普通基层员工，如何与宾客进行良好沟通？
3. 说说正确处理客人投诉的程序。
4. 如何做好客史档案的管理？

5. 请分析案例,并说明如何改进工作。

客人:"小姐,你们的电梯怎么这么差劲,我足足等了10分钟,多耽误事!"

值班服务员:"对不起,先生,我们的电梯是进口的。"

客人:"怎么?进口的又怎么样?你们误了我的事还有理了?叫你们经理来!"

案例(一) 客人大喊大叫

某日下午17:30,C城某著名涉外星级宾馆前台经理接到服务员电话,接待处有一位客人与接待员吵了起来。前台经理迅速赶到前台接待处,及时处理问题。

原来,下午17:20的时候,这位客人到该饭店登记住宿,接待员此时正在为先到的一位外宾办理登记手续,耐心回答问题。服务员很有礼貌地请后到的内宾稍等一下。这位内宾等了半天,禁不住焦急地冲接待员大喊大叫起来。

评析:

此类案例在饭店前台时有发生,尤其是在下午15:30~18:00的入住高峰期,客人较多,接待员较忙碌,有的客人等候时间就相对长一些。接待员如遇到客人大喊大叫,无论什么情况都不要与客人争辩。

1. 前厅经理或大堂副理应将客人带至后台位置。
2. 无论客人正确与否,都应向客人表示歉意。
3. 主动询问客人需要入住饭店的哪类房间,并立即为其办理登记手续。
4. 由经理或大堂副理陪同至楼层。

案例(二) 把对让给客人

一位韩国客人拿着磁卡钥匙怒气冲冲地找到大堂副理质问:"我刚刚入住,磁卡钥匙在前台做了两遍,可还是打不开门,你们的设备怎么这么差劲。"大堂副理与客人一同来到楼层,看到客人只把磁卡插入门锁中,而没有拔出来转动门把。

按说这完全属于客人操作不当,但这位大堂经理当时并没有简单地给客人解释,而是迅速做了一把新钥匙,当着客人的面演示了开门过程。大堂经理的举手之劳,即把尊严和面子留给了客人,又很好地解决了问题。

评析:

在处理投诉时,如果是因为客人的失误而引起的误解,不能简单地埋怨客人"较真儿"或"老土"。在这个案例中,如果大堂副理当时就指出客人的失误,让客人感觉自己的无知而下不了台,那么我们可以预见这位客人下次一定不会再来该饭店了,饭店就永远失去了一位客人。同时我们还应该看到,我们的服务和见识还不到位,在这件事中,饭店是否也应该想想,饭店房间门锁的开门操作指示是否也有需要改进的方面。

酒店前厅与客房管理（第二版）

客房篇

第六章 客房管理概述

学习目标

1. 了解客房部的工作任务及其工作意义。
2. 了解客房部的组织机构及主要岗位的职责。
3. 掌握客房产品的特点。
4. 认识客房部与其他部门之间的协调关系。

第一节 客房部概述

某职业学院旅游管理专业的学生芳芳是一个文静内向的女孩,现在她已经完成了在校的学业,正在参加学院组织的一家酒店的实习面试。同学们怀着激动而又有些忐忑的心情热切地议论着,有的说要去前台,有的说要去餐饮部,有的说自己的英语好可以做总机接线员,有的说客房部也不错……芳芳想去商务中心做文员,那样会轻松些。

面试的结果出来了,芳芳被分配在客房部实习。她不想去客房部,于是找到老师和酒店面试人员,说:"客房部是搞卫生的,谁都可以做,我是大学生,应该承担些更有价值的工作。"

看来芳芳没有真正了解客房部的工作意义和工作职责。

现代酒店的发展趋势是多功能化,但酒店最基本的功能仍然是供人们住宿休闲,客房依旧是酒店最为基础的设施,客房收入一般要占酒店收入的 40%～60%,在欧美国家这一比例还要高些,且人们对一家酒店的评价依然以该酒店的清洁卫生、安全方便放在第一位。因而,客房部的工作对酒店的经营管理至关重要,客房部也就理所当然地成为酒店最基本的职能部门。

一、客房部的职能

1. 组织好客房产品的生产

合理安排班次,做好清洁卫生工作,保持房间干净、整洁、舒适;维护保养好客房设备,确保客房设施设备时刻处于良好的运行状态。

2. 为住店客人提供一系列热情、周到的服务,保证客人下榻期间的方便和愉快

客人来到异国他乡,酒店就是他暂时的家,他不仅要求他的住房清洁整齐,还要求一切都跟在家一样的方便和舒适,温馨和愉快。为此,客房部必须为其提供一系列的服务,这些服务包括常规服务和超常服务,如迎送服务、洗衣服务、房内小酒吧服务、租借物品服务、遗留物品服务、托婴服务、遗失物品服务、擦鞋服务、客房送餐服务、访客服务等,客人生病后还需要酒店员工对其特殊关照。这些服务不仅体现出酒店对客人需要的重视与满足,也是整个酒店业的规范要求。

3. 保障酒店及客人生命财产的安全

虽然酒店有安全部,但客人的主要活动空间集中在客房楼层,而且酒店安全问题也主要集中在客房区域,因此,客房部自然有责任做好或协助安全部做好酒店安全保障工作,保障酒店及客人的生命财产安全。

4. 负责酒店所有布草及员工制服的洗涤和保管工作

大部分的酒店都设有洗衣房和布草房,配备专业设备和专业人员对酒店所有布草及员工制服进行洗涤和保管,保证客房的正常运转和全体员工的日常工作需要。

5. 做好客房物资和设备的管理,降低经营成本,提高效率

现代酒店业的竞争到了白热化的程度,酒店业的利润已经压缩得非常低了,对客房部人、财、物的控制与管理,降低经营成本,就成为酒店非常重要的工作。由于客房部是酒店中人员最多的部门之一,对其人员费用及物资消耗的控制成功与否,直接决定着酒店能否盈利。因此,客房部的管理职责也从单一的清洁和服务的管理,扩展到定岗定编、参与招聘与培训、制定工作程序、选择设备和用品及对费用进行控制等。

6. 与其他部门密切配合,保证酒店整体工作效益

客房部的工作不是独立的,它必须与其他部门通力合作才能更好地实现其职能,保证酒店整体工作效率的提高。它为其他部门提供工作场所的清洁与保养,布件的洗涤和保管,制服的制作、洗涤与更新,以及花木、场景的布置等服务,因而它与前厅部、餐饮部、工程部、采购部、保安部等部门间都存在密切合作的关系。

二、客房部的组织机构设置及岗位职责

(一) 客房部组织机构设置

酒店规模和性质的不同,管理模式的多样化,导致不同酒店的客房部组织机构的设置也存在差异。

1. 大型酒店客房部组织机构设置

图6-1是某大型酒店客房部组织机构设置,体现了大型酒店客房部的工作特性,机构较庞大、完整严密。中型酒店可参照大型酒店的做法设置组织机构。

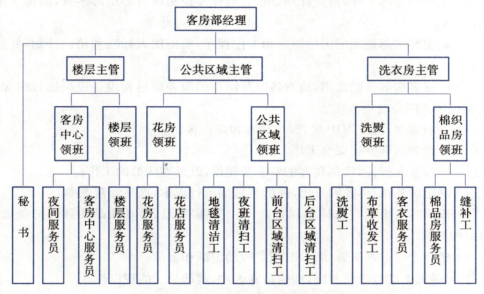

图6-1 大型酒店客房部组织机构

2. 小型酒店客房部组织机构设置

图6-2是某小型酒店组织机构设置,该酒店没有洗衣房和客房服务中心,酒店的布草洗涤和客衣由社会专业洗涤公司承接。客房服务中心的对客服务电话的接听职能,由总台服务员和总机服务员承担,中心的其他服务职能由客房部经理根据具体情况安排其他员工承担。

(二) 客房部主要岗位职责

1. 客房部经理

直接上级:总经理或房务总监。

直接下级:客房部副经理、秘书、客房服务中心的主管、楼层主管、公共区域主管、布草房主管、洗衣房主管。

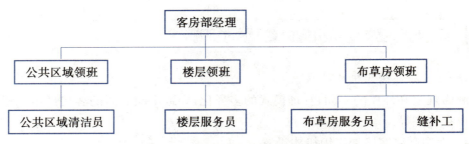

图6-2 小型酒店客房部组织机构

岗位职责与主要工作内容:

(1) 主持客房部工作,负责计划、组织、指挥及控制所有客房部事务,确保客房部的正常运转。

(2) 制定客房部员工的岗位职责和工作程序,确定用人标准和培训计划,并监督执行。

(3) 巡视客房部管辖范围,检查各服务岗位的服务质量和设备设施运行情况,及时发现问题并研究改进方法。

(4) 抽查客房,检查VIP房,探访病客和常住客。

(5) 检查客房部各项安全工作。

(6) 处理客人投诉,收集宾客的要求及建议,改进客房部的工作。

(7) 制定房务预算,控制支出,降低客房部运行成本,提高经营效率。

(8) 提出客房更新改造计划和方案,确定客房物品、劳动用品用具的配备选购,提出采购方案。

(9) 建立合理的客房劳动组织,制定劳动定额和定员。

(10) 对员工进行考核奖励,选拔培养人才,调动员工的积极性。

(11) 与有关部门沟通协作,保证客房部工作顺利进行和各项计划指标的完成。

2. 楼层主管

直接上级:客房部经理。

直接下级:楼层领班。

岗位职责和主要工作内容:

(1) 接受客房部经理指挥,主持所分管楼层的房务工作。

(2) 协助客房部经理制订下属的培训计划,并负责实施。

(3) 巡视检查并督导下属的工作,负责下属的排班与考评。

(4) 抽查房间的清洁保养质量,检查贵宾房,落实贵宾楼层接待工作。

(5) 主持楼层内部晨会,根据客情变化及时做好人员、物资等方面的调配。

(6) 处理客人投诉及其他楼层突发事件。

(7) 负责楼层物资的管理与控制。

3. 楼层领班

直接上级：楼层主管。

直接下级：楼层服务员。

岗位职责和主要工作内容：

（1）检查下属的仪表、仪容及行为规范，督导楼层服务员按工作程序提供各项客房服务。

（2）检查客房及楼层公共区域的清扫质量，检查客房的卫生工作，安排管辖区域的计划卫生。

（3）掌握楼层的住客状况，核准房态后通报房务中心。

（4）督导下属管理好楼层物资，负责楼层物品存储消耗的统计与管理，维持适当的存货，避免短缺和丢失，提出各种用品需要量的申领。

（5）及时收取客房小酒吧的消费账单，送交前台收银处。

（6）查看客房维修保养事宜，发现有需要维修或大清洁的房间和特殊情况的房间及时报告上级。

（7）维护楼层安全，做好消防工作。

（8）负责下属的培训，并参与考核下属的工作。

4. 客房服务员

直接上级：楼层领班。

直接下级：无。

岗位职责和主要工作内容：

（1）清洁整理客房，补充客用消耗品。

（2）填写工作报表，登记房态，观察客房状况，发现异常情况及时报告领班。

（3）按规范为住客提供日常服务，为特殊住客提供超常服务。

（4）登记客房小酒吧的消耗情况并按规定补充。

（5）熟悉住客姓名、相貌特征，留心观察并报告特殊情况，做好客房楼层的安全工作。

（6）检查及报告客房设备、物品遗失及损坏情况，并按规定做出妥当处理。

（7）当有关部门员工须进客房工作时，为其开门。

5. 公共区域主管

直接上级：客房部经理。

直接下级：公共区域领班。

岗位职责和主要工作内容：

（1）制订公共区域清洁保养计划和花卉等植物的养护方案，控制成本支出。

（2）巡视检查和督导下属按制度、标准和程序工作。

（3）负责下属的培训及考核工作。

（4）负责清洁用品及鲜花的申领，确保物资的正常供应。

第六章　客房管理概述

(5) 负责所管辖范围的清洁剂、清洁器具等物资的管理与控制工作。
(6) 负责公共区域的虫害防治工作。
(7) 负责按酒店规定的标准安排鲜花、绿色植物的装饰布置工作。

第二节　客房产品概述

客房部所管理的最基础也是最重要的资源就是客房，只有对客房产品进行充分研究，掌握其种类的变化、功能的开发、设备物资的合理配备规律，以及客房国际化变革与发展趋势等方面特征，才能真正管理利用好这一资源。

一、客房的种类

酒店客房的种类是不断变化的，在此介绍三种基本类型。

（一）单间客房

只有一个房间组成的客房为单间客房。按照房内所配备床的类型和数量，又可以分为单人间和双人间。

1. 单人间

单人间是指房内只放一张床的单人用房间，配有卫生间，适合于单身客人使用。传统上单人间配备的是单人床，但随着商务旅行客人的增多，人们对舒适的追求，现在更多的是配备双人床。

2. 双人间

双人间是指供两人使用的房间。这类客房又可分为大床房和标准房。

（1）大床房：在房内配备一张双人床或特大双人床，可供一位客人使用，也可供夫妻同住。在商务型酒店，这种客房设置较多，很受商务客人喜爱。

（2）标准房：房内配备两张单人床，供两位客人使用。在旅游度假型酒店和会议型酒店，这种客房数量较多，是比较经济的房型。现在许多酒店对此种客房做了一些改进，把两张单人床变化为一张单人床和一张双人床，或两张双人床，这样改进的目的是增加客房舒适性。

（二）套间客房

由两个或两个以上房间、卫生间和其他设施组成的客房为套间客房，也就是人们通常称为的"套房"。这是比较高级的客房，其所占面积较大，设施设备较完善高档，房价相对较高,适合于消费能力较强的客人使用,在酒店客房总量中占比一般不超过20%。这类客房按房间数量构成、设施设备档次以及结构设计等不同又可分为以下五种。

(1) 普通套房:由两间单间客房组合在一起构成一套,一间为起居室(会客室),另一间为卧室。卧室里配有一张大床,或两张单人床,或两张双人床。卧室内带有设淋浴房或浴缸的卫生间,供住客使用,而起居室带有不设淋浴房或浴缸的洗手间,供访客使用。这类客房将会客区域与卧室区域分开,比较适合有朋友来访或几个朋友一起出游的客人租用。

(2) 连通套房:在相邻的两间单间客房中间用双重隔门连接起来,形成一套,打开中间隔门可连为一个套房,将中间隔门锁上则又可以成为两个单间客房使用,比较适合家庭出游或亲朋好友出游的客人使用。这类套房的价格与普通套房相当。

(3) 豪华套房:由两间以上的房间组成,可以是双套间、三套间和多套间,组成的房间数量越多,档次越高,房价越贵。这类客房不仅房间数量多,且室内装饰华丽高雅,家具用品高档舒适,室内设施设备齐全,除卧室外,还有客厅、会议室、餐厅、厨房等。卧室内配备大号双人床或特大号双人床,豪华组合沙发,卫生间用品齐全高档。

根据内部布置和装饰的不同,豪华套房可分为中式、日式、泰式、欧式、美式、俄式等不同风格的豪华套房。

(4) 总统套房:通常由五间以上客房组成,男主人和女主人卧室分开使用,各自带有卫生间,其他房间可以设为客厅、书房、会议室、随从室、警卫室、餐厅、厨房、健身房等。卧室内配备超大双人床(也被称为帝王床和皇后床)、豪华组合沙发,供应全新的棉织品,高档的一次性用品和房间备品,房内用品和礼品不仅印制有酒店的店名店徽,还印制有客人的名字,客人可以将使用过的棉织品带走留作纪念。

房间的家具陈设和设施设备也极豪华,甚至可以说奢侈,如红木家具、世界一流的家用电器、高级艺术品甚至古董作装饰、高级健身器材、可直通套房的专设的电梯等。

为客人提供服务的员工也精心挑选,综合素质方面是最好的。有的酒店对入住总统套房的贵宾还由经理亲自服务,或配备贴身管家服务。

总统套房也有不同风格,如中式、日式、泰式、欧式、俄式等,其内部装饰和服务将体现出这些不同风格。

总统套房是酒店最高档次的一种客房类型,价格高,入住率一般都较低,一般三星级以上的酒店要设置该类套房。它是一种档次的象征,标明该酒店具备接待总统的条件,并非总统才能入住,只要付得起房租都可以入住该类客房。

(5) 立体套房:由楼上、楼下两层组成,楼上为卧室,面积较小,设有两张单人床或一张双人床。楼下设有卫生间和会客室,室内有活动沙发,同时可以拉开当床。

(三) 特色客房

特色客房是指酒店根据客人的需要和本酒店的情况而特别设计和布置的、有别于常见客房的独特房类。随着人们需求的个性化不断加强，随着科技手段在酒店客房设计中越来越多的应用及酒店业竞争日益增强，特色客房不断翻新花样，种类越来越多。下面介绍五种比较多见的特色客房。

（1）商务客房和商务套房：专为商务客人设计的一类客房，价格比同面积其他客房稍高些。充分考虑商务客人业务上的需要，在大床间或普通套房的基础上，在客房内增设办公设备和用具用品，如配置一张大的写字台，文具用品比一般客房增加，配备传真机、复印机、电脑、上网网线、国际直拨电话等，还提供多种经济类报纸杂志。在城市中心的商务型酒店，这类客房占比不断上升，越来越受到客人的欢迎。

（2）无障碍房：指酒店专为残疾客人设计的客房，该种客房配有残疾客人生活起居用的特殊设备和用品，如房内无障碍、增设过道扶手、盲文服务指南、不易破碎的客用品、家具和卫生洁具下降高度、直通房务中心的报警器等，充分体现对残疾客人的关照和人性化的设计。无障碍房一般安排在较低的楼层，且靠近电梯。

（3）无烟客房：酒店专为非吸烟客人提供的一种客房，房内不配备烟灰缸和火柴，一般房门上有禁烟标志，不接待吸烟客人入住。此类客房非常受到不吸烟客人的欢迎，在国际酒店更常见。

（4）**女士客房**（或女士楼层）：酒店为入住的女士专门设计的一类客房。随着单身女士出行的增多，此类客房的需求越来越大。房内设备和用品充分考虑到女士的需要，如房内陈设温馨浪漫，备有各种妇女杂志，衣柜内有裙架、熨烫设备等，房内镜子较多，卫生间面积比一般客房稍大，备有较齐全的卫生用品、化妆用品。若是女士楼层，一般会有单独的电梯直通，男士不能进入。

（5）蜜月房：专为新婚夫妇准备的度蜜月的客房。房内所有装饰布置都符合传统婚房的要求，如床上用品换上喜庆的花样和颜色，房间布置符合私密的要求，一般还会有对新人祝福的卡片和礼物等。

二、客房的功能设计

客房是客人住店期间的主要活动场所，客房功能设计是否合理科学，直接关系到客人的生活和工作质量，影响到客人的舒适度和对酒店的满意度。因此，在设计客房的功能时一定要充分考虑到客人的活动规律和需要。不同的客房类型其功能设计有差异，但基本功能存在共性，下面以标准客房为例说明功能区域的划分。

1. 睡眠休息区

这是客房内最大的一个空间区域，配备有床和床头柜，靠墙。若为两张单人床，在床之间放置一个床头柜；若是一张双人床，则在床的两侧各放置一个床头柜；若是两张双人床，每一张床都配有一个床头柜。床头柜也称多功能柜，或电控柜，上面安

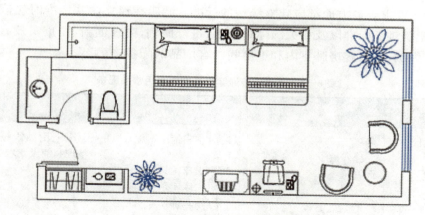

图 6-3　标准客房功能分区示意图

装有电器开关,客人可方便开启电视、电灯、空调等,电话机也一般放置在床头柜上,客用拖鞋放在床头柜的下方。

2. 起居活动区

该区是在靠窗的位置,光线好,还可以欣赏到窗外的景色,是供客人起居活动、休息、会客用的空间。主要配备了一个小圆桌、两张扶手椅、落地灯,桌上放置烟灰缸及火柴、饮水具及茶叶、装饰花瓶等。

3. 书写梳妆区

一般在进门通道延伸处,床的对面。配置有一张写字台(兼做梳妆台)及琴凳、电视机柜,墙上装有一面梳妆镜,写字台上有台灯、服务指南等,电视机柜上除电视机外,还应配有遥控器和电视节目单,写字台的抽屉内一般放有购物袋、针线包等。

4. 储物区

一般安排在卫生间的对面,进出房间的过道旁。这里的家具设施有衣柜、行李柜、小酒吧和小冰箱。衣柜里配有不少于十个衣架、洗衣袋、备用毛毯或棉被、雨伞、鞋篮、小保险柜等,若给客人准备了睡衣,也挂在衣柜内。

5. 卫生间

标准间的卫生间主要设备有浴缸或淋浴房、面盆及云台、恭桶。与淋浴配套的设备用品有淋浴喷头、浴帘、防滑扶手和胶垫、毛巾架、皂盒等。面盆装在大理石台面上,云台的墙壁装有大型的梳妆镜,台面上摆着供客人使用的卫生、清洁和化妆用品。台面下配有面巾纸架,恭桶旁装有卷纸架。在浴缸和恭桶之间的墙上还装有电话机、吹风机,天花板上装有抽风机。

三、客用物品的配置

不同类型及档次的客房所配置的客用品是不一样的,酒店在品种、数量、规格、质量以及摆放要求等各方面都应建立统一的标准。酒店在建立这些标准时应该参考行业标准、竞争对手标准以及相关国际标准等，符合惯例，突破创新，注重实效。下面以普通客房为例，介绍客房卧室内和卫生间内客用品的配备。

表6-1　某酒店普通客房卧室内客用物品配备

放置位置	物品名称	数　　量	摆放要求
床　上	床罩 毛毯或被子 枕芯 枕套 床单 褥垫 床裙	1条(中式铺床不配) 1条 2只(大床4只) 2条(大床4条) 1条(西式铺床2条) 1条 1条	床上用品须按做床的整理和铺设要求布置
床头柜	电话机 便笺 铅笔 "晚安"卡(反面为"请勿在床上吸烟"提示)	1部 1本 1支 1个	
写字台上	台灯 服务夹 烟灰缸 火柴	1盏 1本 1只 1盒	台灯放在左上方,服务夹可用架子立放,火柴放在烟灰缸上;台面要整洁美观
写字台抽屉内	洗衣袋 洗衣单 购物袋 针线包	2只 2份 2只 2只	洗衣单和洗衣袋可放在衣柜内
服务夹内	酒店介绍 服务指南 电话指南 房内用餐菜单 航空信封、普通信封 信纸 明信片 电报纸、传真纸 箱贴 行李牌 宾客意见书 安全须知 圆珠笔	2份 1份 1份 1份 各5只 10张 2张 各2张 2张 2张 2份 1本 1支	各种用品的摆放要整齐有序,要让客人容易找到,通常大的放在下面,小的放在上面;各种用品分类摆放好
电视机	电视节目单 遥控器	1份 1只	做夜床时可将遥控器放在床头柜上

（续表）

放置位置	物品名称	数量	摆放要求
茶几	保温瓶或电热水具 茶托 茶杯 茶叶 烟灰缸 火柴	1个 1只 2只 2袋 1只 1盒	保温瓶、茶杯、茶叶放在茶盘内，火柴放在烟灰缸内，茶盘和台面要整洁
小酒吧（酒柜）	酒杯 开瓶器 调酒棒 酒篮或酒盘 小酒吧立卡 小酒吧账单 酒水、饮料、佐酒食品 杯垫 纸巾	若干 1只 2根 1只 1张 2份 若干品种、规定数量 每杯一垫 若干张	较高的放在里面，较低的放在外面，摆放整齐美观。有些高级酒摆在酒架上
小冰箱	制冰桶 水杯 饮料、食品	1只 2只 若干种、规定数量	放在小冰箱内的酒水饮料和食品一般为需要冰镇的和需要冷藏的
壁橱内	衣架 鞋篮 拖鞋 擦鞋纸 鞋拔 衣刷 备用被子或毛毯 备用枕头 长柄雨伞 小保险箱	10个 1个 2双 2张 1只 1把 2条 2个 1把 1个	各种用品要摆放整齐美观
衣柜旁	垃圾筒	1只	

表6-2 某酒店普通客房卫生间内客用物品配备

放置位置	物品名称	数量	摆放要求
云台上	漱口杯 肥皂碟 小方巾 烟灰缸 牙具 肥皂 浴液	2只 1个 2条 1个 2套 2块(大、小各1块) 2瓶	用品要整齐有序摆放在托盘内。越来越多的酒店把洗发液和浴液用大瓶装固定在淋浴房墙上

(续表)

放置位置	物品名称	数量	摆放要求
云台上	洗发液 浴帽 梳子 指甲刀（锉） 化妆棉签 面巾纸 剃须刀	2瓶 2只 2把 2把 2盒 1盒 1把	
云台下	体重秤 垃圾筒	1台 1只	垃圾筒靠近恭桶
云台旁墙上的毛巾架	洗脸巾	2条	洗脸巾悬挂端正，正面朝外
恭桶旁手纸架	手纸 卫生袋	1卷 2只	
浴缸口沿	脚巾	1条	折叠好摆放整齐
毛巾架	大浴巾 小浴巾	2条 2条	大浴巾折叠好摆放，小浴巾悬挂
浴帘杆	浴帘	1条	
门后	挂衣钩	2只	

四、客房的"绿色"革命

在人们的观念中，酒店，尤其是高星级酒店，是一个奢侈消费的地方，很浪费，不环保。在酒店业的发展过程中，投资者和管理者为了追求市场占有率，在激烈的市场竞争中立于不败之地，曾经无限度地满足消费者的奢华生活的需求，不惜高耗能高耗水，过度清洁，无视环保的要求，从而遭到世界环保人士的强烈批评。

随着21世纪的到来，全球都意识到环保和节能的重要性，人们也通过自己生活方式的改变支持社会经济的变革转型，社会各界大力提倡从我做起，从现在做起，维护地球的清洁与绿色环保。政府部门也通过立法和制度性的约束对酒店的能耗、水耗及环保物资的使用等方面给予更多的控制。在这种形势下，酒店必须做出改变，从此走上一条节能环保、绿色服务之路。

所谓绿色酒店，是指那些为宾客提供的产品和服务符合充分利用资源、保护生态环境和人体无害要求的酒店。绿色客房则要求建筑使用环保建材，提供绿色用品及环保服务。

(一) 客房部的节能节水措施

世界酒店业的能耗指标,一般采用能耗支出占总收入的百分比来衡量。我国酒店业的能耗指标在 13.3% 左右(2004 年数据),国际酒店业的先进水平是 8%,差距非常明显。客房部是整个酒店能耗和水耗最多的部门,进行客房的节能节水运动意义非凡。客房部可采取以下措施。

(1) 在采购灯具时选用节能灯。

(2) 客房走道灯可用音控或间隔控制。

(3) 客房地面和墙体建筑使用保温隔热材料。

(4) 充分利用低谷电,如洗衣房可夜间运行。

(5) 利用建筑楼顶安装太阳能板,使用太阳能热水器。

(6) 利用先进技术对客房进行改造,做到客人离开房间后断水断电。

(7) 中央空调严格执行国际标准,夏季温度控制在不低于 26 度。

(8) 倡导棉织品一客一换洗。

国家经贸委于 2003 年 3 月 1 日正式发布实施"绿色饭店行业标准",提倡减少浪费、实现资源利用的最大化,规定"房间的牙刷、梳子、小香皂、拖鞋等一次性客用品和毛巾、枕套、床单、浴衣等客用棉织品,按顾客意愿更换,减少洗涤次数"。从 2010 年 6 月 13 日开始,如果你入住北京兆龙饭店、西苑饭店等 13 家饭店,那就会得到明确的告知,饭店将不再为您提供这些一次性消耗品;并且,客人在饭店入住满三天,才会得到换洗床单、毛巾的服务。

深圳罗湖区的各星级酒店近年来纷纷依托升级改造的机会将自身打造成节能型酒店。在芙蓉宾馆的客房的床头柜上,你会看到这样的温馨提示:"为了子孙后代,我们共建绿色家园。您如果认为没有必要换洗当日床上用品,宾馆将为您免费洗衣一件。"据宾馆负责人介绍,这项政策一经推出就大受住客欢迎。很多住店的客人原本就觉得没有必要每天换洗,现在又有免费洗衣的优惠措施,住店的客人趋之若鹜。这样一来,酒店不仅节能降耗,减少了环境污染,而客人也得到实惠。

(二) 客房用品的控制措施

北京市旅游局提出的"饭店绿色行动",旗下的所有饭店,都将取消为客人提供一次性生活易耗品。饭店对此的解释是,并非减少服务,而是为了环保,如果客人忘记随身携带的话,也可到服务台免费索取。所以,并不是酒店不提供,而是不再摆放和鼓励客人使用"六小件"。

自 20 世纪 80 年代初,中国有星级饭店开始,一直都为旅客提供牙刷、牙膏、拖鞋、梳子、瓶装沐浴液、瓶装洗头液(总称"六小件")等一次性用品。但是,饭店花费大量人力物力去置办、分发"六小件",而有的根本就没有被使用过,或者用了一下就丢弃了,由此产生大量的废弃物、污染物。据深圳市旅游局的数据,深圳每年宾馆旅店消耗的"一次性用品"大致在 876 万套以上,浪费很大,如肥皂、沐浴液,一个客人只用 1/4,那 3/4 就浪费了。深圳正在研讨"一次性用品"的环保化处理问题。2003 年 7

月 1 日开始实施的《旅游饭店星级划分与评定标准》，也引入了绿色环保理念，规定饭店必须为一次性用品的再次使用设立征询客人意见牌等。

现在，在欧洲、美洲以及亚洲一些国家都已经不再向客人提供"六小件"。尤其在注重环保的欧洲，包括高星级酒店在内绝大部分的酒店都是如此。20 世纪 90 年代初期，韩国、马来西亚的酒店也开始效仿。如今，凡到泰国旅游的游客，都会被提醒自带洗浴用品。从这个角度来看，中国饭店不提供"六小件"乃大势所趋。

在确保不降低酒店服务标准的前提下，对客房用品进行控制，既节约又环保，主要措施包括：

（1）减少一次性用品的供应，如卫生间洗浴用品改小包装为大包装等；

（2）客用品的多次使用，如牙刷、拖鞋等不必每天为同一位客人更换；

（3）物品的回收利用，如回收纸张、饮料瓶、塑料等，报废的布草改为抹布等；

（4）替代用品，如用纸质礼品盒替代塑料礼品袋，使用环保清洁剂等。

第三节　客房部与其他部门的关系

虽然住店客人在客房内的活动时间较长，但其活动空间和需求并不仅限于客房部，而是涉及整个酒店的各个方面。因此，客房部必须与酒店各部门通力合作：一方面需要其他部门配合、帮助和支持，为客人提供全面的优质服务；另一方面又要为其他部门提供一系列合作，为客人在酒店各个环节的活动进行衔接。

一、与前厅部的关系

由于客房部与前厅部的关系非常密切，许多酒店把它们合为一个部门，即客务部，或设一个总监统管两个部门。它们之间最为密切的联系是关于房态核对、宾客入住及退房信息的通报、查房、贵宾的接待等方面。具体的沟通与协调内容，已在第一章第三节阐述，在此不再叙述。

二、与工程部的关系

客房部与工程部的业务关系主要在客房设备设施的使用和维修保养方面。

（1）客房部员工在清洁整理客房和查房时一旦发现设施设备出现故障，应及时通告工程部维修，按规定填写工程维修单。

（2）客房部应向工程部提供客情预报，以便工程部定期对设施设备进行大修、维护和保养，如在经营淡季关闭楼层进行地毯、墙纸、空调、床垫等方面的保养和维护。

（3）客房部应制订妥善的计划卫生制度，确保客房设施设备在日常使用中的保养。

（4）工程部应对客房服务员进行培训，确保客房服务过程中设施设备的正确使用、保养和简单维修。

（5）工程部负责人应向客房部管理人员提出节水、节电、节能等方面的计划要求。

三、与安全部的关系

客房区域的安全是整个酒店最重要的安全保障部分。

（1）客房部应积极协助安全部对酒店公共区域及客房楼层进行检查，做好防火、防盗等安全工作。

（2）客房部应向安全部提供必要的住客资料和信息，尤其是在社会安全检查时，协助做好检查工作。

（3）客房部应协助安全部做好住客遗失物品的处理，并督促员工执行酒店及客房部制定的员工纪律。

（4）客房部管理人员应努力提高部门员工的安全防范意识，请安全部定期对客房部员工进行防火、防盗等方面的培训。

四、与餐饮部的关系

客房部与餐饮部的业务关系主要有以下四个方面。

（1）客房部公共区域负责餐厅清洁卫生，布草房负责对餐厅布草和员工制服的洗涤熨烫工作。

（2）客房部协助餐饮部做好客房送餐、贵宾房水果及点心的服务工作。

（3）客房部应配合餐饮部的促销活动，在客房放置餐饮宣传资料等。

（4）餐饮部应根据客房部提供的病客情况及要求，做好病客的餐饮服务。

五、与采供部的关系

客房部与采供部的业务关系主要体现在客房设备物资的采购供应方面。

（1）客房部根据客房运行情况，提出采购物资的品种、数量和规格，与采供部协商所需商品的特点、单价和有效性。

（2）采供部通常按照客房部的要求，采购和给付客房部所需的各种设施设备和物资。

技能训练

（一）为一家筹建中的三星级旅游度假酒店设计标准客房物资设备的配备标准。

（二）为一家筹建中的五星级城市中心商务型酒店设计商务套房的物资设备的配备标准。

 思考与练习

1. 谈谈客房部工作的重要性。
2. 绘制一张普通套房的平面布置图，标出设备名称。
3. 现代酒店客房发展变化的趋势将是怎样的？为什么？

 案例与分析

案例（一） 遥控器可以减肥

诸葛先生因工作需要常年出差在外，有一次，他入住某星级饭店。进房后，他往床上一躺，便习惯性地把手伸向床头柜，想拿电视机的遥控器。他摸了半天也没找到。偶一抬头，发现遥控器放在电视机上，于是，他就起身去拿，并躺回床上。当他拿起遥控器一按，发现电视机没有图像，诸葛先生想当然地认为电视机的电源开关没开，便又起身去开，当他再按遥控器时，电视机还是没有图像。他记起床头柜控制板上还有一个电视机的电源开关，便弯腰打开电源。当又一次按下遥控器时，忽然记得刚才自己动过电视机的电源开关，便再次起身去打开电视机的电源。等他回到床上再按遥控器时，久等的图像终于显现，但诸葛先生没有了看电视的兴致。他索性下床，在整个客房转了一圈后，打电话找来客房部经理，开始诉说客房的种种不是：

1. 遥控器可以减肥：来回三趟才能看上电视——放在电视机上；
2. 卫生间的烟灰缸：客人倒坐在恭桶上才能使用——放得太靠里；
3. 电话副机：光着身子出来才能接听（洗澡时）——安装在恭桶与洗脸台台面之间；
4. 卷纸架：扭曲身子才能找到（或瞎子摸大象般乱抓）——安装在恭桶后面的墙上；

……

面对诸葛先生的数落，客房部经理的脸涨得通红，并由衷地说："先生，您给我上了生动的一课，您是我遇见的最好的一位老师！"

评析：

客人是最高明的老师。当客人要投诉或抱怨时，所有饭店从业人员不能简单地认为是客人的刁蛮或挑剔。他们可能不知道饭店服务与管理的原理与要求，但他们

知道什么是令其方便与舒适的。

本例中的诸葛先生的一席话虽然有点尖酸刻薄,但他诉说的是目前大多数饭店的现实情况,这类现实带给客人的确实是种种不便。实际上,类似的情况还很多,如沐浴液、洗发液远离浴缸;香皂远离脸盆等等。这充分说明许多饭店在"隐含服务"方面的欠缺,也说明饭店追求的只是设施设备的拥有,但不在乎设施设备是否方便客人使用。这种没有充分考虑客人需要的服务肯定难以令客人满意。

案例(二) 酒店"绿色客房"用语

某市机械进出口公司戴副总经理,陪同几位泰国客人游览我国著名文化古城绍兴市,下榻在该市唯一的三星级饭店——绍兴饭店。

因为白天一连游了兰亭等好几处名胜,戴副总感到腿酸、浑身乏力,脱下皮鞋便一头倒到床上。一眼瞥到床头柜上有一块写着"欢迎参加我们的环保活动"的醒目牌子,正文说:"欢迎参加我们的活动,您只需在离开房间前做几件事:将房间的灯熄灭,关掉暖气、空调、电视、收音机;减少被单、浴巾的更换次数,节约用水。我们绍兴的全体同仁对您为节约大地资源所做的一切表示衷心的感谢!对环保活动有何建议,请拨分机7。再次对您表示感谢。"牌子的另一面则写着"床上请勿吸烟"。

戴副总脑海中立刻浮现出另一幅画面:3天前,他们一行在另一座中等城市的一家规格不低的酒店里,床头柜上白底红字"严禁床上吸烟",后面还有一个不容疏忽的大感叹号。在这儿,"严禁"换成了"请勿",戴副总感到非常亲切,他一时兴起,躺不住了,干脆朝四周环视,看看还有什么新鲜事儿。喏,那不是,镜台上有块色彩素淡的牌子,上面写着几行字。他提起牌子读起来:"为了您的方便,客房内已为您提供了备用物品,这些物品是客房备品的一部分。请您协助服务员做好房内设备、用品的保管、保养工作。如因使用不当而造成房内设备损坏和用品失少等,饭店将向您收取一定的费用,作为补偿。如果您想选购,请与客房部联系。"戴副总又转到卫生间,贴在梳妆镜旁边的草绿色的牌子吸引了他的目光:"在世界各地千万家旅馆中所使用的床单、浴巾每天都需要更换清洗,用掉了几百万加仑计的水和以吨计的清洁剂。通常我们每天都对客人的浴巾、毛巾进行换洗,如果您觉得不必要时,请将继续使用的浴巾、毛巾放到毛巾架上;如果需要换洗,请将它们放在梳妆台下的藤筐里。"

他越读越觉得字里行间充满了文明礼貌与环保意识,不禁拍案叫好!

评析:

人类保护环境意识始于20世纪70年代,到1992年联合国召开环境与发展大会,通过了《里约热内卢宣言》和《21世纪议程》,标志着世界进入了一个"保护环境、崇尚自然、促进可持续发展"的崭新阶段。随着90年代世界进入环保时代、绿色时代,饭店经营中的环境保护意识逐渐成为广大从业人员和消费者的共识。从而把讲究环保的饭店称为"绿色饭店"(Green Hotel),于是创建"绿色饭店",充分利用资源,

第六章 客房管理概述

减少资源消耗、生活污染,一时成为饭店管理者高层次、高境界的追求目标。客房是饭店的主体,客房用品的使用和消耗是饭店资源利用、减少污染的重要构成。绍兴饭店对创建"绿色客房"做了不少努力。他们在客房卫生间和卧室的床头柜放置环保宣传卡(节能卡),动员客人减少毛巾或床单的洗涤,节约水资源、洗衣粉和减少污染排放;将塑料制品换成可重复使用的物品,例如,塑料洗衣袋换成布质洗衣袋等,既顺应了客人节约资源、保护环境的良好意愿,又有助于"绿色客房"的创建。绍兴饭店所做的是两全其美的好事,是值得同行们学习的,当然,创建"绿色客房",节约能源、减少污染,应该以满足客人需求为前提,过头了就是不合理。比如,客人要求换的床单、浴巾不换,以节约资源为名,减少必要的香皂、牙具等用品,给客人带来不便和尴尬,那就违背了"绿色饭店"的宗旨。

(资料来源:最佳东方)

第七章 客房清洁管理

学习目标

1. 了解客房清洁整理工作的内容、规程和注意事项。
2. 掌握客房卫生质量控制的方法和标准。
3. 了解饭店公共区域清洁卫生工作的特点、业务范围及工作要求。
4. 掌握公共区域卫生质量控制的方法和要求。

客房清洁卫生工作是客房部服务管理的重要内容。客房作为客人休息睡眠的场所,一方面要求服务人员尽可能少地打扰客人;另一方面又对客房的整洁状况要求很高。客房清洁工作的好坏直接影响到客人对酒店的整体评价,影响酒店的经济效益,因此客房部的重要任务就是客房清洁卫生的管理和质量控制。

第一节 清洁设备与清洁剂

员工劳动效率的高低与所使用的工具有着直接的关系。对于酒店客房服务员来讲,高效安全的清洁设备和清洁剂就是做好清洁保养工作不可缺少的帮手。合理地利用清洁设备,正确地使用清洁剂,既能提高工作效率,保证工作质量,又能对提高酒店的经济效益产生积极影响。

一、清洁设备的种类与用途

（一）房务工作车

客房服务员、部分公共区域清洁工都需配备房务工作车,用以存放工具和用品。

客房服务员在清扫整理客房时所使用的工作车多为3层,用以存放不同的用品。工作车的大小应以能够存放一名服务员所负责打扫的客房的全部所需用品和有关工

具为宜。这样可省去工作中送取用品的时间,从而提高工作效率。工作车上需配备布草袋,用于存放替换下来的布草;工作车上的垃圾袋用于存放清理出的垃圾。工作车通常安装2只固定轮、2只万向轮,便于转向移动。要经常给车轮上油,这样既可使车轮转动自如,又可消除噪声。为了防止工作车行进时碰伤墙壁、门面,底边应包有泡沫。工作车以拉动使用为好。

(二)吸尘器

常用的吸尘器有筒式、直立式、两用式和背式等几种。

1. 筒式吸尘器

筒式吸尘器是吸尘工作所使用最多的吸尘工具。这种吸尘器吸力大、操作轻便灵活,多用于地毯和硬质地面以及家具吸尘,但不能吸水。

2. 直立式吸尘器(滚刷式吸尘器)

直立式吸尘器配有2个电动机。主要用于对地毯吸尘。它在吸尘的同时,机头下的滚刷可以转动,将藏匿于绒毛内部的灰尘、沙砾与纤维分离,让吸头吸除。它还能使黏结、倒伏的绒毛梳理如初。这种吸尘器,虽然比较笨重、操作不太灵便,但对地毯起着很好的清洁保养作用,是吸尘的理想设备。

3. 吸尘、吸水两用吸尘器

这种机器内部既有储水桶,又有积尘袋,可根据需要灵活转换,其外形与筒式吸尘器相似。

4. 背式吸尘器

背式吸尘器体积小、重量轻,可背在背上或拿在手上使用,可接电源,也可配蓄电池使用,适用于登高吸尘作业。

（三）洗地毯机

1. 湿旋机

主要用于湿洗地毯和硬质地面。

2. 干泡机

既可用于干洗地毯,又可用于干洗软面家具。对于不太脏的地毯,清洗效果较佳。

3. 喷吸机

这种机器一般将喷液、吸水两个功能同步进行,有的设计为可调温喷汽式。其特点是：洗涤力强,去污效果好。

（四）洗地机

洗地机主要用于硬质地面的清洗。它具有喷液、擦刷、吸水三种功能。这种机器清洗地面省时省力、效率高、效果好。

（五）打蜡抛光机

打蜡抛光机的品种和功能较多。大多数的打蜡抛光机都可一机多用,既可清洗地面,又可打蜡抛光。洗地时,要求转速较低,底刷较硬；打蜡抛光时,要求转速快,选用细软底刷。中小型饭店可选用多用打蜡抛光机,这样可节省资金。但这种机型需加强保养,否则容易损坏。

（六）高压冲洗机

高压冲洗机主要用于外墙、停车场、游泳池、垃圾场、车辆等的冲洗。这种机器有冷热水两种设计。喷出水压为 200～700 N/cm²。

（七）拖把绞干机

拖把绞干机用于拧干拖把上的水或其他液体。在洗地、打蜡时,经常使用拖把,如果拖把上有多余的水或蜡液会影响拖把的使用效果。通常应该将拖把上多余的水或蜡液拧去,用手去拧拖把,既费劲,又不雅观,而用机器则可省时、省力,效果好。

(八)刮水器

刮水器又叫玻璃刮,它可以用于清洁玻璃、清洁光滑的地面和墙面。刮水器主要由刮头和手柄两部分组成。刮头和手柄有多种规格,可根据需要选用。使用时,应从上到下、左右有序地进行操作。最后要用吸水布擦去刮头上多余的水。

(九)尘推

尘推即地面推尘器,主要用于地面的除尘。它可将地面的尘土、沙砾推走,可减轻地面磨损,保证地面清洁。为了使推尘效果更好,往往还在推尘头上蘸上吸尘剂,或选用可产生静电的合成纤维制作的推尘头。

(十)地刷

清洁保养地面时,有时是离不开手工地刷的。因为有些场所、有些部位不便使用机器清洗,而地刷则可适用多种场合及各个部位清洗。

(十一)拖把

拖把有圆型和扁平型两种,其大小的选择取决于使用的场所、部位。拖把的用途较多,其主要用途是清洁地面。所有的拖把头都应可以拆卸,以便换洗。在洗用过程中,要将拖把不断用清水洗净,并尽可能将多余的水拧去,以无水滴为宜。拖把用过后要洗净晾干,挂放起来,以防止霉烂、滋生细菌。

(十二)笤帚、畚箕

这两种工具在清洁工作中经常用到。它们往往起着一些现代化设备都难以起到的作用。笤帚有长柄和短柄之分,长柄主要用于清扫地面,短柄主要用于掸除家具或饰物上的灰尘。畚箕以提合式为佳。

(十三)抹布

抹布的用途非常广泛。根据用途的不同,抹布应用不同的规格和不同的质地。为了防止抹布的交叉使用,抹布上要有明显的区别标志。特别是由原客用棉织品改制的抹布,更应注意这一点,以防止与客用棉织品混淆,或引起客人的误会。在使用时，要将抹布折叠起来，可多面使用，以提高效率、保证质量。抹布的洗涤、供应最好由洗衣房负责。抹布的数量一定要充足，以利于周转。

（十四）刷子

根据不同的用途，刷子可分为面盆浴缸刷、便器刷、窗沟刷、地毯刷等。清洁工作中各类刷子应区别使用，用后洗净挂放。

二、清洁剂的种类与用途

（一）清洁剂的化学性质

在酒店的清洁保养工作中，清洁剂的应用非常广泛。训练有素的员工、精良适用的设备、安全有效的清洁剂是清洁保养工作所不可缺少的三大要素。

合理使用清洁剂，能够收到很好的效果：

（1）使清洁工作更容易；

（2）清除或减少尘污的附着力；

（3）防止物件因受潮、受热、受化学污染或摩擦而遭受损坏；

（4）延长物品的使用寿命；

（5）美化物品的外观。

如果不能合理地使用清洁剂，往往会造成不良后果。那么，怎样才能合理使用清洁剂，发挥其功效呢？了解和掌握清洁剂的化学性质就是其基础和前提。

清洁剂是化学药品中的一种。清洁剂的酸碱性质通常以 pH 来表示。根据 pH 的大小，清洁剂可分为酸性、中性和碱性三种基本类型。商业上规定：pH 为 6～8 的清洁剂为中性清洁剂，pH 小于 6 的为酸性清洁剂，pH 大于 8 的为碱性清洁剂。

（二）清洁剂的种类与用途

客房部常用的清洁剂有多功能清洁剂、浴室清洁剂、便器清洁剂、玻璃清洁剂、金属上光剂、家具蜡（液体）、空气清新剂和杀虫剂。

（1）多功能清洁剂：这种清洁剂 pH 一般是 8 左右，略呈碱性，很少损伤物品表面，还可起到防止家具生霉的功效。除洗涤地毯之外，其他地方均可使用。市场销售的多为浓缩剂，使用前应根据使用说明书的要求进行稀释。

（2）浴室清洁剂：浴室内的污垢大多属于碱性类，选择清洁剂最好是酸性的，中和反应而去除污垢，而且酸有一定的杀菌功能，这对于杀灭浴室内的病菌起到很好的作用。酸性的清洁剂对瓷器表面的釉层有腐蚀作用，所以应采用稀释后的清洁剂，特别应注意不可将浓缩液直接倒在瓷器表面，以免损伤瓷器，使其失去光泽。

（3）便器清洁剂：属于强酸性清洁剂，它对吸附于便器等硬质器皿表面的污垢有特殊的洗涤和除臭功能,杀菌效果也非常明显,但强酸对瓷器表面腐蚀较大,使用时必须在便器内有清水的情况下方可倒入,稍等片刻再用刷子轻轻刷洗,最后用清水冲净。

(4) 玻璃清洁剂：客房内的玻璃和镜面常有一些不易擦除的污迹,像化妆品渍、油渍等。要清除这些只有用 $pH>7$ 的碱性清洁剂,所以一般玻璃清洁剂均为中、强碱性,使用时不得用抹布沾清洁剂直接擦拭脏处,这样会造成玻璃表面变花。正确的方法是将清洁剂装在高压喷罐内,使用时对准脏迹喷洒,然后立即用干抹布擦拭便可光亮如新。

(5) 金属上光剂：客房内有很多铜制品和电镀器皿,像拉手、灯柱、锁把、水龙头、卷纸架、浴帘挂杆等,这些部位容易染上手印,水龙头等部位容易产生水锈。金属上光剂是通过与接触面发生化学反应,形成氧化铜去除铜器表面的手印等,使表面光洁如新,手感柔滑。使用方法是将上光剂倒在柔软的干抹布上,然后对器皿进行反复擦拭,最后用一块干净抹布将其擦至发亮。

(6) 家具蜡(液体)：在每天的客房清扫中,服务员只对家具进行简单除尘,不易彻底去除家具表面的油迹等污垢。使用稀释的多功能清洁剂可以彻底除垢,但长期使用会使家具表面失去光泽。家具蜡是一种专门用于家具清洁上光的保养性清洁剂,可去除动物性和植物性的油污,并具有消除静电的作用和清洁、上光的双重功能。使用方法是：第一遍先将家具蜡倒在干抹布或家具表面上擦拭、清洁家具,约在15分钟后再用同样方法擦拭第二遍,起到上光作用,两次擦拭后效果极佳。

(7) 空气清新剂：中高档饭店普遍使用了中央空调,以保持客房的温度指标。但由于客房的密封性很强,透气性较差,室内易有异味并滋生病菌,最好的解决办法是经常开窗通风,但因多方面原因所限,很难保证做到客房经常通风,弥补的措施是使用空气清新剂。空气清新剂中含有杀菌的化学成分和香料,喷洒在客房可芳香四溢,并有较好的杀菌功能。

三、正确使用吸尘器

无论使用哪种吸尘器,使用时都要注意下列几点。

(1) 使用前,认真检查电线、插头有无破损,防止漏电。检查积尘袋尘物是否清除掉。

(2) 使用中,不能用于吸除尖钉、石块、大片纸张、布片、棉花团,防止损坏机器、堵塞吸管和吸头。

（3）使用后，要将积尘袋（蓄水桶）倒空或更换。将电线绕好、外部擦拭干净。

四、正确使用清洁剂

1. 清洁剂使用中的注意事项

清洁剂是化学用品，呈酸性或碱性，会对人体肌肤造成危害；高压罐装的清洁剂和易挥发的清洁剂属易燃易爆物品，使用和管理不当均有一定危险。

2. 注意清洁剂的使用数量

无论是酸性、碱性还是中性的清洁剂，一次使用过多都会对被清洁对象产生副作用。我们应该有这样的意识，即每天或定期地去做好有计划的清洁工作，使用适量的清洁剂，这样不仅省时、省力，卫生效果也好。不能养成长期不清洁，到了一定时候再用大量的清洁剂的习惯。

3. 掌握正确的使用方法

清洁剂使用者要掌握清洁剂的正确使用方法，特别要了解各类清洁剂的主要性能，这样既能保护自己，又对清洁工作有利。

4. 注意清洁剂的产品质量

从市场购回来的清洁剂多为浓缩的，使用前应按说明书中的稀释比例进行稀释，避免使用劣质的粉状清洁剂，尤其是对表面光洁度高的瓷器，防止沙砾研磨而损坏瓷器表面。

5. 重视清洁剂的危害

清洁剂具有强烈的腐蚀性，客房部在提供给员工使用时，要强调它的危害性。特别是清洁剂的使用不当，或选用劣质的清洁剂，可能会带来意想不到的伤害，造成不必要的损失，在卫生清洁工作中，需要给予充分的重视。

6. 注意清洁剂对环境的影响

清洁剂对环境的影响主要是通过生活污水排放到环境中。清洁剂在水中会产生大量的泡沫，妨碍空气与水的接触，造成水中的含氧量降低，水质变坏后会直接或间接对水生物产生各种有害作用。清洁剂被土壤吸收后会污染地下水，并对环境造成污染。选用清洁剂时，要采购对环境污染较小的品种，且适量使用。

7. 注意清洁剂的选择

饭店客房部在选择、购买清洁剂时要注意选择优质产品，注意标签上是否有生产企业、质量检验合格证号、卫生许可证号、生产日期、产品有效期、使用方法和注意事项。同时，注意观察清洁剂的包装外观，液体清洁剂有无沉淀物或悬浮物，对于超过保质期的清洁剂、变质清洁剂坚决不买不用。对于废弃不用的、变质、劣质的以及剩余时间较长的清洁剂，应妥善处理。对员工应进行使用方法和注意事项的培训。

8. 清洁剂的正确使用和管理

清洁剂使用不当会使员工产生皮肤过敏现象,如皮肤的刺激反应、过敏反应等,应立即对伤害部位进行处理,并停止使用该化学剂。

应避免皮肤伤害,主要是手部皮肤直接接触浓缩的清洁剂,特别是清除重垢型清洁剂时,应尽量缩短与高浓度清洁剂的接触时间,或稀释后再用。使用强碱、强酸性清洁剂的最好方法是戴橡胶手套,戴防护眼镜。

倾倒清洁剂时要特别小心,不要溅洒,特别要避免粉状清洁剂的飞扬扩散,以免对眼睛和呼吸道黏膜产生刺激作用。

工作结束后,用水将皮肤上的清洁剂冲洗干净,以免残留的清洁剂继续对皮肤产生刺激作用。也可适量涂抹一些油性较大的护肤用品。

所有清洁剂的容器都要摆放整齐,贴上标签,注明危害性。装清洁剂的空容器也不能随意丢弃,以免误用。

第二节　　客房的清洁保养

到了年底,海口某酒店又到了会议接待的高峰。从11月中旬开始,酒店已经接待了十多个会议了,客房入住率达到了90%以上,客房部员工大部分都已有近一个月没有休息了,有的都已经累得生病了。

客房部经理决定将新招聘来的正在培训的员工调来顶岗,让老员工休息一下。小刘就是一位新员工,听说可以上岗了很是兴奋。早上领班检查了他们的着装,帮助他们将客房用品装上房务工作车,把需要用的清洁用品给带上,给每人发了一张工作日报表,规定今天上午每人清扫五间房。小刘觉得自己有力气,清扫五间房肯定没问题,拿了工作日报表,推着工作车就奔18楼西区去了。

小刘看了报表上标明自己要清扫的房间从1812至1816,于是决定从1812开始按顺序进行,心想这样可以节省时间。来到1812房门前,房态标明是走客房,没人住的,可以不敲门,就直接用钥匙开了房门。他发现房间看上去蛮干净的,垃圾筒里也没什么东西,只有一点点纸屑,他决定不用换垃圾袋了。他正在做床的时候突然想起昨晚的一个电视节目没看完,现在应该在重播,心想只要没有耽误做事,看看也不要紧,于是打开电视机边看边做床。铺好床后自己还挺欣赏的,接着擦灰尘,可一看领班给准备了三块不同颜色的抹布,他觉得完全没必要,不就是抹布吗,搞得那么麻烦……到最后要吸尘了,才想起来吸尘器还放在走廊上没拿进来,可等他去拿的时候,吸尘器已被别人踢到很远的地方了。这时,这间房间他已清扫了近一个小时。

在许多人看来,客房清扫是项非常简单的工作,其实不然,这项工作同样是需要严格培训达到要求才能干好的。本案例中小刘不仅难以完成一上午清扫五间客房的任务,在他的工作过程中还出现了许多错误,违反了多项酒店的规定。

客房清洁卫生工作是客房部的一项主要工作,它直接影响酒店的形象、气氛乃至经济效益。客房的清洁卫生状况也是客房商品的使用价值和质量高低的重要标志,客房的舒适、美观、清洁、方便都需要通过客房的整理和清扫来实现。据资料介绍:63%的客人把清洁卫生状况作为评价客房的首要条件。因此,客房部必须运用必要的手段、措施和方法来有效地管理和控制好客房的清洁卫生工作。

一、客房清洁前的准备工作

客房清洁卫生工作是客房部的日常工作,准备工作的情况如何,关系到清洁卫生工作能否顺利开展,是否能够达到卫生质量标准。清洁卫生的准备工作主要有以下几方面的内容。

(一)听取工作安排,签领工作钥匙

客房服务员应按照酒店要求着装,整理好仪容仪表,准时上岗签到。值班经理或领班须对服务员的仪容仪表、精神状态进行检查,之后下达工作安排。每一位服务员都要明确自己的工作楼层、客房号、当日客情、房态以及特殊要求或特殊任务等。

听取工作任务后,服务人员领取工作日报表和工作钥匙。领取钥匙时必须履行签字手续,应注明领用时间。在工作中,钥匙必须随身携带,严禁乱丢乱放。工作结束后,服务人员要亲自交回工作钥匙,并注明归还时间。

(二)备好清洁用品,提高工作效率

服务员在客房卫生清洁过程中,需要的清洁卫生工具主要有布草、吸尘器等,同时还需要补充客用品。

房务工作车的准备工作是:将工作车擦拭干净;挂上垃圾袋和布草袋;备齐客用品,按规定整齐地摆放在工作车上;备齐清洁工具。

吸尘器是客房卫生清洁不可缺少的重要工具,使用前要认真检查各部件的工作性能,有无漏电现象,如有问题要尽快修好。

工作车和清洁工具的准备工作一般有两种形式:如果有楼层工作间,可在前一天工作结束时,将第二天的用品提前备好,第二天进客房前再做一次检查,以提高工作效率;如果没有楼层工作间,为了减少物品丢失,减少来回搬运的麻烦,可在当天班前例会后,领取客用品,备好工作车。

(三)了解客房状态,并根据工作缓急确定进房顺序

客房的状态不同,客人对客房清扫整理的要求及顺序也不同。为了确定客房的

清扫顺序以及对客房的清扫程度,提高工作效率,同时为了避免因随意敲门而惊扰客人,在清扫客房前必须了解房间状态。

客房的状态以及不同状态房的清扫要求见表 7-1。

表 7-1 客房状态及清扫要求

客房状态	英文(简称)	清 扫 要 求
走客房	Check Out (C/O)	需要彻底清扫
住客房	Occupied (OCC)	需要一般清扫
空 房	Vacant (V)	只需简单清扫
维修房	Out of Order (OOO)	一般先不予清扫整理,维修完毕后再清扫
外宿房	Sleep Out (S/O)	只需检查核实,必要时稍加整理
请勿打扰房	Do Not Disturb (DND)	一般不予整理,但指示灯或挂牌的时间过长,应按照饭店规定处理
贵宾房	Very Important Person (VIP)	需要优先清扫,并要进行小整理
长住房	Long Staying Guess (LSG)	按照客人要求或相关协议规定清扫
请即打扫房	Make Up Room (MUR)	尽快为客人清扫
准备退房	Expected Departure (E/D)	一般在退房前不要清理,但可应客人要求简单整理
未清扫房	Vacant Dirty (VD)	需要彻底清扫
已清扫房	Vacant Clean (VC)	做好检查工作,确保质量

服务员了解了客房状态后,就可以根据开房先后顺序、客人的要求以及领班的特别交代等,决定房间的清扫顺序。

一般情况下,客房的清扫顺序为:VIP 房→MUR 房→OCC 房→LSG 房→C/O 房→V 房。

合理安排清扫顺序,既要满足客人的特殊需要,又要满足酒店客房出租的周转。因此,客房的清扫顺序并不是一成不变的,可按客情或饭店需要而定,作灵活改动。例如,在旅游旺季,用房较为紧张时,可考虑将 C/O 房提前清扫,使其可以尽快重新出租。

二、客房清洁保养质量标准

客房清洁卫生质量标准通常包括两个方面:一是视觉标准,主要指凭借人的视觉或嗅觉等感官就能感受到的标准;二是生化标准,是指防止生物、化学及放射性物质污染的标准,通常由专业卫生防疫人员定期或临时抽样测试与检验。

（一）视觉标准

1. 房间卫生做到"十无"

（1）天花墙角无蜘蛛；

（2）地毯干净无杂物；

（3）楼面整洁无六害；

（4）玻璃、灯具明亮无积尘；

（5）布草洁白无破烂；

（6）茶具消毒无痕迹；

（7）铜器、银器光亮无锈污；

（8）卫生间干净无臭味；

（9）家具设备整洁无残缺；

（10）墙纸整洁无污迹裂痕。

2. 清洁后房间要做到"六净"

（1）四壁净；

（2）地面净；

（3）家具净；

（4）床上净；

（5）卫生洁具净；

（6）物品净。

（二）生化标准

客房的清洁卫生质量仅仅靠视觉标准来衡量是不够的，还必须用生化标准来衡量。客房内清洁卫生的生化标准包括以下内容。

1. 茶具、水具、卫生间洗涤消毒标准

（1）茶水具每平方厘米的细菌总数不得超过 5 个；

（2）脸盆、浴缸、拖鞋每平方厘米的细菌总数不得超过 500 个；

（3）卫生间不得查出有大肠杆菌群。

2. 空气卫生质量标准

（1）一氧化碳含量每立方米不得超过 10 mg；

（2）二氧化碳含量每立方米不得超过 0.07%；

（3）细菌总数每立方米不得超过 2 000 个；

（4）可吸入粉尘每立方米不得超过 0.15 mg；

（5）氧气含量应不低于 21%。

3. 微小气候质量标准

（1）夏天：室内适宜温度为 22～24℃；相对湿度为 50%；适宜风速为 0.25 m/s；

（2）冬天：室内适宜温度为 20～22℃；相对湿度为 40%；适宜风速为 0.1～0.15 m/s；

(3) 其他季节：室内适宜温度为 23～25℃；相对湿度为 45%；适宜风速为 0.15～0.2 m/s。

4. 采光照明质量标准

(1) 客房室内照明度为 50～100 Lx；

(2) 楼梯、楼道照明度不得低于 25 Lx。

5. 环境噪声允许值

客房室内噪声允许值不得超过 45 分贝。

采用中央空调系统的饭店，对客房内的温度、湿度、噪声、新风量、气流速度等均有较严格的技术指标和规定，能较全面地满足人体对于舒适和卫生的要求。

三、客房彻底清洁

为了保证客房的清洁整理工作能够有条不紊地进行，提高劳动效率，同时避免过多的体力消耗和意外事故的发生，客房部要制定卫生操作程序，实行标准化管理，这是客房清洁卫生管理的首要内容。这些卫生操作程序规定服务员的操作步骤、操作方法、具体要求、质量标准等，客房服务员应根据不同的客房，严格按照清扫的程序和方法进行，使之达到酒店规定的质量标准。以下介绍走客房彻底清洁程序。

(1) 敲门进房。敲门标准是每一位客房服务员应掌握的最基本的技能，只有严格地按照敲门程序进房，才能避免引起客人不必要的投诉。具体要求见表 7-2。

表 7-2　进入客房的规范要求

步　骤	动　作　规　范	要　　求
观　察	察看有无"请勿打扰"标志	如果门外有"请勿打扰"标志，不能进房
敲门通报	站在门外适当的位置，以中指第二个关节部位轻轻敲门两次，每次三下，并通报"House-keeping"（等候3～5秒）	站姿要端正；切勿用拳头或手掌拍打门，更不能用其他工具敲门或用脚踢门；敲门节奏适中，音量适度；通报时语调优美
按门铃	按铃，并清晰地通报"House-keeping"，等待客人的反应	切忌急促连续按门铃，注意节奏及适当的间隔；要求同上

(续表)

步骤	动作规范	要求
开门	一只手将门锁打开,另一只手将房门打开1/3,并再次通报身份。如听到客人房内有回音,马上征询客人意见,决定是否整理房间	切勿用力过猛,以免发出不必要的噪声
挂牌	打开房门后,把"正在清洁"牌挂在门外把手上	挂牌要轻、稳,以免碰坏房门或发出不必要的噪声
填表	转身到房门外工作车旁,在卫生班"做房日报表"上填写开始做房的时间	及时填写表格,确保原始记录的准确性

进入客房后,应按照酒店的规定将房门完全打开,这样做的目的在于:表示该客房正在清洁;防止意外事故的发生;有利于房间的通风换气。

(2)观察情况,拉开窗帘、开窗、开灯、开空调。进入房间后,服务员应先检查客人有无遗留物品和房内设备有无损坏和丢失,打开窗帘、窗户,必要时打开空调,加大通风量,保证室内空气清新,同时检查空调开关是否正常。再将客房内的灯具开关打开,检查是否有故障。经过检查,一旦发现有物品损坏,立即通知维修人员前来维修。

(3)检查小酒吧。客人如果饮用了饮料,服务员应立即填写酒水单,并及时补齐差额。

(4)清理垃圾杂物,撤出脏的布草。撤走房间内用餐的餐具和餐车,清理用过的茶杯、烟灰缸、房内垃圾。将烟灰缸放到卫生间内,要注意检查烟头是否熄灭。清理客房垃圾时,要注意:未经客人同意,不得随意丢掉住客的物品。同时还应检查垃圾筒内是否有一些有价值的物品。最后撤下床上布草放进工作车内,并将干净的布草带进房内。撤床单时要抖动一下,以免夹带客人的物品。

(5)做床。这里指的是中式做床,撤床与做床的具体步骤和要求见表7-3。

表7-3 撤床与做床的步骤与要求

步骤	动作规范	要求
1. 撤床	先在床尾处把床单全部拉出后撤下毛毯、床单和枕套	撤床单时,要仔细检查是否夹带客人物品;将脏的床单卷好后放进布袋,不能放在地上;切忌与干净的床单混放,以免沾染细菌
2. 拉床	服务员站在床尾的中间位置,双手将床拖出50 cm,检查并整理好床垫和保护垫	铺床时检查床垫和保护垫,发现有污点要及时更换并清洗,以确保客房卫生的质量
3. 铺床单	① 抖单:站在床头或床尾,将叠好的床单打开,使其正面向上,以平衡方向对面抛出。床单中线居中,四边自然下垂 ② 包角:从床头依次将床单四边塞入垫下面,包成90°角或45°角	铺床单时,检查是否有污迹或破损,如有应及时更换。操作时应做到快、简、巧、准

(续表)

步骤	动作规范	要求
4. 铺被套	① 铺被套要求一步到位,掌握动作要领,被套甩出去不能留有余边在床尾 ② 动作上要求把握甩被套力度,保持重心	铺被套时,检查是否有污迹或破损,如有应及时更换
5. 套被芯	① 套被套的动作要迅速,质量上保证兼顾到每个边角的饱和 ② 保证套好了被套的床面要平整、挺洁	套被芯时,检查是否有污迹或破损,如有应及时更换。操作时应做到快、简、巧、准
6. 装枕袋	将枕袋平放于床上,将枕芯套入枕袋内,并封好袋口	检查枕袋和枕头是否有污渍或破损,并注意及时更换
7. 摆放枕头	将枕头平放在床头,距离床头边缘 5 cm,并整理好四角	单人床的枕袋开口反向于床头柜;双人床的枕袋开口相对
8. 铺床尾垫	将床尾垫平放在床尾部,距离床尾边缘 10 cm	床尾垫平整美观,两边留出距离均等
9. 将床复位	用小腿外侧将床慢慢推回原位,紧靠床头板,与床头柜和另一张床平行	切勿弯腰推床
10. 最后的整理	将床面抹平,并将床尾处及床罩两侧整理好	床面必须平整美观

(6) 抹尘。抹尘时从房门开始按环形线路,先上后下、先里后外、先湿后干,将客房内的家具、用品擦拭干净。除尘过程中,应注意需要补充的客用物品数量;灯泡、镜面、电视机、玻璃等要用干布擦拭;擦拭时不能有遗漏;房间抹布和卫生间抹布必须分开;不得使用客房内布草做抹布。

(7) 补充房间用品。按照饭店规定的数量和摆放规格添补及摆放可用品。

(8) 清洗卫生间。卫生间是住店客人最为挑剔的地方,卫生间是否清洁卫生直接关系到客人的身体健康,因此卫生间清洁工作是客房清扫工作的重点。

清洁卫生间的具体步骤及要求见表 7-4。

表 7-4 清洁卫生间的清洁步骤及要求

步　骤	做　法	要　求
1. 进入卫生间	① 开灯换气 ② 将清洁桶等工具用品放在洗脸台下	留意卫生间内的灯泡等设备有无损坏
2. 放水冲	将清洁剂倒入马桶内	不要将清洁剂直接倒在马桶釉面上,防止损坏马桶
3. 撤出用过的毛巾	将客人用过的毛巾放到工作车的布草袋内	切勿将毛巾堆放在地上
4. 撤出垃圾杂物	① 将客人使用过的皂头、浴液瓶、发液瓶及其他杂物用垃圾筒收走并倒入工作车的垃圾袋中 ② 将垃圾筒洗抹干净,并套上垃圾袋	收垃圾时防止将客人的物品收走
5. 清洗面盆及云台	① 用海绵蘸上清洁剂将台面、面盆清洁干净,用清水冲净,并用布擦干 ② 用海绵蘸少许中性清洁剂擦除面盆不锈钢件的表面,抹干水迹,并将不锈钢器件擦亮	要特别留意下水口处,看是否有毛发等污物;注意不要将客人的化妆品等打翻
6. 擦拭镜面	可在镜面上喷少许玻璃清洁剂,然后用干抹布擦拭干净,使其光洁明亮	不要用硬的抹布擦拭镜面;注意不要在镜面上留下抹布绒毛
7. 清洁浴盆	① 将出水口塞好,放入适量温水及清洁剂,用浴盆刷或海绵从墙面、浴帘、水龙头到浴缸里外彻底清洁 ② 放开水塞,将污水放走 ③ 放入清水冲洗干净 ④ 用抹布擦干水迹,并将金属器件擦亮	清洗时要留意下水口处是否有毛发等污物;注意不能将清洁剂直接倒在浴盆上;不能用硬的抹布擦拭金属器件
8. 清洁马桶	① 先用马桶刷清洁马桶内部并用清水冲净 ② 用专用抹布擦拭水箱、马桶座沿、盖子的内外及马桶外壁等 ③ 加上"已消毒"封条	要特别留意马桶的出水孔及"U"字形地方,以免留下难以清除的污渍
9. 除尘除迹	用抹布擦拭卫生间的门、门把手、毛巾架、卫生纸架、电话机等处	不要留下卫生死角
10. 补充卫生间用品	按照规定用品的品种、数量及摆放位置补充用品,并将客人自带物品摆放整齐	物品的摆放要整齐美观;注意检查用品的包装是否破损
11. 清洁地面	用专用抹布将地面清洁干净,保证无毛发、无污渍、无水迹	清洁时应从里向外倒退着洗抹地面,不能留下死角
12. 自我检查	① 检查有无遗漏处 ② 检查物品摆放是否齐整 ③ 检查有无遗留清洁用品或清洁工具	检查时应认真细致,保证无差错
13. 关灯关门	观察卫生间的灯是否已关,并将门虚掩	不能将房门关紧,避免空气不流通

（9）吸尘。按照地毯表层的倾倒方向进行吸尘，要由内向外，床头柜、沙发、窗帘、写字台底、行李架、门后等部位均要吸到。同时拉好纱帘，关好玻璃窗，整理好家具摆件。

（10）复查离开。吸尘结束后，客房的清洁整理工作告一段落。在离开前，服务员要自我检查和回顾一遍，看是否有遗漏项，家具摆放是否正确、是否美观，窗帘是否拉到位，地面、卫生间是否干净整洁等，如发现遗漏，应及时补漏。

经查看无问题后，关掉空调和总电开关，将房门锁好后离开。并填写"客房清扫日报表"见表7-5。

表7-5 客房清扫日报表

楼层： 区域： 服务员： 领班： 年 月 日

清扫客房			撤换布件数量					补充日耗品数量										
房号	房态	时间进	时间出	床单	枕套	浴巾	面巾	地巾	方巾	购物袋	信封	信笺	茶叶	针线包	擦鞋纸	洗衣袋	沐浴液	洗发液	牙具	香皂	梳子	卫生纸	面巾纸

计划卫生： 维修要求： 备注：

案例 7-1

褥垫上的污渍

北京某四星级饭店的客房部这几天接待了一个洽谈会团体，入住客人非常多，所以客房服务员清扫客房的任务很重。某实习生正在走客房内做床，他急急忙忙撤下床单，发现褥垫上有块污渍，因为还有许多房间要做，也顾不上把褥垫反转过来，他就把干净的床单铺好了事。没想到，这间房正巧是饭店接待VIP客人的特用房，客房部经理亲自来检查客房，发现褥垫上的污渍，十分生气。他说："不管什么样的客人住这间房，若发现床单下面铺着有污渍的褥垫，都会影响客人的情绪，休息也不会安心，影响舒适与安全感，很可能使其在北京的整个旅程不愉快，甚至会拒付房费。失去客人,饭店还要蒙受损失,这后果是很严重的。"

客房部经理立即责成楼层领班、主管派人立即撤换褥垫,并追查责任人,还要求该责任人必须做出深刻检查,认真反省此事,并给予处罚。

分析:

客房清洁卫生是住店客人最为敏感的问题。客房内的许多设施与用品都是直接与客人的身体接触的,因此必须保持清洁卫生,以保障客人的身体健康。为满足住店客人求干净的心理,客房服务员在清扫房间时必须严格按照清扫程序和卫生标准来操作,不允许有一丝一毫的马虎,更不允许偷工减料,擅自减少清扫程序。

通过此案例我们可以看到,客房清洁整理工作中的标准化、程序化是极其重要的。饭店内的每一位员工只有以高度负责的态度,严格按照标准操作,才能保证每个房间达标,才可以为住店客人提供一个清洁卫生、美观舒适的环境。

四、住客房的清洁

住客房的清洁是针对住客而言的,一般每日进行 2～3 次的清洁,早上彻底清洁一次(内容基本同上述客房彻底清洁),午后小整理一次,另有一次夜床整理。

住客房的清扫整理应注意以下十点。

(1) 住客房的清扫尽量安排在客人不在房间时进行。

(2) 严格遵守酒店规定的进房程序。若客人在房内,应礼貌地询问是否可以清扫客房。征得同意后方可进房,清扫过程中动作要轻,速度要快,不能与客人过多交谈;若客人不同意清扫,则应将房号和客人要求的清扫时间记录在工作日报表上,到时再进房清扫。

(3) 清扫客房时,将客人的文件、杂志、书报稍加整理,但不要翻乱。

(4) 除扔在垃圾筒里的东西外,即使是放在地上的东西也只能替客人作简单的整理,千万不可自行处理,哪怕是空瓶也不可替客人扔掉。

(5) 客人放在床上的或搭在椅子上的衣服,如不整齐,要挂到衣柜里,睡衣内衣也要挂好或叠好放在床上。客人洗过的衣物如挂在空调出风口、窗帘杆、灯罩上的,应取下来挂到卫生间浴帘杆上。

(6) 要特别留意,尽量不要触动客人的物品,更不要随意触摸客人的照相机、计算器、电脑、钱包等物品。

(7) 若发现房内有大量现金,服务员应及时通知领班,由大堂副理在保安人员及领班的陪同下,将房门反锁,等客人回来后,由大堂副理开启房门,并请客人清点现金,提醒客人使用保险箱。

(8) 清扫客房时如果房内电话铃响,服务员不能接听。

(9) 清扫过程中若客人回来,服务员应礼貌地请客人出示客房钥匙或房卡,确定是该客房的客人后,询问是否继续清扫。

(10) 清扫完毕,如果客人在房内,应有礼貌地向客人道歉:"打扰您了!"并与客人告别,退出房间,轻轻关上房门。

每当住店客人外出后,由客房服务员对其所住客房进行简单整理。这样做的目的可以使客房经常处于干净整洁的状态,使客人在客房内随时会有清新舒适的感觉。小整理服务不仅可以给客人留下良好的印象,还充分体现了酒店优质服务的重要方面。不同的酒店可以根据自己的经营方针和房价高低等实际情况,决定是否需要为客人提供小整理服务。小整理服务主要包括以下五个方面:

(1) 按规范整理客人休息过的床铺,但不必更换床单;
(2) 清理房间内的垃圾杂物,注意有无未熄灭的烟头;
(3) 简单整理卫生间等;
(4) 补充房间内的茶叶、热水及其他用品;
(5) 清点迷你吧酒水,并做好记录。

五、空房的清洁

空房是客人走后,房间经过清扫尚未出租的客房。其清洁整理要求较为简单,但是却必须每天进行,以确保房间的良好状态,随时可供出租。

空房的整理要求主要包括以下六个方面:
(1) 每天进房开窗、开空调进行通风换气;
(2) 用干湿适宜的抹布擦拭家具、设备、门窗及物品上的浮尘;
(3) 每天将浴盆及面盆的冷热水及马桶的水放流一两分钟;
(4) 检查卫生间内的"五巾"是否因干燥而失去了弹性和柔软度,如不符合要求,在下一批客人入住前更换;
(5) 检查客房有无异常情况,同时检查房间设备;
(6) 连续几天空的客房,每隔3~4天要吸尘一次。

六、夜床整理

夜床整理又被称为"做夜床"或"夜间服务"。为住店客人做夜床,一方面可以体现酒店服务的规格标准;另一方面可以方便客人,使客人享受到恬静幽雅的休息环境。为了不打扰客人,同时也为了方便服务员的工作,通常做夜床的时间在晚上18点~20点。如果准备完成夜床服务时,恰好客人在房间内,服务员应先征求客人意见,再决定是否做夜床。夜床服务的步骤及要求见表7-6。

表 7-6　夜床服务的步骤及要求

步　　骤	做　　法	要　　求
1. 进房	按照进房的程序要求进入客房	避免打扰客人
2. 开灯	将房间内的灯打开	检查是否有损坏的灯泡
3. 拉窗帘	将两层窗帘拉拢，使其悬挂美观	
4. 清除垃圾	将房间内的垃圾倒入工作车上的垃圾袋内	注意检查有无客人的物品；有无未熄灭的烟头
5. 更换客人使用过的杯具和烟灰缸	撤出用过的杯具和烟灰缸，并补充相应数量的干净杯具和烟灰缸	如果杯中有新泡的茶水或酒水饮料，则不能更换或撤走
6. 除尘除迹	将房间内的污迹清除干净	不能有遗漏
7. 开夜床	① 按照规定的方法将床罩折叠好，放在规定的地方 ② 将第二层床单和毛毯一起从床头柜一侧掀起向外折成 30°或 45°角，并将边缘叠齐压好 ③ 将枕头摆放整齐 ④ 按照饭店规定在床头或枕头上摆放鲜花、晚安卡、早餐牌或小礼品等 ⑤ 如果有浴衣，叠好放在床尾一角 ⑥ 如果有加床，在这时应打开整理好	① 如果是单人房，从有电话的床头柜一侧开床 ② 如果是只住一人的双床间，通常开靠近卫生间或客人住过的床。如果住两人，则两张床都从靠近床头柜一侧开 ③ 如果是大床间，住一人时，开有电话的床头柜一侧；如果住两人，则可以仅开一侧或两侧都开 ④ 当床上摆放有客人物品时，则可不开床
8. 摆放拖鞋	将拖鞋摆放在规定的地方	拖鞋通常放在沙发座椅或者靠近床头柜一侧的床前
9. 整理卫生间	① 清洗用过的面盆、浴缸、马桶 ② 整理用过的毛巾和其他用品 ③ 将地巾放在浴缸外侧的地面上 ④ 将浴帘拉开约 1/3，并将其底边放在浴缸内 ⑤ 将卫生间门半掩，关灯	当马桶不脏时，仅冲水即可；浴帘如果放在浴缸外就失去了其防止洗浴时将水溅到地面上的作用
10. 自我检查	检查有无不妥之处	开完夜床后，房间内除夜灯和走廊灯外，其他灯要全部关掉。如果客人在房间内，则离开时不用关灯，礼貌地向客人道别后退出房间，并做好夜床记录

七、计划卫生

计划卫生是指周期性的清洁保养工作。客房计划卫生是指在做好客房日常清洁工作的基础上,对于不能每天清洁整理的地方。拟订一个周期性清洁计划,采取定期循环的方式,对清洁卫生的死角或容易忽视的部位,及家具设备进行彻底的清扫和维护保养,以进一步保证客房的清洁保养质量,维持客房设施设备良好状态。

客房计划卫生工作主要包括地面保养(地板打蜡、清洗地毯)、家具设备设施保养(木制家具打蜡、翻转床垫、冰箱除霜、擦拭铜质器具以及顶灯、烟雾报警器、空调出风口、门窗玻璃擦拭等)、除尘消毒(清洗浴帘、窗帘、地漏喷药、墙壁清洁)等内容(见表7-7)。各酒店根据自己的设施设备和淡旺季,合理地安排计划卫生的内容、周期和时间,基本上分为定期和不定期两类,需要制订每月、每季度、每年的周期计划。

表7-7 客房计划卫生项目及时间安排表

每天	3天	5天
清洁冰箱;打扫灯罩尘土;清洁地毯、墙纸上的污迹	地漏喷药;用玻璃清洁剂清洁阳台、房间、卫生间镜子;用鸡毛掸清洁壁画	清洁卫生间抽风机机罩;清洁吸尘机真空器保护罩;清洁职工卫生间的水箱
10天	15天	20天
空房马桶放水;清洁走廊出风口;清洁卫生间抽风主机网	清洁热水器、洗杯机;冰箱除霜;酒精球清洁电话;清洁空调出风口、百叶窗	清洁房间回风过滤网;用擦铜水擦亮家具、烟灰筒、房间指示牌
25天	30天	季度
清洁制冰机;清洁阳台地板和阳台内墙;墙纸吸尘、遮光帘吸尘	翻转床垫;抹拭消防水龙带;清洁被套	干洗地毯、沙发、床头板;洗毛毯;吸尘机加油
半年	一年	
清洁窗纱、灯罩、床罩、保护垫	清洁遮光帘;红木家具打蜡;湿洗地毯	

饭店计划卫生工作程序如下。

(一)制订计划卫生日程

酒店计划卫生一般可以分为每日、每月、季度性及年度计划清洁。每日计划清洁是指在完成日常的清洁工作之外,每天都有计划地对客房的某一部位进行彻底清洁。每月、季度性及年度计划清洁范围较大,时间较长,一般安排在经营淡季进行,并且要与前厅部、工程部密切配合,以便实行封楼层及对设备进行检修。对于不同的计划卫生工作,酒店客房部要制订计划卫生表(见表7-8),安排服务人员实施,并由客房主管或领班检查计划的落实情况。

表 7-8　客房计划卫生表

预计时间 保养项目	1月	2月	3月	4月	5月	6月	7月	8月	9月	10月	11月	12月

客房计划卫生一般有三种方式。

（1）要求客房服务员在其日常清洁工作的基础上，安排每天大扫除一间客房，对客房进行循环清洁。例如，要求客房服务员在其所负责的 14 间客房中，每天彻底大扫除 1 间客房，这样 14 天即可对他所负责的所有客房做一次计划卫生。

（2）要求客房服务员在做日常清洁工作的基础上，规定每天对客房的某一部位或区域进行彻底的大扫除，对项目循环清洁。例如，规定服务员每周一清洁走廊出风口、卫生间抽风机罩和天花；每周二清洁电话机、职工卫生间水箱；……

（3）季节性大扫除或年度大扫除。集中在淡季对所有客房分楼层进行全面的大扫除，一个楼层通常要进行一个星期，必要时可请前厅部对该楼层实行封房，并与工程部联系，请维修人员利用此时对设备进行定期检查和维修保养。

（二）准备计划卫生工具

每次做计划卫生前必须做好工具的准备，通常所需的工具主要有梯子、安全带、清洁剂、干湿抹布、各类刷子等。根据每次计划卫生项目的不同，具体选择需要哪些工具和用品。

（三）做好计划卫生的组织实施工作

酒店客房部制订了计划卫生工作安排计划，一般由客房主管或领班来组织实施。主要是安排每天完成计划卫生的人员、时间、工具等，确保计划卫生工作的落实。

（四）加强计划卫生检查

客房计划卫生完成后，由主管或领班检查卫生质量是否达到饭店规定的标准。

（五）注意计划卫生安全

计划卫生常常需要高空作业，具有一定的危险性，因此必须至少两人一组，做到有人保护，确保安全，防止事故的发生。

第三节 公共区域的清洁保养

酒店的公共区域,英文为 Public Area,简称 PA,又称为 PA 区。凡是公众共同享有的活动区域,都可以称为公共区域。酒店公共区域分为酒店外部公共区域和酒店内部公共区域。酒店外部公共区域包括广场、停车场、花园、前后门、外墙、车道等。酒店内部公共区域又可分为前台区域和后台区域:前台区域是客人活动的场所,如大厅、酒吧、餐厅、客用洗手间等;后台区域是酒店员工工作和生活的地方,包括员工餐厅、更衣室、活动室、宿舍等。

在一些现代化的酒店,客房部除了承担客房区域的清洁卫生工作外,还承担了酒店公共区域的公共卫生的清洁整理工作,这样做的好处在于能够统一调配清洁卫生的力量和设备工具,使清洁卫生工作更加专业化,提高劳动效率和清洁卫生质量。

由于公共区域的自身特点面积大,人员分散,不利于控制与监督,因此,公共区域的清洁卫生工作要根据所管辖的区域和范围以及规定的卫生项目与标准,划片定岗,实行岗位责任制,使员工明确自己的责任与质量标准。管理人员应加强巡视检查,进行监督。

做好公共区域的清洁卫生工作是客房部工作的重要组成部分。除了住客之外,由于许多客人在酒店期间的活动范围仅限于公共区域,公共区域的卫生状况会给他们留下深刻的印象,成为他们评判酒店服务质量高低的标准,因此,公共区域卫生质量的好坏,直接关系到酒店的整体形象,影响到酒店的声誉,客房部管理人员应给予高度的重视。

一、公共区域清洁保养的任务和特点

(一)公共区域清洁保养的任务

(1)负责酒店室内、室外各部分公共区域的清洁保养工作。
(2)负责酒店所有排污、排水等管道系统的清疏和垃圾的清理工作。
(3)负责酒店的卫生防疫、喷药"杀害"工作。
(4)负责酒店的吊灯、窗户、墙体、玻璃幕墙的清洁保养工作。
(5)负责酒店的绿化布置和苗木的保养繁殖工作。

(二)公共区域清洁保养的特点

1. 地位重要,反映酒店的整体形象

公共区域是客人流动量大、活动频繁的地方,公共区域的卫生质量,反映了酒店卫生质量的水准,客人也将其作为衡量整个酒店的标准,公共区域的卫生状况会给酒店客人留下深刻的第一印象。有人称大厅的卫生是酒店的脸面,也有人说公共洗手间是酒店的"名片",这都充分说明了公共区域清洁保养对酒店声誉的重大影响。

2. 任务繁杂,管理难度大

公共区域面积大范围广,清洁保养项目繁多,清洁方法和技术要求差别大;公共区域客流量大,清洁环境不易保持,清洁次数频繁,时间不固定;清扫员工作地点分散;清洁保养质量不易控制。因此,要求公共区域服务员具有较高的质量意识和工作自觉性,管理人员要加大巡视和督促,以保证公共区域的卫生质量。

3. 环境多变,工作条件差

与客房部其他岗位相比,公共区域的工作条件和工作环境比较艰苦,比如,负责停车场和酒店周围卫生的服务员,无论是炎热夏季,还是寒冷的冬天,都在室外工作。特别是人员分散,给管理工作带来难度。不少服务员思想不稳定、工作不安心,根据这种情况,管理人员既要严格管理,保证服务质量,又要关心体贴,调动他们的工作积极性,使他们热爱并做好公共区域的清洁保养工作。

4. 专业性强,技术含量高

公共区域清洁项目繁多、性质各异,清洁要求差别很大,使用的清洁剂、清洁工具完全不同。如大理石的打蜡和木质地板的打蜡,前者使用水性蜡而后者使用油性蜡,使用不当会给大理石或木质地板造成损坏。公共区域的工作人员需要掌握所使用清洁剂、清洁工具的性能、使用方法及工具的保养与维修,具有较高的专业技术性。酒店应对工作人员进行应有的培训与考核。

二、公共区域清洁保养的质量标准

公共区域清洁项目无统一的质量标准,必须根据各区域不同的活动特点的要求,以便进行有效的控制管理。

(一)大堂清洁标准

(1)保持大理石地面无脚印、无污渍、无烟蒂、无痰迹、无垃圾。

(2)大堂内的其他部分,如柱面、墙面、台面、栏杆、椅子、沙发、灯座等,保持光亮、整洁、无灰尘。

(3)玻璃大门无手印及灰尘,保持干净、光亮、完好无损。

(4)不锈钢烟缸,保持光亮,无烟灰迹,无痰迹。

(二)走廊、通道、电梯、楼梯清洁标准

(1)地面保持清洁、光亮、无污迹、无水迹、无脚印。

(2) 走道四角及踢脚板保持干净、无垃圾。
(3) 烟灰缸保持清洁、无污痕，烟蒂不得超过2个。
(4) 墙面及走道设施、门框、通风口、灯管保持干净、无积灰。
(5) 安全扶梯台阶保持清洁、无污物、无垃圾；扶杆上保持光亮、无积灰。
(6) 保持电梯梯门光洁、明亮，梯箱四壁及地面干净、整洁。

（三）公共洗手间清洁标准

(1) 卫生洁具清洁、无水迹、无毛发、无异味。
(2) 墙面四角保持干燥、无蛛网，地面无脚印、无杂物。
(3) 镜面保持明净、无灰尘、无污迹、无水迹。
(4) 金属器具保持光亮、无浮灰、无水迹。

三、公共区域清洁保养的操作规范

（一）大堂清洁保养

大堂是酒店中客流最大、最频繁的区域，大量过往的客人短暂停留，不时带来尘土、烟蒂、纸屑等，因此要求日夜不停地清洁保养，才能保持其清洁光亮的面貌，给客人留下美好的印象。

1. 大堂清洁保养规范

(1) 白天用尘推进行循环迂回拖擦，维护地面清洁。拖擦应按规定的路线进行，每到终点时，应抖净依附在尘推上的灰尘，然后周而复始地进行拖擦。
(2) 夜间对大堂地面进行彻底清扫，定期上蜡抛光。
(3) 大堂地毯每天吸尘，定期清洗。
(4) 经常进行大厅的清洁抹尘工作，包括大厅的柱面、台面、栏杆、各种告示牌、电梯门、电话台、总服务台、台面灯座、沙发和大厅的玻璃门等。
(5) 注意清理花池和花盆里的烟头、纸屑等废弃的杂物。对花木要每日进行养护整理，如揩去叶面上的浮尘，剪除枯叶败枝。
(6) 及时清洁果皮箱，勤换客用烟灰缸，烟灰缸内烟蒂不能超过2个。

2. 注意事项

(1) 在操作过程中，根据实际情况，适当避开客人和客人聚集的区域，待客人离散后，再进行补做。客人进出频繁和容易脏污的区域，要重点拖擦，并增加拖擦次数。
(2) 遇下雪或下雨天，要在大堂进出口处，放置踏垫，并增加拖擦次数，防止雨水带进大堂；树立"小心防滑"的告示牌，以防客人滑跤，及时放置伞袋，并铺上防滑地毯。
(3) 门厅及大堂入口区域应设专人除尘，随时擦除人们进入时的脚印。
(4) 门厅及大堂地面多为花岗石、大理石、水磨石等硬质地面，有的局部铺设地毯,应根据不同材质,采取不同的清洗方法。

（5）不锈钢、铜、铝合金等装饰,如柱子、扶手、标牌等,容易受腐蚀,擦拭时要选用专用清洁剂、保护剂,不要留下划痕。

（二）客用电梯的清洁保养

电梯是高层酒店十分重要的垂直交通工具,根据用途可分为客用电梯、员工电梯、货运电梯、消防电梯等,客人乘坐和运送服务物资十分方便、快捷。对客用电梯的清洁保养分为日间常规性清洁和深夜彻底清洁。

（1）白天服务员应经常对电梯的厢门、厢壁、厢顶进行擦拭,深夜应进行彻底的清洁保养,同时更换地毯。

（2）应注意根据梯厢的材质,采用相应的除尘和去污方法。

（3）电梯厅内的电梯开关、电梯运行显示器等手按动的开关部分,应按规定进行擦拭、消毒,确保其光亮无指印、无污迹。

（三）公共洗手间的清洁

客人对公共洗手间的清洁质量要求高,如果有异味或不整洁,就会给酒店带来不利的影响,所以公共洗手间必须保持清洁卫生、设备完好,客用品齐全,服务标准。

1. 清扫规范

（1）日间的一般清洁整理内容:擦去台面、水龙头上的水迹,擦亮镜子,清理垃圾;喷洒空气清新剂,保持空气清新无异味;补充客用品并摆放整齐;一般1～2小时进行一次。

（2）全面清洁整理:一般下午和后半夜进行,主要是清洁抽水马桶及便池,洗刷地面、墙壁、清除水箱水垢。进行全面清洁整理时,必须在洗手间门外竖立一块牌子,说明关闭原因,并指出邻近洗手间所在位置。

2. 注意事项

（1）员工作业时要注意自身保护,应带防护手套和口罩,预防细菌感染,防止清洁剂损坏皮肤。中间休息或作业完毕后,应使用药用肥皂洗手。

（2）清洁卫生间所用的器具应专用,使用后应定期消毒,与其他清扫器具分开保管。

（3）作业时应在现场竖立"正在清扫"告示牌,以便客人注意并予以配合。

（4）注意卫生间内的通风,按规定开关通风扇或窗扇。

（四）酒店门前环境保洁

（1）门前地面要不停地清洁,保持地面无烟头、杂物、纸屑,夜间或清早对大门庭院进行冲洗清扫。

(2) 及时清除汽车带到门前的泥沙和污渍,每天2~3次清理门前花盆、花坛内烟头、纸屑等杂物,清理走道、路边的垃圾和废弃物。

(3) 每天清扫门前防滑垫下的泥沙,每周用水枪冲洗地垫,晾干放好。

(4) 夜间对门庭口标牌、墙面、门窗及台阶进行全面的揩擦,保持光洁明亮,沿街的门庭和门窗要适当增加揩擦次数。

(五) 走廊、通道的清洁保养

(1) 夜间定期进行全面大清扫,并打蜡。

(2) 白天不停地循环依次清扫地面,将地面推擦干净后,将物件按原位摆放好。

(3) 清倒烟灰垃圾筒,擦干并按原位摆放好。

(4) 按预订顺序,依次擦拭门窗、窗台、墙壁饰物、镜面、开关盒、消火栓门、标牌、风口、踢脚板等。

(5) 每日工作结束前,把楼面上垃圾集中后,带到指定地点。楼面不准有垃圾过夜。

(六) 消灭"虫害"

虫害主要指蚊子、蟑螂、苍蝇、蚂蚁、老鼠等能传播疾病的害虫。这些虫害的存在,严重损坏了酒店的形象,影响了清洁的环境,还可能带来疾病的传播。酒店要定期在虫害活动的部位和区域,施放药物或喷洒杀虫药,消灭害虫和孳生地。同时应注意防止药物的滥用和流失,注意及时收回,防止出现其他意外。

第四节　客房清洁保养的质量控制

客房清洁卫生的质量是客人选择酒店的首要因素之一,也是客房部质量控制管理的基本内容。客房部的管理人员,尤其是基层管理者必须明确客房清洁卫生工作的具体内容和标准,以便进行有效的控制和管理。客房清洁卫生工作的要求是高质量、高标准、高效率,但客房清洁卫生的特点是楼层多,管理范围广;员工分散作业,质量不容易控制等。所以,客房部清洁卫生管理的难度较大。客房部全体员工都要明确客房清洁卫生工作是客房服务质量和管理水平的综合反映,客房部应在客房清洁卫生方面加大管理力度。

一、加强培训,提高认识

为提高客房清洁卫生质量,首先要求参与清洁的服务人员有良好的卫生意识。为此必须做好岗前及岗位培训,让员工树立起卫生第一、规范操作、自检自查的岗位责任感。同时,要求客房管理人员注意个人卫生,从自身做起,既完善自身形象,又加强卫生意识和卫生习惯。其次,不断提高客房员工对涉外星级酒店卫生标准的认识,严格与自己日常的卫生标准相区别,与国际卫生标准接轨,以免将一些国际旅游者正常的卫生要求视为洁癖。

二、规范制度,严格检查

(一)制定检查制度和标准

逐级检查制度即领班、主管和经理三级检查制度是确保清洁质量的有效方法。要保证清洁质量就要有员工自查,提高员工的责任心和检查意识:领班普查要做到每天对所管工作区域的所有房间,进行检查并保证清洁质量;主管抽查主要检查 VIP 房、维修房、长住房,促进领班做好基础检查;经理抽查主要是为了了解客房清洁卫生质量,了解员工工作状况,改进管理方法,修订操作标准,一般情况下经理应抽出 1/2 的时间对楼层进行巡视和抽查。酒店总经理、驻店经理及值班经理对客房的清洁质量和客房现状进行定期抽查,不仅可以促进清洁卫生质量管理得到执行,而且还能制造声势,制造气氛,增进质量意识。房间摆放客人意见卡也是检查清洁质量的一个有效的方法。

(二)制定检查表格和报表

客房部的管理主要是通过各种制度和计划来实施,要了解和掌握这些制度和计划的实施情况离不开原始记录,表格和报表的重要作用就在于它们为实现规范化管理提供了格式化手段,为考核员工工作表现提供了重要依据。

三、系统管理,全面控制

客房清洁卫生管理的特点是管理空间广,工作人员分散,不易集中控制。作为管理者而言,必须具备严谨的管理思路,在日常工作中运用管理学知识结合客房清洁实践工作把培训、检查、卫生标准等方面的内容紧密结合,形成完整的体系,在工作中贯彻执行。既要从各分散的体系中抓落实,又要在整体中进行全面的控制。

 技能训练

实训一

1. 实训安排

实训项目	工作车及清洁用具的准备
实训要求	掌握工作车的使用,以及客房用品、清洁用具的摆放
实训时间	45 min
实训工具	工作车、客房用品、清洁用具
实训方法	先由老师进行讲解、示范,然后每 6~8 人一组进行实际操作,老师点评

第七章 客房清洁管理

2. 实训步骤及标准

① 将工作车擦拭干净,并检查车轮状况。

② 将各种客房用品整齐地摆放在工作车中,上层为客房供应品,中层为客房用布草,底层为清洁工具。

③ 摆放物品注意轻物在上,重物在下;贵重物品摆放在隐秘处。

④ 使用工作车时最好是拉动。

⑤ 停靠工作车时应将其停靠在客房贴近房门处,注意不要妨碍其他客人的行走。

实训二

1. 实训安排

实训项目	敲门进房
实训要求	通过训练掌握正确的进房规范
实训时间	45 min
实训工具	模拟客房门
实训方法	先由老师进行讲解、示范,然后每6~8人一组进行实际操作,老师点评

2. 实训步骤及标准

① 站在客房门外,察看有无"请勿打扰"标志。

② 站在门外适当的位置,以中指第二个关节部位轻轻敲门两次,每次三下,并通报"House-keeping"(等候3~5秒)。

③ 等候时应站在门前适当位置,仪态自然大方,注意有无客人发问。

④ 如无人应答,按门铃,并再一次清晰地通报"House-keeping",并等待客人的反应。

⑤ 如无人应答,一手将房门锁打开,另一只手将房门打开1/3,并再次通报身份。如听到客人内有回音,马上征询客人意见,决定是否整理房间。

⑥ 打开房门后,把"正在清洁"牌挂在门外把手上,开始客房清扫工作。

实训三

1. 实训安排

实训项目	走客房与住客房卫生清洁整理
实训要求	通过训练掌握正确的走客房与住客房卫生清洁整理工作程序
实训时间	45 min
实训工具	一套模拟客房
实训方法	先由老师进行讲解、示范,然后每6~8人一组进行实际操作,老师点评

2. 实训步骤及标准

① 按照正确的方法进房。
② 开灯、开空调,并拉开窗帘。
③ 检查客房内小酒吧及冰箱内的酒水饮料的使用情况。
④ 撤出房间内使用过的杯子、烟灰缸并收集垃圾。
⑤ 撤去床上用品,开始铺床。
⑥ 按照顺序依次对家具等处进行除尘除迹,注意干湿抹布分开使用。
⑦ 补充房间用品。
⑧ 清洁整理卫生间。
⑨ 按照顺序吸尘,同时整理家具及窗帘。
⑩ 调节空调。
⑪ 站在房门口做自我检查。
⑫ 关灯关门离开。

实训四

1. 实训安排

实训项目	客房内卫生间的清洁整理
实训要求	通过训练掌握正确的客房卫生间清洁整理程序
实训时间	45 min
实训工具	模拟客房卫生间
实训方法	先由老师进行讲解、示范,然后每6～8人一组进行实际操作,老师点评

2. 实训步骤及标准

① 进入卫生间。
② 撤出用过的毛巾并收集垃圾。
③ 清洗恭桶时先冲水,倒进清洁剂后用恭桶刷洗刷内壁,并用专用抹布擦拭恭桶外壁、水箱及坐板。
④ 清洗浴缸。先用温水预洗,倒入清洁剂,用海绵洗刷浴缸内外壁、墙壁、浴帘、水龙头等处,用温清水冲洗干净。
⑤ 用干抹布抹干水迹,将金属器件擦亮。
⑥ 用海绵洗刷脸盆及台面,可适量使用清洁剂,用清水冲洗干净,用干抹布将水龙头擦亮。
⑦ 使用玻璃清洁剂取出镜面污迹,用抹布擦拭干净,使其光洁明亮。
⑧ 用抹布擦拭卫生间的门、毛巾架、手纸架、电话机等处。
⑨ 补充卫生间用品。
⑩ 用专用抹布将地面擦拭干净,保证无污渍、无水迹、无毛发。

⑪ 自我检查。
⑫ 关灯关门离开。

思考与练习

1. 请解释夜床服务、计划卫生和公共区域的概念。
2. 应如何正确使用清洁剂？
3. 客房清洁前应做好哪些准备工作？
4. 开夜床的步骤和要求有哪些？
5. 公共区域清洁保养的特点有哪些？
6. 应如何规范客房清洁检查制度？
7. 分析以下案例，看看问题出在哪儿？

两位来自温州的客人经朋友介绍住进杭州一家宾馆的810房间。第二天用完早餐后得知，一位原定下午来与他们商谈出口业务的杭州某公司副总经理将会谈改在上午进行。由于这宗生意关系到温州客人公司半年度的经营计划，尽管上午早有安排，但他们还是一口答应，在饭店内等候那位副总的到来。为了给对方留下良好印象，他们决定找客房服务员马上来打扫房间。

当他们找到服务员时，发现一辆服务车就停在801房间门外，于是告诉服务员立即打扫810房间。这时客户服务员面露难色地对两位客人说："饭店要求我们每天打扫房间都必须按规定的顺序进行。每天从8点半开始打扫801，然后是803、805等，先打扫单号，接着才打扫双号，等到810房估计在10点左右。"温州客人十分耐心地询问道："那能不能临时改变一下顺序，先打扫810房呢？""那不行，我们主管说一定要按照规范中的既定顺序完成，不能违反饭店的规定，所以我们也没有办法。"

案例（一） 开了另一张床

下午15点多钟，莫小姐入住某酒店1801房间。因为公司业务的需要，她将在此逗留一周时间。莫小姐放下行李，休息了一会儿，近晚上18点时到餐厅用餐。当她用餐完毕回到房间后，发现夜床已经做好，服务员为她开的是靠近卫生间墙壁的一张床，床单和毛毯已经拉开一个角。莫小姐打开电视机，靠在开好的一张床上看电视，但是觉得电视机的位置有些偏，不是很合适，于是又去将电视机的方向转至合适位置。第二天，莫小姐办完事回到饭店已经是晚上19点多了，夜床已经做好。这次莫小姐惊奇地发现服务员为她开的是靠近窗户的一张床,而且电视机也已经摆正。

评析:

该酒店客房服务员在莫小姐入住的第一天为莫小姐提供夜床服务,并按酒店操作规程为其开了靠近卫生间的一张床。可第二天做夜床的服务员为什么又要给莫小姐开靠近窗户的床了呢?我们可以推测,一定是第二天早班做清扫的服务员发现了莫小姐靠在他们开好的靠近卫生间那张床上看电视不舒服的情况,并且把这一发现告知做夜床的晚班服务员,于是第二天他们做夜床时针对莫小姐的这一无声要求,做出了调整,开了另一张床,并把电视机摆正了。

优质的客房服务需要服务员用心去观察客人的需求,发现客人的特殊需要,然后提供针对性的服务;同时,还需要员工之间的沟通与协调,将观察到的客人信息进行传递,每一环节都围绕客人的需要而努力,共同达到提供优质服务的目的。

案例(二) 客人进了脏房

7月18日早晨8:25左右,某酒店前台通知8楼台班8106抢房,前台已经将8106安排给了新来的客人。当时卫生班正在开会。台班电话一直在响,台班还没来得及告诉卫生班抢房,前台通知8110退房。这时卫生班开完会了,台班通知卫生班,先查8110后马上抢8106。当卫生班查完8110,去工作间拿床单被罩时,前台通知说带客人把行李放入房间,台班开始说不太好吧,脏房是不可以面客的,可前台说只放行李,于是便同意了,当时8106夜班已做好了,只少床单被套了,还有一个麻将桌没有搬出来。当时布草还没来,可客人一进门就对服务员说:"你们半个多小时做不出一间房?!"

评析:

酒店严格规定"不合格的产品不能提供给客人",我们却把客人领进了未清理好的房间,这本身也是对客人提供了劣质服务,前台是专门接待的一个班组,直接面客并与客交流,台班是连接前台与客房的中枢,也是客房的守门人,两者都起着很重要的作用。但是,前台作为一个专门接待的职能部门,却把不合格的产品提供给客人;台班作为客房的一个重要位置,没有把好自己的大门,最后导致客人投诉。两者都犯了严重的意识性错误,但却没有一人认识到。客人的需求就是命令,并且是我们必须满足的,无论是谁接到这一信息后都必须有所反应,至少让客人看到我们已经在行动了,在第一时间回应客人的需求。

在此案例情况下,前台首先不能在客房未清扫的情况下让客人进入客房,可以考虑客人出去办事而提出放行李的要求,把客人的行李暂时寄存于行李房,待客人回到酒店后由行李员协助将行李放入客人房间;台班应该将正在开例会的卫生班员工中抽调一名抢房,晚班服务员知道没有了布草,就应该立即去把布草领回,协助早班抢房。

第七章 客房清洁管理

第八章 客房对客服务管理

 学习目标

1. 了解客房楼层对客服务的基本要求。
2. 掌握客房楼层常规服务的规程及注意事项,给客人以满意。
3. 学会在常规服务基础上为客人提供个性化的服务,给客人以惊喜。

第一节 客房常规服务

某酒店,一个初夏的傍晚,外面下着大雨,李小姐的外套已经被淋湿了。她办理好入住登记手续后赶忙进入房间,晚上她还要去参加一个宴会,仍需要穿身上这套衣服,于是打电话向房务中心借电熨斗,要把身上这件外套整理一下。服务员很快把电熨斗送来了,但没拿来烫衣板,服务员说可以在床上熨烫。在李小姐的要求下,服务员不太情愿地又去工作间拿来烫衣板。可是,当李小姐准备熨烫衣服时却发现电熨斗不能通电,检查的结果是电熨斗的电源线已脱落。李小姐一看,已经没有时间等了,只好将就着继续穿身上这件已淋湿的外套去赴宴了。

李小姐心里很是别扭,心想:这家酒店以后不能再来住了。

酒店客房部的服务内容是非常广泛的,不仅指上一章所讲的清洁服务工作,还包括大量的对客服务工作,需要我们面对面地为客人提供帮助,以解决出门在外的他们之需。在这些对客服务工作中,有些是日常性的服务,如本案例中提及的客人借用电熨斗的服务,以及楼层迎送服务、洗衣服务、送餐服务、加床服务、客房维修服务、宾客遗留物品服务、托婴服务、擦鞋服务、访客服务、客房小酒吧服务,等等。这些服务是每天必须完成的周而复始的日常工作,我们称为常规服务,按规定为客人提供了这些常规性服务,可以给客人以满意,否则客人就会产生不方便之感。

一、楼层迎送服务

不同服务模式下的楼层迎送服务的形式存在一定的差异,要视酒店的具体情况而灵活处理。

在客房服务中心模式下,没有设置固定的岗位迎送宾客进出楼层,一般由行李员为客人提供进入房间的服务。若无行李员提供服务,楼层清洁卫生的服务员在遇见客人进入楼层后应提供简单的迎送服务,如问候、帮助提携行李、开门进房、询问需要等,切不可因工作忙而无视客人的到来。

二、客房小酒吧服务

客房小酒吧(Mini-bar)服务是一项方便客人的服务,同时也给酒店增加利润,中外大部分酒店都普遍提供此项服务。

1. 掌握客房小酒吧的标准配备数量及品种

在酒店培训中要求员工准确掌握客房小酒吧的规定品种和数量,如酒类、软饮料、点心等,同时还必须配套酒杯、调酒棒、开瓶器等用品。酒柜内放有酒水单,列出了各项酒水食品价格和数量及小酒吧的管理说明,请客人饮用后如实填写并签名。

2. 清点消耗量并补充

每天上午清扫客房和晚间做夜床时,服务员必须清点小酒吧内酒水食品的消耗量,并与客人填写的酒单进行认真核对,如客人未填写,则由清点的服务员根据消费内容为客人登记入账。酒单一式四联,第一联与补充酒水一起派入房间,第二联和第三联交收银处作为发票和记账凭证,第四联作为楼层补充酒水的凭证。

清点完酒水后,必须及时按标准配备补齐,并做好补充记录。

3. 妥善保管客房楼层备用酒水

客房领班和服务员必须对楼层备用酒水的数量做详细记录。楼层酒水由客房领班到仓库领取,服务员要补充客房酒水时到领班处领取,层级管理,责任明确。每周日,由领班对楼层酒水柜进行盘点,填写一周饮料酒水消耗表,交由楼层主管核对。

4. 夜班服务员须填写每日全部楼层的酒水消耗账目

夜班服务员从前台收银处取回当天所有饮料账目的回单,与早、晚领班填写的"饮料消耗表"核对,并按楼层分类装订。若回单与"饮料消耗表"相符,则将此数据登记在"饮料消耗总账簿"上;若有出入,则另做记录和核对,楼层主管负责查清原因。

5. 注意酒水的保质期

楼层须在饮料酒水距保质期一个月时,将其换下更新,撤下的酒水饮料尽快退回商家,不能退的则应尽快处理。

三、洗衣服务

为了方便住店客人的生活,酒店一般都设有洗衣房,为客人提供洗客衣服务。洗衣服务可分为干洗(Dry-cleaning)、湿洗(Laundry)、熨烫(Pressing)三种;按时间又可分为普通洗(Regular Service)和快洗(Express Service)。普通洗衣服务一般为上午交洗,晚上送回;下午交洗,次日送回。快洗服务一般不超过4个小时送回,但要加收50%的快洗费。

1. 收取客衣

电话接受客衣是国际上大部分酒店的做法,客衣服务员在电话中需提醒客人填写洗衣单,并将所需洗的衣物一同装入洗衣袋中,放于客房内。洗衣单一式三联,一联作为记账凭证,一联在结账时交给客人,第三联供洗衣房留底。

收到客人送洗客衣后,核对洗衣单上所填写的项目,如客人的姓名、房号、日期及时间、送洗衣物数量及种类、客人的特别要求等是否与实际相符;同时检查所送洗衣物有无严重污渍、破损,衣物口袋内有无物件,衣物质地是否适合干洗或湿洗等情况,若有,则应当面向客人说明,并在登记表上注明,请客人签字。

收到所有送洗衣物,均需记录在《客衣收衣记录表》上。

2. 送回客衣

由客衣服务员直接将客衣送回客房是大部分国际酒店的做法,衣物洗熨后按照客人所要求的方式折叠或吊挂送回客房。若客人在房间,请客人当面清点数量,检查质量,请客人在洗衣账单上签字;若客人不在房间或挂有"请勿打扰"牌,则将送回衣物暂存客房服务中心,并从门缝放入"衣服已洗好"的说明卡,注意记下客人房号。卡的主要内容为:

亲爱的宾客:因您的房间挂有"请勿打扰"牌/不在房间,我们将您的衣物暂存于洗衣部,您看到此卡请与我们联系,电话为××××××××,我们将立刻送回您的衣物。

填写《客衣送衣记录表》。

3. 客衣纠纷的处理

洗客衣必须认真负责,否则易引起纠纷。易引起纠纷的原因主要有客衣丢失、衣物破损、污迹未洗净、纽扣丢失、客衣染色或褪色等。

一旦发生客衣纠纷,应尽快与客人协商,听取客人意见时要主动、诚恳、有耐心,仔细了解真实情况,按照不同情况作出妥善处理。凡属客衣洗涤过程中由酒店方原因引起的客衣丢失、洗坏、烫坏、染色等,应主动承担责任,进行修补或赔偿,若需赔偿,按照国际惯例,最高赔偿费用不超过洗衣费的 10 倍,具体数目由双方协商解决。凡属客人或客衣本身原因引起的洗坏(如提醒客人不能湿洗的衣物仍坚持洗湿而洗坏的)、口袋物品丢失、严重污迹不能洗净等,酒店不负赔偿责任,但应耐心解释。

表 8-1 洗 衣 单

房 号			姓 名		日 期		
			签 名		时 间		
干洗	湿洗	熨 烫		普通洗		快 洗	
数 量		衣物种类		单 价		金 额	普通洗服务:上午10:00 以前收衣,当日下午 18:00 以后送回;上午 10:00 以后收衣,隔天送回。
客人	酒店						
		长袖衬衣		22			
		运动衣		20			
		外套		38			
		连衣裙		36			
		短裙		20			
		西裤		30			
		牛仔裤		32			
		睡衣睡裤		24			
		内衣		8			
		内裤		8			加快洗衣服务:下午 15:00 以前收衣,4 小时内送回,增收 50% 的加急费。
		袜子		6			
		手帕		6			
		毛衣		38			
		领带		12			
		晚礼服		75			
		大衣		88			特殊要求:
		以上合计					
		50%增收费					
		总 计					

四、客房送餐服务

我国国家技术监督局对旅游星级饭店的送餐服务作出了明确的规定,例如,星级饭店的划分与评定标准(GB/T 14308—1997)对五星级饭店的送餐服务规定如下:要有餐菜单和饮料单,24小时提供中西式早餐、正餐送餐服务。送餐菜式品种不少于10种,饮料品种不少于8种,甜食品种不少于6种。要有可挂置门外的送餐牌。

某些客人因特殊情况或生活习惯要求在房内用餐,常见的送餐有早餐、便饭、病号饭和夜宵等,以早餐最为常见。

客房内应有专门设计的客房送餐牌,餐牌上有备选食物和价格,客人根据所需选好种类,并注明用餐时间,然后将其挂在房门把手上,或拨打订餐电话要求提供服务。

送餐服务主要由酒店餐饮部设立的客房送餐服务部负责提供,客房服务只是做一些辅助性的工作,如楼层服务台班日常送餐做好记录,及时通知送餐部门收回用过的餐具,夜班服务员及时通知送餐部门收取客人挂出的餐牌等。

五、客房加床服务

客人要求在房内加床,必须到前台办理加床手续,对不能加床的情况应明确告知客人。

(1)当客房服务中心收到前台加床通知后,尽快通知楼层服务员。

(2)楼层客房领班及服务员同时在房态表上对加床的房间做好记录。

(3)服务员收到加床指令后,应准备床上用品和低值易耗品一份,在加床的同时补充到位。

(4)在次日清洁房间时,同样补充一套上述物品。

(5)楼层客房领班在查房时,应再检查一次加床服务工作是否做好。

六、客房维修服务

(1)当客房清洁时发现客房内设备有损坏或有故障,服务员应在工作单上登记需维修的房号、维修项目及报修时间,并立即报客房服务中心。

(2)客房服务中心接报后填写维修单送交工程部,由工程部派专业维修人员负责维修。

（3）工程维修人员到客房做维修时，由楼层服务员开门陪同进房维修，维修期间房门要打开。

（4）维修结束后，由客房服务员或客房领班签字，锁门离开。

（5）若维修工程量较大或需时较长，客房服务员可不陪同维修，但要记录维修的起始时间和维修人员的姓名，维修结束后仍需客房服务员签字并锁门离开。

（6）若对住客房维修，应尽量选择客人不在房间的时段，并注意移开客人的物品，或对物品进行简单遮盖；如果所需维修时间较长，则应与客人协商换房后再维修。

表 8-2 工 程 维 修 单

维修单位_____	联系人_____	工程部签收_____	
维修地点_____	维修内容_____		
维修员_____	派工时间___月___日___时	完工时间___月___日___时	
耗材			
报修单位验收_____	备注_____		
维修房号	开始日期	维修日期	完工日期

部门主管：_____

七、客房用品租借服务

客房内为客人提供了大部分生活所需的物品，但考虑到有些客人的特殊需要，在客房楼层准备了种类丰富的备用物品，通过租借的方式满足其要求。可供租借的物品的种类，取决于酒店的服务标准以及该酒店的客源特征。

客房部的物品租借服务程序如下。

（1）接到客人要求租借用品的电话或通知后，楼层服务员将客人房号、租借物品名称及编号、租借时间登记在工作表上。

（2）在规定的时间内将客人所需物品送至客人房间，并问清客人归还的时间，根据情况向客人演示物品使用方法及注意事项。

（3）填写《租借物品记录表》。

（4）到了归还时间，如果客人房门上没有"请勿打扰"标志，可通过电话礼貌地询问客人是否继续使用，征得同意后前往该房收回租借物品。注意检查物品是否完好。若有损坏或遗失，应向上级汇报，由主管出面处理。

（5）清洁租借物品，将其放回原处，并在《租借物品记录表》上注明此物已归还。

客房部可通过《租借物品记录表》了解客人的需求，反映出客人需求量最大的租借物品的品种、各种物品需要借出的时间以及客人借用时间的长短。将客人最常借用的物品放于楼层工作间内,不太常用的物品可存放于客房服务中心。

客房管理人员应根据客人需求的变化,不断补充、调整租借物品的种类和数量。

表8-3　某酒店客房部租借物品明细表

年　　月

编　号	名　　称	数　　量	备　　注
1	硬板床	2个	
2	备用床	5张	
3	烫衣板	4个	
4	熨斗	4个	
5	被子	19条	
6	褥子	3条	
7	毛毯	10条	
8	枕头	16个	
9	多功能插座	13个	
10	打包机	2个	
11	塑料绳	2卷	
12	纸箱	10个	
13	果篮	2个	
14	创可贴	10个	
15	鞋油	3色	
16	鞋刷	3把	
17	洗衣粉	10袋	
18	肥皂	5条	
19	洗洁精	3瓶	
20	电子蚊香器	19个	
21	暖水袋	1个	
22	麻将	6副	
23	象棋	2盒	
24	扑克	5副	
25	充电器	2个	
……			

八、客人遗留物品服务

住客在离店时由于疏忽,可能会将其个人的物品遗留在客房内,客房服务员在查房时应仔细检查,判断为客人遗留物品,则应尽快通知前台,设法将物品交还给客人;若客人已离店而无法交还客人时,则应为其妥善保管。

(1) 由拾获人详细填写《遗留物品登记单》。

表 8-4 遗留物品登记簿

日 期	时 间	地 点	物品名称及数量	拾交人	编 号	保管人	领取日期	领取人	经手人	备 注

表 8-5 遗留物品登记单

编号: _____
地点: _____

物品特征: _____
_____

日期: _____ 时间: _____ 拾获者: _____
以上物品已完好收妥,特签此据
日期   签领

(2) 客房中心服务员查对《遗留物品登记单》及遗留物品,并填写《遗留物品登记簿》。

(3) 将物品整理好,与《遗留物品登记单》"随物"一联一起装入保管袋封口,写上日期。

(4) 贵重物品送到财务部保管,其他物品按日期顺序存放于客房服务中心的遗留物品储存柜中。

(5) 客人询问有关失物情况时,应查对《遗留物品登记簿》记录,积极协助查询,并准确答复。

(6) 失主认领遗留物品时,须请客人说明有关失物详细情况,确认无误后,请客人去大堂副理处办理领取手续,同时立即将遗留物品和《遗留物品登记单》送至大堂副理处，请客人交验身份证件，在《遗留物品登记单》上签字。领取贵重物品须留有客人的身份证件的复印件，以备查核。

（7）客房服务中心领班定期整理、清点遗留物品。

（8）遗留物品一般保管3～6个月，贵重物品保管一般6～12个月。无人认领的遗留物品到期后，按有关规定处理。

九、访客服务

客人住店期间有朋友至客房拜访，酒店有义务为其提供帮助，这不仅有助于提高客人的满意程度，还可以加强楼层的安全工作，防止不良动机之人进入楼层作案。

访客服务的基本程序如下。

（1）有非住客进入楼层，客房服务员应主动询问，不可任由其在楼层徘徊。

（2）热情接待来访者，问清被访客人的姓名及房号，通过电话与该住客取得联系。

（3）如果住客不在房内，向访客说明，并提示其可以前往总台办理留言手续，切不可擅自打开房门让访客在客人房间等候，除非住客事先要求服务人员为来访者开门，并在大堂副理处办理有关手续；如果住客不愿意接待来访者，应先向访客致歉，然后委婉地请其离开，不得擅自将住客的情况告知访客。

（4）如果住客同意会见来访者，则引领访客到达住客房间，礼貌询问是否需要茶水服务、加椅或其他帮助。

（5）有关访客来访的人数、时间等情况需记录在工作日志上。如若访客超过酒店规定的时间仍未离开（如大部分酒店规定不得超过23:00），应用电话提醒客人；若访客准备留住，则应提醒其前往前台办理入住手续或加床。

（6）访客离开后，主动撤去加椅，根据情况询问客人是否需要提供整理房间的服务。

（7）在会客过程中发现任何异常情况，立即向上级报告并记录在工作日志上。

十、托婴服务

托婴服务是高星级酒店为客人提供的非常周到的一项有偿服务。该服务可为携带孩子的宾客提供方便，使其可以不受孩子的拖累而影响外出活动。酒店一般不设专门的托婴服务员，此项服务主要由客房服务员在班后承担。承担该项服务的兼职服务员需接受照料孩子的专业培训，懂得照看孩子的基本专业知识和技能，有照看婴儿的经验。

托婴服务一般以3小时为收费起点，超过3小时的，按小时增收费用。

(1) 客人提出托婴服务的要求后,客房服务员应请客人填写《婴儿看护申请单》,并就有关注意事项向客人说明。

表 8-6　婴儿看护申请单

客人姓名_____　房号_____ 尊敬的宾客: 　　应您的要求,我们安排_____于___日___时至___日___时为您提供看护婴儿的服务。 　　请您在以下所需项目中选择 　　　早餐　　　　　　　　　　是　　　　□ 　　　午餐　　　　　　　　　　是　　　　□ 　　　晚餐　　　　　　　　　　是　　　　□ 　　　其他　　　　　　　　　　是　　　　□　备注:_____ _____ 　　托婴服务的最初 3 小时按每小时 20 元人民币收费,此后每超过 1 小时加收 30 元人民币,所有费用都在总台收银处直接结算,酒店将不承担看护者疏忽造成的事故而引起的任何赔偿。 　　申请人愿意接受以上全部条款。 　　客房部经理签名:_____　　　　客人签名:_____

(2) 报告客房部经理,由其在申请单上签字,并安排专门人员看护婴孩。

(3) 看护者在接受任务时一般由当值主管、领班陪同前往客房,并向客人介绍。看护者必须向客人了解婴孩的特点和看护要求,以便提供周到细致的看护。

(4) 看护者在规定区域内照看婴孩,严格遵照家长的要求,不得自作主张把婴孩带离工作规定区域,不得随便给婴孩食物吃,不得在婴孩哭闹时责骂恐吓,不得将尖利物品及其他危险物品充当玩具,不得托他人看管。

(5) 在照看期间,如果婴孩突发疾病,应立即报告客房部经理,以便得到妥善处理。

(6) 托婴服务完成后,通知当值主管,并立即将《婴儿看护申请单》送交总台收银处。

十一、擦鞋服务

国家旅游局规定,三星级以上酒店须向客人提供免费擦鞋服务。

客房内配备有鞋篮,客人可将需擦的鞋放进鞋篮,用电话通知或晚间放在客房门口,由服务员取回工作间擦拭。

(1) 楼层服务员在接到客人要求擦鞋的电话或通知后,应在酒店规定的时间内到达客人房间收取皮鞋,取回至工作间擦拭。

(2) 收取皮鞋时应在小纸条上写明房号放入皮鞋内,以防送还时出现差错。

(3) 根据客人皮鞋的面料、颜色选择合适的鞋油或鞋粉,仔细擦拭、抛光。

(4) 将擦拭干净的皮鞋及时送至客人房间,如果客人不在,可放置于鞋篮内。

第二节 客房超常服务

案例 8-1

某公司业务员张先生入住青龙大酒店已经三天了,酒店服务员发现他很忙碌,每天一大早就出去了,要到深夜才回来。今天张先生回来得比前两天要早一些,他手上抱着一个大纸箱,走路不稳,从电梯出来后靠在墙上,过了一会儿顺墙坐在了地上,头枕着纸箱似乎睡着了。

正准备下班的服务员小刘看见张先生坐在地上睡着了,走近他后闻到了很浓的酒味,知道张先生一定喝醉了。他试图叫醒张先生,张先生只是抬眼看了一下小刘便又继续睡,无奈,小刘只好到工作间把另一位员工小李叫来,扶起张先生,请他拿出客房钥匙,把他连同他的纸箱一起送至房间。他们扶张先生睡下,把垃圾篓放在床前,把纸巾放在枕边,倒上一杯热茶放在床头柜上,把房间的大灯关了,留了床头灯,关上房门出来。小李回到工作间把这件事记录在工作日志上。

次日早上下班前,小李打电话至张先生的房间,询问张先生身体情况如何,需不需要帮助,并提醒张先生如果仍不舒服的话可以要求送早餐服务。小李还在交班时提醒下一班次的员工注意关照张先生。

张先生感到很温暖,在宾客意见表上表达了对小李的表扬和对酒店的感激之情。

在对客服务质量的衡量方面,没有绝对的标准,只有宾客感受到的满意和惊喜才能说明服务质量高,而服务"没有最好,只有更好"。宾客的需求千差万别,通过规范化的常规服务只能达到不让宾客投诉的效果,而难以让宾客产生超预期的惊喜感,要创造真正意义上的优质服务,必须在常规服务的基础上提供超常规的服务,提供针对性服务,提供个性化服务,给宾客留下难以忘怀的深刻记忆。

超常服务,就是在常规服务之外提供特殊的、优质的、超值的、能满足客人个别需要的服务。它是常规服务的补充和提高。

一、贵宾服务

酒店的贵宾,主要是指政府要员、酒店上级行政管理人员、酒店协作单位的高层领导、对酒店建设和经营管理有极大帮助的人、社会名流、著名科学家、著名企业家等。

提供优质的贵宾服务在酒店服务中具有非凡的意义,它不仅能使酒店得到更多的社会支持，获得更丰厚的社会资源，还能极大地提高酒店知名度和美誉度，为酒店的发展搭建一个更宽厚的平台，创造更多的发展机会。因此，所有的酒店都非常重视 VIP 的接待工作，制定一系列的政策，拟定相应的接待流程，对员工进行 VIP 接待培训，以期达到良好的效果。

（一）贵宾接待准备工作

（1）客房部根据 VIP 接待通知单上的接待规格，提前为其安排房间，要选择同类型客房中楼层、朝向、景致、环境、房况等方面处于最佳状态的房间。

（2）对所选贵宾用房进行大清扫，对房间进行布置，摆放好鲜花、果盘、总经理名片、问候信等，并由楼层领班、主管、客房部经理查房，如发现问题，应马上通知所涉及部门，令其迅速解决。

（3）特级贵宾的接待需要保安进入楼层的，也应提前安排。

（4）贵宾抵达前 2 小时，大堂经理进行最后的检查，确保各方面准备工作已经按要求做好。

（二）贵宾抵店时的接待工作

（1）贵宾抵店时，根据贵宾接待通知单上的审批规格，由大堂副理组织欢迎队伍，在酒店正门欢迎，当客人到达时，称呼客人姓名（有职位的应称呼职位），并致欢迎词。外国元首的到达还应按规定升国旗、奏国歌。

（2）由大堂副理送贵宾进入客房，并在房内由大堂副理亲自为其办理入住登记手续。前台通知各部门贵宾已入住。

（3）楼层服务员在贵宾入住后及时送入欢迎茶，并向客人问好。注意不能在客人房内滞留过多，不要影响客人的休息。

（三）贵宾入住期间的服务

（1）贵宾住店期间，各班次班前例会上要将贵宾的信息告知每位服务员，还可将贵宾的姓名、房号写在客房部、洗衣房办公室以及楼层工作间的告示白板上，确保每一位员工记住有关信息。服务员要用姓名和职务尊称客人，礼貌要周全。

（2）要尽可能多地了解客人的生活习惯、兴趣爱好、禁忌等，并记录在工作日志上，为客人提供针对性服务；做好贵宾入住期间的信息传递工作，各部门协调好贵宾服务。

（3）了解客人的作息安排、进出客房的规律，以便在客人不在房间时为其整理客房，尽可能不打扰客人。

（4）配合安全部做好安全保卫工作，发现异常情况及时汇报；服务员也不应因自己对贵宾的喜好而利用工作之便打扰客人。

（5）大堂副理致贵宾问候电话，按规定奉送水果、鲜花，经常关心贵宾的需要，确保贵宾居住期间一切顺利，根据需要随时提供服务；客房领班、主管、经理每日关注 VIP 房间的卫生和服务，仔细检查房间设施设备和用品提供情况（贵宾用品每日一换，必须使用贵宾专用品，开夜床也为贵宾换棉制品）。

第八章　客房对客服务管理

（四）贵宾离店时的服务

（1）准确掌握贵宾离店的具体时间，大堂副理须提前落实相关服务措施的到位情况。

（2）离店当日，大堂副理必须通知前台服务员提前准备 VIP 账单，并核查账目是否准确；大堂副理和行李员一同上楼，陪同客人至前台办理离店手续。

（3）楼层服务员在客人离开客房或楼层时应向客人道别，为客人按下电梯按钮，送客人进入电梯，等客人电梯门关上运行后方可离开；迅速检查房间酒水使用情况及设施设备有无损坏，及时报告前台，除重大损失外，一般不要求赔偿。

（4）大堂副理根据贵宾审批规格安排送别队伍，或通知酒店高级管理人员送别，事先通知预订的车辆在店门前等候。

（5）贵宾离店后资料存档，制作客史档案。

在贵宾服务过程中要提醒注意的是，有些酒店的客房管理人员过分地重视贵宾，从而过多地提供了一些不必要的服务，反而引起宾客的不满。一次性消耗用品更换过于频繁有时会引起客人的反感，对客人而言，尤其是那些环保意识较强的客人，他们认为自己所使用过的物品是干净的物品，服务员完全没有必要把刚刚使用一次的用品给换掉，这反而给客人以浪费的感觉，高星级的酒店甚至就客人使用过的卫生间棉织品是否需要换洗，还要征求客人的意见；很多贵宾对房内茶水被频繁更换表示不满，客人在茶沏好后常会因某种原因而暂时离开房间，回房后还要继续用茶，不希望在此期间茶水被换掉。

二、病客服务

客人出门在外，生活规律打乱了，且来到异地可能因气候不适应等原因而患病是常有的事，客人担心没人照顾自己而感到无助则可能加重病情。作为与客人最为接近的客房服务员如若能给予其特殊关照，则会让客人感到温暖、感动，从而产生物超所值的惊喜感受。

（一）病客服务的程序

（1）客房服务员发现客人生病后，应立即报告领班，并记录在工作日志上。

（2）慰问病客，提醒其酒店有驻店医生，或帮助客人请住店医生到客房出诊。

（3）将纸巾、茶水及垃圾筒放置于床边，提醒客人按时服药，并询问客人是否需要特殊的饮食，对病客表示关怀。

（4）特别留意这间房的动静，适时借服务之机进入客房观察并询问客人有无需要帮助。

（5）对病情较重的客人，建议并协助客人与其就近的亲友取得联系。

（6）对于病情太重的客人应立即通知大堂副理及值班经理，并在驻店医生的协助下送至医院就诊，或住院治疗。

（二）病客服务的注意事项

（1）若发现客人休克或其他危险情况，应立即通知上级采取相应措施，不得大喊大叫，不得随意搬动客人，以免发生意外。

（2）若有客人要求代买药品，服务员首先应婉言向客人说明不能代买药品，并建议客人去看驻店医生，或请医生来房间就诊。

（3）在日常对病客服务中，服务员只需做好必要的准备工作即可离去，不得长时间留在病客房间，病客有需要可电话联系。

（4）如果客人得了传染病，则应稳定客人情绪，请驻店医生去为其诊断，确认后将客人立即转到医院治疗。客人住过的房间应请防疫部门来进行消毒，并彻底清洁客房，对客人用过的物品彻底消毒或报废处理。

三、醉客服务

酒店里客人喝酒过量的情况很常见，尤其是在商务型酒店，因业务宴请之故，醉客常有。如何对醉客提供周到的服务，成为酒店超常服务中的重要课题。比如，有的醉客会大吵大闹或破坏家具，遇人就打；有的会随地乱吐或不省人事，甚至引发严重的疾病；有的还会借酒装疯，对女服务员进行骚扰等等。一旦遇见这种种情况，服务员可以按以下方法处理。

（1）区别客人醉酒的程度，对轻度醉酒的客人，劝其回房间休息，不要影响其他客人。

（2）对于醉酒程度较严重的客人，则必须马上通知保安人员及楼层领班，并保持理智与机警，必要时协助保安人员将其制服，以防干扰其他住客或伤害自己。

（3）若是非住客，则尽力了解并通知家属或者120；若是住客，则应安置醉客回房休息，不再供应酒类饮品，但仍要注意房内动静，以免家具受到毁损或因吸烟而发生火灾。

（4）安置饮酒过度的住客回房休息，切不可独自进房，也不要为客人宽衣解扣，以免发生不必要的误会及不可知的后果。

（5）将醉客安置在房间休息后，将纸篓、纸巾、茶水等放在客人床边。以防客人呕吐，若已经呕吐，则应及时对地面进行处理。

（6）对于已经在房内休息的醉客要注意观察，只要他不影响到其他住客，不需对其行为进行干涉；如造成物品损坏，应做好记录，等客人酒醒后按规定赔偿。

（7）如果客人饮酒过度而发生昏迷，则应立即请驻店医生为其治疗；若引发其他严重病症,则应在驻店医生指导下将醉客送医院治疗。

（8）在工作日志上登记醉客的房号、状况及处理措施。

四、客人遗失物品的服务

（一）在房间内的遗失物品

若客人声称在房间内遗失物品,酒店应特别重视,并做出妥善的处理。

（1）立即报告领班,及时安慰客人,对客人表示同情,并帮助客人回忆丢失物品的可能过程,如他到过什么地方、有没有人来访过、有没有无意中遗失在什么地方等。

（2）查看客人资料,查看该客房开门记录,检查服务员清洁工作报表上的进出房间时间,询问该房清洁服务员对该房的清洁过程,请其回忆有无特殊情况。

（3）大堂副理和保安员一起查看门锁,判断门锁是否有问题或房间被盗痕迹,请客人填写一份遗失物品清单。

（4）征求客人意见是否愿意让工作人员帮助其在房内寻找,如客人同意,大堂副理、保安、客房领班一起当着客人的面在房间内查找,查找时尽量仔细些,注意床垫、床底、墙角、衣柜、洗手间等地方。

（5）若客人的物品仍不能找到,询问客人是否愿意报警。如果客人同意,让保安员陪同客人去最近的派出所报案；若客人不同意,且无明显被盗的痕迹,则酒店无需向客人赔偿,但应向客人表示同情并耐心解释,请客人留下电话,一旦查找到,立即通知客人。

（6）若客人遗失物品中有信用卡、护照等,由大堂副理帮助其与有关机构联系报失。

（7）对事件做好记录以备后查。

为防止宾客物品遗失或被盗,酒店须提醒客人将贵重物品寄存在前台设置的贵重物品保管处,或在客房内设置小型贵重物品保险箱。

（二）在酒店公共区域遗失物品

客人在客房以外的其他场所将私人物品遗失后,寻求酒店工作人员的帮助,酒店方也应认真对待,妥善处理。

（1）打电话去客房服务中心查看是否已经有人上交了所报失物品。酒店规定,员工在公共区域拾到任何东西必须马上交到大堂副理处,并在保安员的见证下记录物品的详细特征,拾到者的姓名、工号,然后把物品交到客房服务中心编号保管。

（2）通知保安部协助客人一起查找,陪同客人去可能丢失物品的地方查找。

（3）如果没有查找到客人报失物品,必须记录客人的详细资料,如姓名、地址、联系电话等,以便日后发现该物时交还给客人。

（4）酒店不承诺赔偿客人遗失的任何财物。

（5）对整个事件记录在工作日志上。

五、管家服务

（一）管家服务的产生与发展

管家，英文是"Butler"，起源于法国，但将管家的职业理念和职责范围按照宫廷礼仪进行了严格的规范，成为行业标准，却是在英国，英式管家也成为家政服务的经典。

浆洗过的雪白衬衫、黑色或白色的背心、黑色的领结、黑色的燕尾服、笔挺的黑色长裤和锃亮的黑色皮鞋，再加上一丝不乱的头发和永远笔挺的身板，这就是人们眼中英国管家的标准装束。他清楚哪怕是最不常用的礼仪，清楚1831年和1832年波尔多葡萄酒的细微差别，了解世界各国的佳肴名馔，让每一件名贵摆设都适得其所。

根据英国国际管家协会的标准，一个合格的私人管家应当接受过的训练包括急救训练、保安训练、枪支保管训练、正式礼仪训练、雪茄的收藏与保养、酒的鉴别和品尝、插花及家居饰品的保养、西服及正式服装的保养、团队服务演练、人事组织与管理、大型聚会组织与招待等，几乎涵盖了生活的各个方面。

随着我国酒店业的国际化发展及我国新富人群的增加，能够体现豪华酒店个性化、高品位服务的私人管家服务，在我国的豪华酒店中产生了，并日渐时兴。颁布于2004年7月1日并开始实施的新版《旅游饭店星级划分与评定标准》是我国酒店业发展史上的一个里程碑，新版的标准中规定酒店最高星级为"白金五星级"。申报"白金五星级"必须符合7个必备条件，在这些必备条件中明确规定：对行政楼层提供24小时管家式服务。这对于豪华酒店引进私人管家服务就成为一种必然，在这种政策的支持和引导下，私人管家服务在我国得到了一定程度的发展。

（二）现代酒店管家服务

酒店私人管家，就是能为客人提供高品位、个性化、私人化、专业管家服务的服务人员，而该服务人员具备极高的素质和很强的技能，且其管家资格得到了相关部门的认定。私人管家服务是豪华酒店提供的无缝隙的、全天候的"一站式服务"，代表了一种追求极致的服务精神。

五星级酒店内的贴身管家，一般只为酒店重量级客人服务，如大腕级的明星、商界名流、上市公司总裁、政界要人等。这些人身份特殊、工作繁忙，他们住进酒店后，管家充当总调度，根据客人的要求对其进行个性化服务。下榻酒店的贵宾将得到一位指定的专业管家专门为他（她）服务。贵宾的一切服务需要，诸如拆装行李、入住退房、客房服务、清晨叫早、订餐送餐、洗衣、订票、安排旅游和秘书服务等，都由这位贴身管家负责。这种更加个性化的服务极大地方便和满足了酒店贵宾的需求。

2005年7月，深圳富苑酒店（现为富苑皇冠假日酒店）成为大陆首家推出私人管家服务的酒店,该酒店的私人管家由英国私人管家协会董事 Robert 亲自培训,均获得国际通行的培训证书。

在喜来登(五星)酒店管家服务中要求专职管家应在客人离店前一晚致问候电话,以了解客人的意见,并为客人离店提供各种服务。制定的程序如下。

(1) 专职管家应从系统中检查客人的信息,以确定在自己工作楼层次日预计离店的客人。

(2) 晚上9点前致电问候客人,以了解客人的意见,并为其离店做好如叫醒及车辆安排等服务。

(3) 在致以电话问候时,标准用语是:"××先生,我是您的专职管家 John,我们的记录显示您明天将要离店,我现在打电话给您,只是借此机会向您选择并入住我们酒店表示万分感谢。同时也希望知道我能为您明天的离店安排提供什么帮助,比如叫早、整理行李、离店手续的办理和车辆安排等等。"

(4) 最重要的是专职管家应尽量与客人进行面对面的问候,无论何时都应确保表达我们的真诚感谢。

(5) 专职管家应确保客人提出的所有要求都将由相关部门跟进。

(6) 专职管家应将问候电话记录在宾客问候电话记录本上,以便次日早班管家能够在客人离店时跟进客人所要求的服务,并送别。

除了详细了解顾客的最初喜好等,在贴身服务的过程中,贴身管家需从多方面仔细观察客人的需求,如果提前发现客人下一步需要什么样的服务,需立刻行动起来,让客人还没提出要求就可以享受到贴心的服务。但是,服务必须灵活,得按照一定的流程和规律,也要坚持原则,首先要衡量已入住的顾客所提出的要求是否合理,如不能违反国家法律相关规定、不能侵犯其他客人的正当权益等;其次,管家需量力而行,如果服务内容超过了自己的能力,有特殊状况发生时,需逐级请示,不能擅自向客人许诺或脱离工作范围。

(三) 管家服务的要求

(1) 沟通和协调能力在管家服务中至关重要。

(2) 真诚和热情对于服务好客人最为有效。

(3) 把握心理和关注细节是管家服务最为有用的武器。

(4) 认真负责和反应迅速是管家服务最基本的要求。

(5) 满意加惊喜是他们追求的最好服务。

案例 8-2

华运鸿:香港九龙香格里拉酒店的服务名片

华运鸿先生于1981年三月加入九龙香格里拉大酒店,至今服务酒店超过二十六个年头。曾获得香港旅游发展局颁发的旅游大使奖项、区议会颁发的最殷勤有礼酒店员工大奖,被酒店选为全年最杰出员工及酒店集团颁发的"最具感染力大奖"。曾接待过江泽民、胡锦涛、朱镕基、温家宝、唐家璇、苏丹国王等政要。

多位领导人重临酒店时必指定华先生为他们服务。前国家主席江泽民及前国务院总理朱镕基分别撰写致谢函,以及与华先生拍摄合照,以表达他们对华先生称心服务的谢意。巴基斯坦首长亦曾要求华先生为其国会服务。华先生更曾获马来西亚国王赠予私人纪念册留念及邀请他参观其皇宫。

在香港酒店业有一个与内地酒店不同的独特现象,你在一些酒店会看到有着花白头发的长者,站在酒店大堂迎来送往酒店的宾客,你会时常看到有些客人与他亲切地打着招呼,犹如老朋友一般。远离家乡的人,或许需要有个能帮助他并能说说话的人,而他们,构成了香港酒店业一道亮丽的服务风景线——信任、体贴、关爱、温情。

在香港,经常被报刊宣传颂扬的一名管家,是专为国家元首和国王服务的"御用管家",他就是九龙香格里拉的大堂大使华运鸿先生。

华运鸿先生——大堂服务大使

华运鸿先生是一位于酒店长期服务的资深员工,在礼宾部、前堂部以至豪华阁,以其亲切友善的笑容及"从心出发"的殷勤态度服务于宾客,赢得了无数赞誉。

"真正的管家应该怎么做?我的秘诀就是用心去服务!"

每个管家都有自己不同的特点,我的特点是在做事情时先仔细地观察。在他最需要的时候出现,这也是香格里拉酒店服务当中的重要一项——"关键时刻"!

真正的管家是在贵宾入住期间,每天要把他们的要求仔细考虑一遍,我有几个小案例,例如,贵宾到达前,房间摆放什么样的花,花的香味客人是否喜欢?如果有的客人不喜欢带有香味的花,我们可以把花换成其他的装饰品,让客人感觉到你是用心地去了解他的喜好。

例如,在客人入住前,把柠檬切成片,放在房间隐蔽的地方,客人来到房间后会感觉到柠檬的清香,而且是天然的柠檬香味,客人会感觉到清新自然,而不是香水的味道。

例如,有时在客人来之前,他的所有喜好我们并不是全部了解,所以我们要做更多的准备工作。在晚上客人休息前准备一杯热牛奶,或者杏仁露让客人选择,以便客人有好的睡眠,这些东西虽然不贵,但客人会感觉到你对他的关心。

例如,客人对室内灯光的喜好——明或暗,客人对座位位置的喜好,喜欢喝龙井茶还是其他的茶都要细心观察。

例如,如果客人家属有小孩子,我会提前买好糖果放在房间,而这些都不要事先告诉他们,小孩看到漂亮好吃的糖果会说:"爸爸,叔叔给我买了好多好吃的糖果。"

例如,对时令水果的采购,我都会亲自到超市去看看有什么最时鲜的水果上市,这些水果都是很短时期供应的,都很新鲜,都是送给客人的,客人不用付钱。当客人来到的时候,我会告诉他这是我们酒店赠送你的礼物,并告诉客人这些是特意为你准备的。比如巧克力,用很好看的造型摆在客人面前,他可能不会吃,但他觉得很好看,我们每天都用不同的摆放方式,不能一成不变。

服务元首,我必须是忠诚的管家。

有一次我服务一位国家元首,很晚的时候他对我说:你今天不用在门口等我了,你可以回去休息了。

后来我还是没有睡,因为我不知道他是否睡了,我觉得我还没有帮他把灯弄好。我没有回去休息,仍站在他的房间门口,观察他是否休息了。忽然,门被打开,他对我说:我不是告诉你可以去休息了吗?(他从房间的宽屏门镜里看到我还没有走。)我回答说:您是已经告诉我了,但是我还是觉得有些事情没有做完。他说:什么事情呢?我说:"我应该把您的灯光调得暗一点,那样您睡觉会舒服些。"他把他的手放在我的头上,望着我,隔了很久,他说了一句话:"你现在可以休息了。"当时的场景我仍记忆犹新,这些事情在我心里都是很难忘记的,有的时候他对你好,他也真的希望你对他好,如果你做这一行业,想做得很好,每件事情,你要很用心忠诚地去做。

从"御用管家"到前堂大使

现今,在没有贵宾接待的时候,几乎每天,在酒店大堂你总会看到一位慈祥的老人站在那里,招呼着来往的客人,酒店员工尊称他为哥,客人把他当朋友看待,有他在,客人会觉得随时会有人问候和帮助你,因为他,很多客人亦会下榻九龙香格里拉酒店,他犹如"外交大使",形成了酒店服务一道亮丽的风景。

华先生说"专注、从心出发的服务"为成功的基础,能为客人带来喜悦应是每位服务人员满足感的来源。我把香格里拉作为我终生服务的地方,所以在九龙香格里拉酒店,有亚洲情,有香格里拉情,也有西方的系统,它们之间完美的结合,才创造出"香格里拉殷勤好客"独特的服务精神!

第三节 会议服务

随着中国经济的稳步发展,中国与世界各国的交流日益增多,国内各地区间的经济往来也越来越频繁,近年来中国承接的国际国内会议/会展越来越多,酒店在做好客人入住接待的同时也积极争抢会议业务,竞相展现各自会议服务的实力,以期获得更强的竞争优势。

为了提高接待会议的服务水平,酒店除了必须配备专业大型会议厅外,还要配置一些中小型的会议室,以适应各种类型会议的需要。客房楼层所承担的会议服务主要是一些小型会议及会谈、会见、签字仪式等。

一、会前准备

销售部或商务中心将会议预订的具体情况以通知单的形式发至各相关部门,由销售部经理或客务部经理协调跟进会议的各项准备工作。客房部的准备工作主要包括以下五个方面。

(1) 仔细阅读"会议通知单",准确掌握会议的有关情况,如会议主办单位、人数、会期、会议室布置要求,以及会议服务要求等。

(2) 按会议要求确定主席台的人数、名单、称谓,制作名片座。

(3) 按会议要求提前准备好茶叶(或饮料)、茶具、烟灰缸、纸巾(或毛巾)、果盘等。

(4) 搞好会议场所的清洁卫生工作。

(5) 布置好会议主席台人员的会前休息室。

二、会场布置

(一) 会场基本设施准备

(1) 签字台:放置于会场入口处,供与会者进入会场时签字用,同时配备不少于2支签字笔。

(2) 桌椅:桌面一般铺有桌布。

(3) 讲台:注意讲台的高度与演讲者的身高相宜,面积应足以放置水杯和文具等。

(4) 席位卡:在涉外会议中通常为中英文双语设计,且正反两面所标识内容一致。

(5) 照明设备:照明质量要达到照度均匀、亮度适中、抑制眩光。

(6) 空调通风设备:利用空调设备对某一空间的空气进行温度、湿度、洁净度和风速调节,使空气的质量符合会议的要求。夏天温度要求保持在26~28℃,冬天保持在24~26℃;相对湿度要求夏天在50%~70%范围内,冬天≥35%;室内要保持一定量的新鲜空气,室内空气流速为0.1~0.5米/秒。

(二)常用文具准备

(1)书写纸：按照会务组的要求，根据与会人数提供书写纸张，统一摆放。

(2)书写笔：根据与会人数每人提供不少于2支铅笔或圆珠笔，铅笔需事先削好，并统一摆放于与会者座位的右上方。

(3)签字笔：在签字仪式上使用专用签字笔。

(4)专门用品：专门会议上所使用的物品，如颁奖会上的奖品与证书，选举会上的选票和投票箱，开幕式剪彩用剪刀、托盘和彩带等。

(三)会场装饰用品准备

(1)花卉：主席台前和会场入口处是花卉布置的重点区域，注意花卉品种与颜色的选择要与会议的内容、格调相符合。

(2)旗帜和会徽：如果是国际性会议应该使用相关国家的国旗，悬挂于台幕中间；若为企业会议，应在主席台的天幕中央悬挂会徽。

(3)台幕：主席台的背景，一般用紫红色或深蓝色面料做成，颜色的选择要与会议格调相宜。

(4)标语条幅：根据会务组要求制作标语条幅，并悬挂于酒店正门前及会场主席台上方。

(四)视听器材的准备

(1)放影设备：幻灯机、投影仪、银幕、电视大幕墙(适合于大型会议)。

(2)音响设备：麦克风、音控台和音箱、同声传译设备、同声传播和表决系统等。

(五)会场座次安排

1. 小型会议的座次安排

(1)圆形布置：通常用于规格较高，与会者身份较重要的国际会议(见图8-1)。

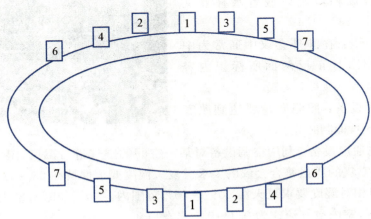

图8-1 座次圆形布置

（2）U型布置：高不超过一般席位的主席台。通常用于与会者身份不相同，又差别不大的会议。这种布置可给会场带来民主商讨的氛围（见图8-2）。

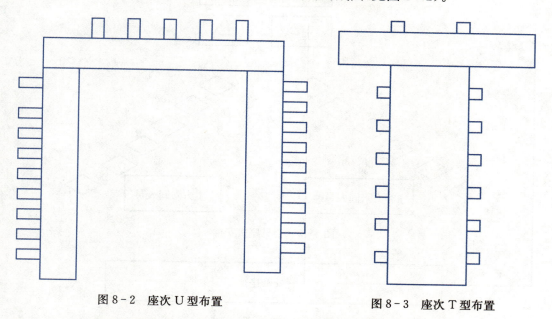

图8-2 座次U型布置　　　　图8-3 座次T型布置

（3）T型布置：通常用于主持人身份明显高于其他与会者的会议，主席台只设主持人（见图8-3）。

（4）授课型布置：通常用于小型报告会或学术讲座。不设桌子，只面向主席台摆放扶手椅（见图8-4）。

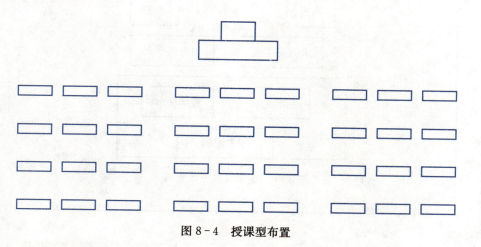

图8-4 授课型布置

2. 会见的座次安排

会见的座次安排如图8-5所示。

3. 签字仪式的座次安排

签字仪式的座次安排如图8-6所示。

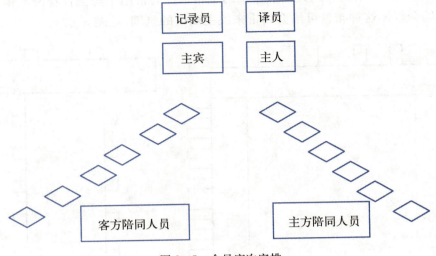

图 8-5 会见座次安排

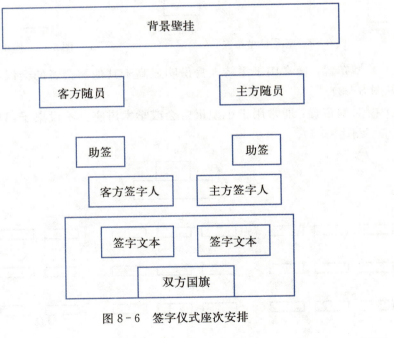

图 8-6 签字仪式座次安排

三、会场服务

(1) 在会场楼层的电梯口或会议室门口迎接客人,引领客人至会议室,请客人入座;引领会议主席台的客人进入会前休息室,并按规定提供茶水或水果服务。

(2) 协助会务组把会议材料分发给每一位到会客人,把会议主席台客人所需资料放在主席台上。

（3）客人入座后，服务员应依次为客人斟倒茶水，或送上瓶装水，并在会中每隔半小时左右续倒一次茶水。

（4）会议客人全部进入会议室后，及时关上会议室门，服务员站在门外等候。

（5）会中休息时应及时清理会议桌上的杂物，注意更换会前休息室内的烟灰缸。

（6）关注会议进行中的音响、投影仪等会议设备的使用情况，一旦发现有故障应立即报告上级或工程维修部门，及时维修或更换。

（7）会议结束后应及时打开会议室的门，引领客人至电梯口，按好电梯，热情送客，礼貌道别，并提醒客人带好自己的物品，如发现有客人遗留物品应及时与会务组联系，及时交还给客人。

（8）待客人全部离开后，及时清理会场，做好清洁卫生；检查会议所使用设备，清点茶具、烟灰缸等物品，如有丢失或损坏，报告上级，以便与会务组协商赔偿事宜。

（9）客房部与会务组做好结账工作。

 技能训练

（一）参观一家采用客房服务中心管理模式的酒店，注意观察其在不设台班的情况下是如何做到楼层对客服务的。

（二）为酒店客房部分别设计出《客房小酒吧日消耗单》《租借用品登记表》。

（三）利用学校接待会议的机会，参与会议接待服务。

（四）两人一组，假设酒店客房服务场景，进行以下模拟训练。

（1）醉客服务：两位先生从电梯口出来，相互搀扶着，高声唱歌，走近值台，要求值台员和他们一起唱，显然他们酒喝多了。

（2）病客服务：住在1218房的张先生打电话来说自己生病了，呕吐不止，胃很难受。

（3）贵宾服务：百度公司总裁李彦宏先生准备于本月5日入住酒店，预订住一晚，另有一位随行人员。其助理通过电话预订酒店豪华套房一套，不用接机，并另预订6日上午一间小会议室开会用。

思考与练习

1. 对客服务的优劣无法用数量来衡量，那么什么是衡量对客服务质量的标准？
2. 如何处理客人的遗留物品？
3. 引发洗衣纠纷的原因有哪些？如何防止洗衣纠纷的发生？
4. 谈谈贵宾服务的注意事项。
5. 谈谈会议服务的注意事项。

案例与分析

案例（一） 送餐速度太慢

某日早上，酒店管家部接到客人的投诉电话说送餐的速度太慢。经了解，事情经过如下：早上7:42，前台打电话到三楼餐厅，按1910房安先生的交代为住客王先生点好了早餐，并特别交代要在8点以后、得到客人同意的情况下方可送到房间。8:03，前台接到客人电话说可以送餐到房间了，于是前台立刻通知三楼餐厅送餐到客人房间。但是，直到8:40服务员才将早餐送到客人房间，客人对此感到很生气，认为酒店的工作效率太低，而期间前台曾多次打电话询问早餐是否已送到房间。餐饮部对此的解释是当时接到前台电话后就吩咐服务员送餐，但是由于当天早上较忙，未能及时跟进，所以耽误了时间。

评析：

1. 服务员在工作忙碌的时候会很容易忘记客人的要求，这说明我们管理人员在工作布置和安排方面缺乏重点，也不注意方式方法。而且，在此次事件中，前台曾多次提醒，不应当犯如此的错误。作为管理人员，应该随身带一个小本和笔，在上面记录当班的工作安排计划及临时接到的信息，每隔5分钟或10分钟，就应该拿出来看一看，对于已经完成或落实的就销掉，对于已经布置但还没有结果的必须及时跟进和询问。只有这样，才可以时时掌握各项工作的落实情况。

2. 餐饮部的管理人员在接到前台的催餐电话后应该第一时间了解其中的原因并询问送餐情况，不能交代之后不跟进落实和询问结果。

3. 前台的工作人员在了解到餐饮部的员工可能不能按时把客人所点的餐送到房间里面的情况下，应该主动与客人联系，做好解释工作，让客人耐心地再等待一会儿，或主动到餐饮部去协助送餐，而不应被动坐等客人投诉。

案例(二)　洁癖绅士住店

能够到北京王府饭店住宿的，当然都是有钱的或者有地位的客人，而这些人中不乏形形色色的怪癖者。王府饭店有一位常客，便是饭店上下众所周知的洁癖绅士。

在全世界享有盛誉的王府饭店之所以能赢得中外客人的青睐，是因为饭店能够针对每位客人的特殊要求提供个性服务。个性服务则需要熟悉每位客人的习惯、性格、信仰、爱好、脾气等，因此必须建立详细的客史档案。该店客史档案中有这么一条：斯密司先生，美国加州旧金山人，45岁，爱好清洁，经常住408房……

有一次，前厅部接到斯密司先生预订房间的传真，他将于下周二抵达北京。于是，客房部立即着手准备接待工作。这位美国客人每次来北京都住在王府饭店，先后已有10次之多。客房部内几乎每个服务员都知道他对清洁卫生的苛求，所以接待他时特别小心，唯恐稍有不慎惹他生气。

在斯密司先生到达前两天，楼层服务员开始忙碌起来。大家都知道，这位客人对白色有着独特的偏爱，房内布件必须清一色洁白。这两天里，408房不再接待别的客人，窗帘、毛巾、浴巾、睡衣……统统换成白的。沙发的面子不是白的，怎么办？饭店早已专门为他定制了纯白色的沙发套，此时房内变成了一个白色的世界。

深色的地毯与周围一片白色形成了明显的反差。客房部为购买白色地毯曾走遍了北京城，竟没有找到一条。据说，走到天涯海角都难找到白地毯。一位服务员提议买块厚实的白布把地毯包起来，这个意见得到领导的认可，这样一来，408房从上到下白得无懈可击。

斯密司先生深知王府饭店极其尊重他的这一怪癖，他发来预订传真就是希望酒店能早些按"老规矩"准备。即使如此，他一踏进408房还是立刻在屋角、床边、桌脚旁细细检查起来。斯密司先生容不得房里有一粒肉眼可辨的尘埃，也不许有一丝毛发。他在四周察看一番后才肯在沙发上坐下。客房部还为他的房间制定了特殊的打扫制度：每天增加数次扫除，而且必须当着他的面。经理把最细心、最负责的服务员分配到408房，沙发套、窗帘、桌布每天都得更换，他的私人物品绝不容许他人触摸或挪动位置……

斯密司先生说，他在国外住过许多饭店，服务质量都不能与王府饭店相比，没有专用沙发套，只是用一块白布罩一下而已，也没有专门服务员，只有常规的打扫……

评析：

本例中斯密司先生在王府饭店享受到的是一种典型的个性化服务，或者叫超常服务。王府饭店一方面严格要求员工执行服务标准，培养他们自觉遵循规范的良好习惯；另一方面又鼓励与指导员工灵活运用规范与标准，使日常操作升华为个性服务。一家饭店如果仅有标准服务，那无论如何是不可能跻身于世界一流饭店前列的。

如果仅从经济效益分析,接待爱挑剔的客人所花费的成本,要远远高于一般客人,但王府饭店十分注重社会效益,所以他们愿意不惜工本,认真接待斯密司先生那样的客人。这就是王府饭店多年来能够始终蜚声国内外饭店业的原因之一。同时,王府饭店的同仁们也懂得,良好的社会效益会带来长期的经济效益。

第九章 客房部安全管理

 学习目标

1. 了解酒店客房安全事故发生的原因。
2. 掌握酒店客房火灾、失窃的预防及处理。
3. 熟悉酒店各类安全事故的处理。
4. 掌握酒店员工自我安全保护的措施。

第一节 火灾的预防及处理

 案例 10-1

  2017 年 4 月 25 日早上,江西南昌市红谷滩新区一家名为"海航白金汇酒店"的高星级酒店发生火灾。据悉,着火楼层为二楼 KTV,正在改造装修施工,火灾原因是楼内 KTV 装修切割楼梯把手时,火星引燃附近建筑垃圾,这次火灾过火面积约为 1 500 平方米,火灾事故已致死亡 10 人,其中 3 人为宾馆旅客,其余 7 人为装修工人,16 名伤员被送往医院救治,共疏散群众 260 余人。

  酒店是宾客集中的场所,一旦发生火灾事故,不仅酒店财产损失巨大,更可怕的是人员的伤亡。从世界范围看,酒店因各种原因导致的火灾事故层出不穷,后果严重,损失重大,因此酒店尤其是客房楼层对于火灾的预防及处理必须充分重视。

一、火灾发生的原因

  了解客房发生火灾的原因,可以防患于未然。根据《世界饭店》杂志对近年来饭店火灾部位及原因进行统计分析的结果表明,火灾多发生在客房区域,占饭店火灾的68.8%。

客房发生火灾的原因可分为直接原因和间接原因。

（一）直接原因

1. 吸烟不慎引起火灾。

吸烟不慎引起火灾在饭店火灾中居首位,起火部位多为客房,主要有以下五种情况。

（1）躺在沙发、床上吸烟,火星散落其上而引燃,引起火灾。这种原因引起的火灾在客房火灾中所占比例最大。

（2）乱扔烟头、火柴棍等,引起地毯、沙发、衣服、废纸篓、垃圾通道起火。

（3）客人将未熄灭的烟头放在沙发扶手上,因事后遗忘或掉落在沙发上引起沙发起火。

（4）客人将未熄灭烟头或火柴棍扔入烟灰缸内离去,引起缸内可燃物着火。这类火灾大多发生在烟灰缸靠近其他可燃物的情况下。

（5）在禁止吸烟的地方违章吸烟。在有可燃气体或蒸气的场所,违章点火吸烟,发生爆炸起火。

2. 宾客将易爆易燃物品带进客房,引起火灾。

（二）间接原因

在饭店火灾中,由电气引起的火灾仅次于吸烟。

（1）电气线路引起的火灾。电气线路往往由于超载运行、短路等原因,产生电火花、局部过热,导致电线、电缆和周围可燃物起火。

（2）用电设备引起火灾。电器设备由于质量差、故障或使用不当引起火灾事故。

（3）员工不按安全操作规程作业,如客房内明火作业,使用化学涂料、油漆等,未采取防火措施而造成火灾。

（4）防火安全系统不健全、消防设施不完备等。

二、火灾的预防及消防设备配备

（一）火灾的预防

客房部日常的防火工作很重要,作为客房部应该结合本部门特点制定出适合本部门的火灾预防措施。

1. 酒店客房部必须完善部门职责

（1）客房内配置完整的防火设施设备。客房内安装烟感报警器；客房走道上安装报警及灭火装置；地毯、家具、床罩、墙面、窗帘、房门等,尽可能选择具有阻燃性能的材料制作。

（2）及时清理楼道内的垃圾,保证疏散通道的畅通无阻。

（3）定期检查房内电器是否处于正常使用范围,有否超负荷用电。

（4）房内床头柜上摆放"请勿吸烟"的标志,烟灰缸应摆放在梳妆台上。

2. 加强对宾客的安全宣传

(1) 禁止客人携带易燃、易爆物品进入客房。

(2) 要求客人不得在客房内自行安装电器设备,禁止使用电炉、电暖气等电器。提醒使用电熨斗的客人注意安全。

3. 加强对客房部员工的培训

(1) 熟悉各种消防设备和设施的存放地点。

(2) 定期打扫楼梯间、转弯处等隐蔽区域,杜绝隐患的存在。

(3) 发现火情时,应马上报告消防中心。

(4) 定期开展防火演习,制定火警时的紧急疏散措施。

(二)客房消防设备配备

为保证住店客人生命财产安全,必须在公共区域和客房内加强各类安全设施的配置,同时客房内各种生活设施设备也要安全可靠。

1. 电视监控系统

电视监控系统由电视摄像镜头、电视监视器、电视屏幕操作机台、录像等部分组成。电视监控系统是饭店主要的安全装置,除了安装在饭店大厅及公共场所之外,通常作为客房部主要的安全装置,一般设置在:

(1) 楼层过道。在楼层过道安装监控探头,一般采用中、长焦镜头。

(2) 客用电梯。客用电梯空间小且又是封闭的,一旦出现紧急意外事件,受害人难以求援,安装监控探头便于对电梯内发生的可疑现象进行跟踪和取证。一般采用视野宽阔的广角镜头。

2. 自动报警系统

自动报警系统是由各种类型的报警器连接而成的安全网络系统,主要设置在饭店财务部、收银处、贵重物品寄存处、商场以及消防通道等区域。用于防盗、防火、防爆报警。

我国饭店常用的报警器有微波报警器、红外线报警器、超声波报警器等远程报警系统,以及声控报警器、微动式报警器、磁控式报警器等。

3. 消防监控系统

饭店的监控系统一般由火灾报警系统、灭火系统、防火设施组成。

4. 通讯系统

通讯系统主要有专用电话、传呼系统及对讲机。

(三)客房消防设备图例

监控系统　　　　　楼道火灾报警显示器

楼道紧急疏散指导牌　　　　楼道灭火器箱　　　　楼道灭火器

三、火灾事故的处理

客房楼层发生火灾时，客房服务人员应充分表现出平时良好的专业服务能力和紧急应变能力，沉着冷静地按平时防火训练的规定要求迅速行动，确保宾客的人身财产和饭店财产的安全，努力使损失减少到最小程度。

（一）发现火情时的处理

（1）立即使用最近的报警装置，发出警报。

（2）及时发现火源，用电话通知总机，讲清着火地点和燃烧物质。

（3）使用附近合适的消防器材控制火势，并尽力将其扑灭。如使用灭火器：拔下安全插销，喷嘴对准火源，用力压下握把。

（4）关闭所有电器开关。

（5）关闭通风、排风设备。

（6）如果火势已不能控制，则应立即离开火场。离开时应沿路关闭所有门窗。在安全区域内等候消防人员到场，并为他们提供必要的帮助。

（二）听到警报信号时的处理

（1）服务人员首先要能辨别火警信号和疏散指令信号。如有的饭店规定一停一响的警铃声为火警信号，持续不断的警铃声为疏散信号。

（2）服务员听到火警信号后，应立即查看火警是否发生在本区域。

（3）无特殊任务的客房服务员应照常工作，保持镇静、警觉，随时待命，同时做好宾客的安抚工作。

（三）听到疏散信号时的处理

疏散信号表明饭店某处已发生火灾，要求宾客和全体饭店员工立即通过紧急出口撤离到指定地点。该信号只能由在火场的消防部门指挥员发出。

（1）迅速打开紧急出口（安全门）、安全梯，有组织、有步骤地疏散客人。

（2）组织客人疏散时，一定不能乘电梯。

（3）帮助老弱病残、行动不便的客人离房，楼层主管要逐间查房，确认房内无人，并在房门上做好记号。

（4）各楼梯口、路口都要有人把守，以便为宾客引路。

（5）待人员撤离至指定的地点后，客房部员工应与前厅服务人员一起查点宾客。如有下落不明或还未撤离人员，应立即通知消防队员。

第二节　失窃的预防及处理

一、客房失窃的原因

酒店客房失窃事件在各个饭店中都时有发生，不仅是客人会受到财物的损失，就是饭店本身也会受到一定影响。分析客房失窃的原因，主要有如下三种。

1. 员工内盗

员工内盗是指饭店内部员工的偷盗行为。心理学中研究得出，人有从众行为，容易仿效，当一名员工被发现有偷盗行为，而不及时进行阻止的话，其他员工可能会学样。

2. 宾客盗窃

宾客盗窃是指住店宾客中的不良分子有目的或者是顺手牵羊的偷盗行为。

3. 外来人员盗窃

外来人员盗窃是指社会上一些不法分子进入饭店而引起的偷盗行为。

二、客房失窃的预防及防盗设备的配备

（一）客房失窃的预防

为有效防止失窃事件的发生，应针对不同的失窃原因采取相应的预防措施。

1. 防止员工偷盗行为

客房部的员工平时容易接触饭店和宾客的财物，客房部应从实际出发制定有效防范员工偷窃的措施：

（1）聘用员工时，严格进行人事审查；

（2）制定有效的员工识别方法，如通过工作牌制度识别员工；

（3）客房服务员、工程部维修工、餐饮部送餐服务员出入客房时应登记其出入时间、事由、房号及姓名；

（4）制定钥匙使用制度，如客房服务员领用工作钥匙必须登记签名，使用完毕后将其交回办公室；

（5）建立部门资产管理制度，定期进行有形资产清算和员工存物柜检查，并将结果公之于众；

（6）积极开展反偷盗知识培训和对偷盗者的教育培训。

2. 防止客人偷盗行为

客房部制定科学、具体的"宾客须知"，明确告诉宾客应尽的义务和注意事项。也可以采取以下措施：

（1）在饭店用品上印上或打上饭店的标志或特殊标志，使客人打消偷盗的念头；

（2）制作一些有饭店标志的精美的纪念品，如手工艺品等，给客人留作记念；

（3）做好日常的检查工作，严格管理制度，杜绝不良客人的企图。

3. 防止外来人的偷盗行为

酒店周围可能会有一些不法分子在盯着客人伺机作案，因此酒店要加强防范外来人员的偷盗行为。

（1）加强楼层进出控制，及其他场所的不定时巡查；

（2）加强安全措施，对于有价值的物品（如景泰蓝花瓶）摆放在公共场所的，要注意保护；

（3）注意来往人员携带的物品，对于可疑人员尤其要高度重视。

（二）客房防盗设备的配备

1. 门锁

门锁是保障住客安全最基本、也是最重要的设施，由于饭店规模、档次的差异，各酒店所使用的门锁各异。

2. 窥镜

窥镜安装在房门上端，为广角镜头，便于住客观察房间的外部情况。

3. 保险箱

供客人存放贵重财物。

4. 电视监控系统

电视监控系统由电视摄像镜头、电视监视器、电视屏幕操作机台、录像等部分组成。

（三）客房防盗设备图例

保险箱　　　　　　　防盗门锁　　　　　　　走廊监控

三、失窃事故的处理

虽然防盗工作一直在做,但仍无法完全杜绝盗窃事故的发生,因此,一旦发生此类事情,对于饭店而言,需要正确处理好。

(一)住客报称有财物在客房内失窃

(1) 员工若接到有关酒店范围内失窃之事,应马上通知以下单位(人员):前厅值班经理;保安部;房务部。

(2) 大堂副理与保安部值班主管同时前往现场视察。

(3) 如有需要,用即影即有相机对现场环境进行拍摄记录。

(4) 大堂副理应向客人了解情况,如所失物是体积细小的,应征得客人同意后,替客人搜索房间,试图寻找失物或线索。

(5) 如发觉只是客人疏忽,把物件放错地方,则找到该失物还给住客时,绝不可表现不悦之色,只可庆幸客人失而复得。

(6) 如无法在房间内寻回失物,保安员应协助客人填报一份失物报告表,以作酒店的调查资料,存案备查。

(7) 向保安部调出监控系统的录像带,以了解出入此客房的人,便于进一步调查。

(8) 千万不能让客人产生"饭店应负赔偿责任"的心态,应树立客人将贵重物品置放在保险箱内的正确观念,这才是首要预防盗窃的措施。

(9) 大堂副理与保安部值班主管各将事情记入记事本内,呈供总经理审阅。

(10) 保安部继续内部调查,套取有关员工的口供,向大堂副理报告详细经过。

(11) 如客人需要,应通报公安局或由大堂副理指派保安员陪同事主前往公安局。

(12) 将事件经过报告当天值班经理。

(13) 对于此类盗窃事故,除有关人员外,一律不得公开宣布。

(二)酒店本身财物被盗的处理程序

(1) 大堂副理与保安部值班主管前往现场视察。

(2) 如有需要,以即影即有相机将现场环境拍摄记录。

(3) 保安部询问有关员工,了解情况,并录取口供,作进一步调查。

(4) 大堂副理及保安部值班主管应把事情写于记录本中,呈供总经理审阅。

(5) 如有需要,由值班经理确定是否需要向公安局报告。

(6) 将事件经过报告当天值班经理。

第三节　客房其他安全事故的处理

凡是能导致对客人造成伤害的任何不安全因素,都在被严格防范之列。在饭店管理过程中,防止意外事故的发生是不可忽视的重要内容,客房部对此类情况更要做好妥善处理工作。

一、客人死亡的处理

客人死亡是指宾客在饭店内因病死亡和自杀、他杀或原因不明的死亡。
(1) 发现住客死亡之后,应立即与医生、保安主任和房务主管一起进房。
(2) 迅速通知死者的家属、工作单位、接待单位、同行人员。如是境外人员,须及时通知投保的保险公司。
(3) 通知饭店总经理及有关部门的经理,通知总台接待部封锁该房,注意房号保密。死者运出之前该层一般不安排客人入住。
(4) 征得死者家属或单位同意后,报公安机关,并接受法医验尸。
(5) 尽快将死者转移出饭店,转移时注意避开住客,可选择夜深人静之时从员工梯降到后区出店。
(6) 死者的遗留物品应及时整理、清点和记录,作为遗留物品妥为保存,待死者有继承权的亲属或委托人认领并做好领取的签收手续。
(7) 前厅部经理应根据调查的结果写出客人在店期间死亡及处理经过的报告,经总经理审阅通过,一份留饭店备案,其余的交给死者亲属及有关单位和人员。
(8) 对死者的死因不做随意猜测和解释,统一由饭店指定的权威人士解答。
(9) 请卫生防疫部门严格消毒客房,客人用过的物品和卧具焚毁处理。

二、客人意外受伤的处理

客人在客房内遭受的伤害大多数与客房内的设备用品有关,一是设备用品本身有故障,二是客人使用不当。一旦遇宾客负伤、生病等紧急情况时,必须向管理人员报告,同时应立即采取救护行动。
(1) 开房门发现客人倒在地上时,应注意:宾客是否在浴室倒下;是否因病倒地;是否在室内倒地时碰到家具;身上是否附着异常东西(绳索、药瓶等);倒地附近是否有大量的血迹;应判明是否因病不能动弹,是否已死亡。
(2) 在发生事故后,应立即安慰客人,稳定伤(患)者的情绪,注意观察病情变化,在医生来到之后告知病情。

（3）服务人员在医护人员来到之前，也可以进行临时性应急处置：如果伤处出血时，应用止血带进行止血，如果不能缠绕止血带时，用手按住出血口，待医生到达后即遵医嘱。

（4）如果是轻度烫伤，先用大量干净水进行冲洗；对于重度烫伤，不得用手触摸伤处或弄破水泡，应听从医生的处理。

（5）如果四肢骨折时，先止血后用夹板托住；如果是肋骨骨折，应在原地放置不动，立即请医生处置。

（6）如果头部受了伤，在可能的情况下要小心进行止血，并立即请医生或送往医院。

（7）如果后背受了伤，尽量不要翻身体，应立即请医生或送往医院。

（8）如果杂物飞进眼睛，应立即上眼药或用洁净的水冲洗眼睛。

除此之外，为尽量减少发生客房内的意外事故，在平时的工作中，服务员要增强责任心，细心观察，严格按照岗位职责和操作规程办事，管理人员查房时也要认真仔细，不走过场，许多不安全因素就会被消灭在萌芽状态。

三、停电事故的处理

停电事故可能是外部供电系统引起的，也可能是饭店内部设备发生故障引起的。停电常会造成诸多不便。因此，饭店须有应急措施，如采用自备发电机，保证在停电时能立即自行启动供电。客房部在处理停电事故方面，应该制订周密计划，使员工能从容镇定地应对。具体的内容包括：

（1）若预先知道停电消息时，可用书面通知方式告知住店宾客，以便宾客早做准备；

（2）及时向客人说明是停电事故，正在采取紧急措施恢复供电，以免客人惊慌失措；

（3）即使停电时间较长，所有员工都要平静地留守在各自的工作岗位上，不得惊慌；

（4）如在夜间，使用应急灯照亮公共场所，帮助滞留在走廊及电梯中的客人转移到安全的地方；

（5）加强客房走廊的巡视，防止有人趁机行窃，并注意安全检查；

（6）防止客人点燃蜡烛而引起火灾；

（7）供电后检查各电器设备是否正常运行，其他设备有没有被破坏；

（8）向客人道歉并解释原因；

（9）做好工作记录。

四、客房防暴

饭店客房的防暴工作是指为了宾客人身财物安全,对需要保护的人员、特殊财物、特殊区域,如重要宾客、秘密文件、特殊设施、保密会议等的保卫工作,及对于企图破坏饭店或宾客安全的不安定分子进行警戒、防备、探察、制裁等积极的防范工作。因此,饭店应做好客房防暴管理工作。

(1) 要让饭店的所有管理人员和职工尤其是客房部员工明白防暴的重要性和懂得防暴的知识;饭店内不得存放任何危险品;平时整理客房时要注意观察异常物品;在服务过程中要注意可疑的人。

(2) 饭店要制订防暴方案,进行防暴演习,可以同防火工作联系在一起。

(3) 对于发生爆炸以后的现场,立即组织人员警戒,除医务人员、消防人员和公安人员,其他人员一律不得进入现场;已死亡者,应等待法医鉴定处理;现场目击者应问清情况,并详细记下姓名、住址、单位等,以便事后询问。

(4) 事故处理完后,写出详细报告并存档。

第四节 客房员工的安全保护

一、客房员工的职业安全培训

(一) 客房员工发生安全事故的主要原因分析

据一些酒店调查,未经安全培训的员工的事故发生率差不多是经过培训的工人的 3 倍,特别是操作有危险的机器设备者。前者除了不懂安全操作程序外,因不懂技术而思想紧张也是造成事故的一个重要原因。酒店客房的不安全因素与工厂虽然有所不同,但也有许多机电设备需要正确操作和维护保养,每一件工作也都有一定的危险性。职业安全培训能让员工严格遵守安全操作规程,对工作有自豪感,能相对独立和自由地作出决策,并有安全感,提高员工的自尊心和自信心,增强职业安全感。

(二) 安全操作须知

(1) 客房员工严格遵守安全操作规程,做床、清扫卫生间、提供日常服务中随时注意烟头、火柴头和电器设备安全。

(2) 高空作业系好安全带,有 2 人以上在场,登高作业有人扶梯。

(3) 未经允许,不可明火作业。因客房维修改造需明火作业时,必须取得保安部明火作业许可证。带电作业遵守操作规程。

(4) 进入黑暗的房间前,应先开灯,使用开关或其他电器时,应擦干双手,以免触电。使用电器用品时,勿站在潮湿的地面上,以免触电。

(5) 清理浴室,勿站在浴缸及洗手台边沿上,挂浴帘时亦不可站在浴缸边缘。必要时要用工作梯。

(6) 不要使用箱子、桶子或其他可堆积的物品代替梯子使用。

(7) 用双手推车,以防闪腰,架子上的物品要放整齐,工作车运送物品时不要让物品挡住视线,遇到转弯时应特别小心。

(8) 托物体入房应左手托东西、右手开门,转角时注意慢行。搬动过重的物体时要适当双手并用。切勿用腰力,须用脚力,应先蹲下,平直上身,然后举起。

(9) 关门时要拉把手关门,不可随意拉住门边关门,避免夹伤手。

(10) 不要使用已损坏的清洁工具,也不要擅自修理,以免发生危险。

(11) 吸尘器、抹布、扫把、水桶等清洁用品应放在安全地方,不可留在走道或楼梯口。

(12) 如果有东西掉进垃圾袋内,为了确保安全,不要直接伸手进垃圾袋翻捡,可将垃圾拿出放平,倒出来检视。

(13) 不要用手捡破碎玻璃皿、刀片及其他锐利物品,应使用扫把畚斗清除,放在指定容器内,以免造成意外。

(14) 所有玻璃和镜子,如发现破裂,须马上报告,立即更换;未及时更换的,须用强力胶纸贴上以防有划伤的危险。

(15) 家具表面上或地面上如有尖钉,须马上拔去。

(16) 发现工作区域地板、楼梯破裂或滑溜、冰箱、灯泡烧坏,空调不制冷或漏水,一切设施不良时应立即报修。

(17) 走廊或楼梯、工作间照明不良,应马上报告,尽快修理,以免发生事故;走廊或公共场所放置的工作车、吸尘器、洗地毯机等应尽量放置在过道旁边,注意有否电线绊脚。

(18) 发现松动的桌椅,须尽快修理。

(19) 为了客人及自己的安全,应注意遵守禁止吸烟等所有的标示及规定事项,要确实遵守,以免造成意外。

(20) 使用化学清洁溶剂时,必要时要戴口罩,使用时若不小心沾到手或身体时,要立即用水来冲洗干净,以免伤害皮肤。

(21) 如果割伤或刮伤时,应立即上药、就医,以免感染细菌。

(22) 饮用开水一定要煮沸,水壶内的水不要过满,应留有一小空间,这才可把水温保持较长时间,一次不要拿太多的水壶。

（23）员工在操作所有机械设备时,一定要遵守操作说明,确保安全以免发生意外。

（24）学会使用楼层消防器材,发现消防设施设备有损坏或有问题时,应立即报告上级尽快请工程部抢修或保安部更新（如灭火器瓶压过低）。

（25）女员工在客人召唤入房时,要将房门大开,对客人关门要保持警惕,客人邀请时不要坐下,更不要坐在床上。尽量找借口拒绝客人邀请出外；不要轻信和陶醉在客人的花言巧语中而失去警戒。下班后不得到客人房间串门,客人要求与你合影时要尽量拒绝,实在盛情难却时也要拉上几个同事一起照；发生被客人耍流氓的事时要高声呼喊,尽力反抗；摆脱不了客人的纠缠时可按报警铃求救。

二、客房员工的自我保护意识

客房员工在日常工作过程中,都应当具备一定的自我保护能力。如果自我保护意识太差,自我保护能力太弱,那么一旦发生紧急和突发事故很可能就会受到身体、精神上的双重伤害。

自我保护就是员工在工作过程中排除外界影响,通过主体的自我意识,始终自觉运用自身安全业务、技术技能,保证自身全过程安全操作的一种工作状态。无论管理是严是松、监督是强是弱、环境是优是劣、是单独工作还是群体作业,都能自觉根据自身情况和现场实际,采取自我保护措施。

实现员工的自我安全,不仅要使员工从思想上有一个认识,还要从业务上提高能力,使员工们做到不仅想安全,而且会安全。提高业务能力,要强化培训,严格考勤、考试及考核制度。一是抓好日常学习。充分利用好每天的班前会和每周安全活动时间,加强安全业务技能学习,特别是针对工作现场的特点,有针对性地学习如何应对现场危险因素,熟练掌握危险辨识控制对策。二是对员工要实行定期培训,实行教考分离,建立激励机制,提高培训质量。三是抓好技能竞赛活动。要运用好技能竞赛这一有效载体,通过广泛发动、物质激励等手段,提高全体员工参与的积极性和主动性,增强每一名员工的业务技能。

培养员工自我保护意识是酒店客房安全管理的一项重要工作,需要酒店客房安全管理人员开拓思路、持之以恒,使每位员工做到"我要安全,我会安全,我能保证安全",只有这样才能使酒店安全可控,才能促进酒店更好更快发展。

三、客房员工的安全保护措施

饭店有法律上的义务及道义上的责任来保障员工在工作过程中的安全。如果因饭店忽视员工安全,未采取保护及预防措施而造成的员工安全事故,饭店负有不可推卸的责任。因此,员工安全是客房安全管理的组成部分。具体来看,员工安全保护和预防措施主要包括以下四个方面。

(一)劳动保护措施

(1)建立健全安全管理组织与机构,进一步提高安全管理人员的安全意识,切实加强客房的安全管理力度,细化安全管理制度,明确责任,制定并实施各类安全事故应急救援预案,对客房岗位存在的潜在风险进行识别,针对危险源制定措施,各个工作岗位要制定安全操作标准。

(2)加强员工职业安全培训,对员工进行思想教育,提高员工的自我保护意识,同时在技术培训中要涵盖安全工作和安全操作的训练,定期检查及维修工具与设备,增加安全管理设备设施的资金投入,确保员工使用的安全,防止工伤事故。

(3)改善劳动环境,预防职业疾病。

(4)实行劳逸结合,注意保护和保障女员工健康和安全。

(二)员工的个人财物安全

在员工进出口,有保安人员执勤,防止外来不良分子进入,提供个人储藏箱,避免个人物品的丢失。

(三)保护员工免遭外来的侵袭

在服务岗位的工作人员,有可能遭到行为不轨客人的侵扰,饭店工作人员应及时协助解决,避免员工遭到进一步伤害,同时通知保安部门,酌情处理。

(四)员工在工作过程中要互帮互助、拾遗补缺,消除安全隐患

光靠自己的小心谨慎就想做到100%的不出问题是不可能的,对于酒店员工来说,工作过程中的互相配合、拾遗补缺就显得格外重要。具体到实践工作当中,最基本的就是要做好各个班次的交接班工作,消除工作过程中的安全隐患,保护别人的过程就是保护自己。

 技能训练

组织消防演练

一、演练目的:为了深入地了解消防逃生常识,切实树立起消防意识,真正掌握好消防安全知识,并具备自救互救的能力,提高抗击突发事件的应变能力,能有组织、迅速地引导客人安全、快速地疏散,学会正确使用灭火器以及掌握逃生的方法。

二、演练内容:

(1)火情报警;

(2)灭火器灭火流程;

(3) 客房遇到火灾时的安全疏散。

三、演练过程：

(1) 讲解消防知识及使用灭火器灭火流程；

(2) 进行疏散演练。

 思考与练习

1. 酒店火灾发生的原因是什么？
2. 酒店火灾的预防措施。
3. 酒店火灾的处理方法。
4. 酒店客房失窃的预防措施。
5. 酒店客房住客失窃事故的处理方法。
6. 酒店住客在店期间不幸死亡的处理程序。
7. 酒店停电事故的处理。
8. 酒店员工的安全保护措施。

 案例与分析

案例(一)　为住客"朋友"开门的后果

某日，酒店客人李先生称其一万元现金在房间内被窃。值班经理接报后，立即与保安部主管、管家部主管赶到现场。据李先生述说，他公务完毕后，回到房间时发现放在行李架上的皮箱被撬开，里面的物件凌乱，内层的一万元现金不翼而飞。李先生怀疑有人进入其房间行窃，要求酒店给予处理。就此事值班经理与各部门主管展开了一系列的调查活动。

1. 请客人回忆事情经过，详细填写《遗失与盗窃记录》，并征询客人的意见是否需要报警，如果需要的话，我们可以从旁协助，但李先生表示不愿意报警。

2. 要求管家部协助保安部调查所有出入过这间房的服务员，每位服务员书写一份事情经过。

3. 查询前台接待处在李先生外出期间是否有其他人取过房间钥匙。前台接待员小孙称曾经接过一个自称是住客李先生打来的电话，说他的朋友现在在前台要进入他的房间，他因有要事不能赶回来，请为其开门。小孙为确定客人李先生的身份，要求其报出自己的身份证号码，对方流利答出。小孙未经核对证件便为客人的朋友打开了房间。

客人回来后完全否认他曾打过电话回来。让人怀疑究竟是客人在唱双簧，还是

另有隐情。李先生坚持要酒店赔偿其损失。值班经理明确向李先生表示,酒店要分清楚责任后才能做出赔偿。如果酒店并无过错,就不应该承担赔偿责任。客人威胁若解决的结果不能令其满意,将向媒体披露此事。值班经理建议客人将此事交给警方处理,因为只有警方才具备专业的分析和破案能力,这是酒店保安部所不能比拟的。但是,李先生还是执意不肯报警,并在大堂内大吵大闹,值班经理要求其立即停止吵闹,否则将以扰乱公共秩序为由报警。为了避免影响到其他客人,将其带到西餐厅并准备了一份热气腾腾的食物送到李先生面前。经过心平气和地与李先生对话,动之以情,晓之以理,客人改为要求酒店出具一份证明,证明其在店的损失和赔偿办法。经请示当日行政总值出示证明如下。

证　　明

　　×××房李先生宣称其房内现金被盗,酒店将此事全权交给警方处理,并服从警方的处理结果。

客人得到证明后,不再表示异议,退房离店。

评析:

前台接待处取钥匙程序不够完善。当值接待员仅凭一个身份证号码就确定客人身份,是考虑欠周到的,客人的朋友取钥匙的时候亦无核对证件。此事要求酒店必须加强钥匙管理,认真履行各项工作程序。

案例(二)　饭店消防安全管理应加强——北京凯迪克大酒店火灾事故案例分析

2002年7月13日23时左右,北京凯迪克大酒店1020房间发生火灾,造成住在1022房间两名赴京旅游的香港女学生死亡,住在1021房间的一名韩国女学生受伤。

据调查,住在1020房间的香港男学生邓某(12岁)和李某(14岁)承认,7月13日22:40左右,在1020房间内划火柴玩,然后离开房间。经专家调查,鉴定这起火灾的起火原因是人为明火所致。由此,警方认定火灾由邓某、李某玩火造成。

专家点评(点评人:赵广朝,硕士研究生,北京市旅游局综合与安全管理处处长,多年从事旅游安全管理工作):

凯迪克大酒店发生火灾以后,一些宾馆饭店汲取事故教训,要求客房不为客人提供火柴,未成年人入住必须有监护人陪同,并负责其安全行为等。但是,宾馆饭店的消防安全管理,不能头痛医头、脚痛医脚,必须认识到消防安全的重要性,加强消防安全管理,努力消除各种消防安全隐患。

一、宾馆饭店消防安全的主要隐患

(一)违规装修施工。一些宾馆饭店进行装修改造施工,由于用火、用电、用气设备点多量大,加之个别施工材料不符合消防安全的规定,一旦工人操作失误或处理不当,容易导致消防安全事故的发生。

(二)电气设备老化。一些宾馆饭店电气线路老化或配置不合理,容易引发火灾。如大量使用单层绝缘绞线接线板,这种电线没有护套,易因挤压或被动物咬噬而发生短路;客房内的电熨斗、电暖气、热得快等电热器具,客人使用不当、违章接线或忘记断电而使电器设备过热引燃周围可燃物造成火灾。

(三)厨房违规操作。如在炉灶上煨、炖、煮各种食品时,浮在上面的油质溢出锅外,遇火燃烧;在炉灶旁烘烤衣物或用易燃液体点火发生燃烧或爆炸。此类火灾蔓延速度快,扑救困难,特别是油类火灾,无法用水进行扑救。

(四)住店客人安全意识不强。客人在宾馆饭店卧床吸烟是诱发火灾的重要因素;少年儿童如无同行成年人的监督,容易因玩火而引发火灾,且事后易惊慌失措,到处躲藏,隐瞒火情,错过遏制火情的有效时机。

(五)施救设施设备不全或失效。目前,一些宾馆饭店存在安全出口锁闭或数量不足,疏散通道被堵塞、占用,消火栓被圈占、遮挡,自动报警、喷淋设施损坏或未按要求安装,疏散指示标志不足,应急照明损坏,灭火器过期等现象,一旦发生火灾,得不到及时扑救,最终酿成事故。

此外,消防安全制度不健全,责任制落实不到位等,也是引发宾馆饭店火灾发生的原因之一。

二、加强宾馆饭店消防安全的措施

(一)按有关规定建设完善消防设施。宾馆饭店客房内所有装饰、装修材料均应符合消防的相关规定。要设置火灾自动报警系统、消火栓系统、自动喷水灭火系统、防烟排烟系统等各类消防设施,并设专人操作维护,定期进行维修保养。要按照规范要求设置防火、防烟分区,疏散通道及安全出口。安全出口的数量,疏散通道的长度、宽度及疏散楼梯等设施的设置,必须符合规定,严禁占用、阻塞疏散通道和疏散楼梯间,严禁在疏散楼梯间及其通道上设置其他用房和堆放物资。

(二)建立健全消防安全制度。宾馆饭店要落实消防安全责任制,明确各岗位、部门的工作职责,建立健全消防安全工作预警机制和消防安全应急预案,完善值班巡视制度,成立消防义务组织,组织消防安全演习,加大消防安全工作的管理力度。

(三)强化对重点区域的检查和监控。宾馆饭店消防安全责任人和楼层服务员要加强日常巡视,发现火灾隐患及时采取措施。餐厅应建立健全用火、用电、用气管理制度和操作规范,厨房内燃气燃油管道、仪表、阀门必须定期检查,抽烟罩应及时擦洗,烟道每半年应清洗一次。厨房内除配置常用的灭火器外,还应配置灭火毯,以便扑灭油锅起火引起的火灾。

(四)加强对员工的消防安全教育。宾馆饭店要加强对员工的消防知识培训,提高员工的防火灭火知识,使员工能够熟悉火灾报警方法、熟悉岗位职责、熟悉疏散逃生路线。要定期组织应急疏散演习,加强消防实战演练,完善应急处置预案,确保突发情况下能够及时有效进行处置。

（五）加大消防监管力度。消防部门要按照《消防法》的规定和国家有关消防技术标准要求，加强对宾馆饭店的监督和检查；旅游行政主管部门要通过行业标准等手段，实施对宾馆饭店的消防安全监管。

（六）强化对客人消防安全的提示。要加强对住店客人消防安全提示，要设置禁止卧床吸烟和禁止扔烟头、火源入废纸篓的标志；要告知客人消防紧急出口和疏散通道的位置；要提醒住店客人加强对同行的未成年人和无行为能力人的监护，防止其不慎引发安全事故。

（资料来源：中国旅游报）

第十章 客房物资管理与费用控制

 学习目标

1. 了解客房物资的分类。
2. 掌握客房设备和用品的基本控制方法。
3. 知晓客房部预算的内容。
4. 初步学会客房部的费用控制。

第一节 客房物资管理

海南某酒店开业快一年了,生意一直很好,营业额增长得很快,但令酒店管理层头痛的是财务处报告上反映为亏损经营,从报表上发现客房部成本居高不下。看来必须从客房物资管理和客房经营成本控制上着手,将成本费用降下来。那么,怎样管理客房物资、控制成本费用呢?

一、酒店客房物资分类

现代酒店的客房管理系统所拥有的物资种类繁多,管理这些客房物资是一件很复杂的系统工程,必须对它们进行分类管理。根据物资本身具有的价值和使用年限,客房物资可分为客房设备和客房用品两大类。

(一)客房设备

根据设备的使用范围,客房设备又可分为清洁设备和客房设备。

1. 清洁设备

清洁设备主要是指客房部员工在清洁保养客房和公共区域时所使用的各种设备,如吸尘器、洗地机、洗地毯机、打蜡机等。

2. 客房设备

客房设备主要是指在客房区域供客人使用的设施设备，包括家具、电器、卫生洁具、安全设施等。

（二）客房用品

1. 按消耗形式划分

（1）一次性消耗用品。如茶叶、卫生纸、信封、洗浴用品、化妆品、擦鞋纸、火柴等，这些用品是一次消耗完，一次完成价值补偿。

（2）多次性消耗用品。如床上布草、卫生间的"四巾"、水杯、酒具、酒店宣传用品、衣架、烟灰缸、花瓶、雨伞等，这些用品可连续多次供客人使用，价值补偿要在一个时期内多次完成。

2. 按供应形式划分

（1）客房备品。客房备品即客用固定物品，也就是多次性消耗用品。这类物品有的摆放在客房内，有的则由客房部办公室或客房服务中心保管，仅供客人在住店期间使用（客房服务中心保管的物品供客人借用），不能被损坏或在离店时带走。

（2）客用低值易耗品。客用低值易耗品也称为客房日耗品或客房消耗用品或一次性消耗用品或供应品等，是指在客房内配备的供客人住店期间使用消耗，也可在离店时带走的物品。

客房备品和客房供应品通常只能满足住客一般的基本需要，不能满足住客个性化的特殊需求。有些酒店为能给客人提供更具个性化的服务，还备有一些特殊用品，如手机充电器、接线板、加床、婴儿床、应急包等。

二、客房设备管理

（一）客房设备的配备

客房设备的配备是酒店星级划分的重要依据之一。不同星级酒店及不同种类的客房，设备质量和数量有较大的差别。客房设备包括家具类、电器类、卫生设备类、安全设备类等。下面以标准间为例说明客房里主要配备的设备。

（1）家具。床具、床头柜、茶几及扶手椅、写字台及琴凳、电视柜、酒柜、行李柜、衣柜等。

（2）电器。门铃、"请勿打扰"指示灯、电视机、冰箱、电话机、灯具、空调、换气扇、吹风机等。

（3）卫生设备。浴缸及浴帘、云石台及面盆、恭桶及卫生清洁器、浴巾架、面巾架、厕纸架、皂台、面巾纸盒、浴缸扶手、体重秤等。

（4）安全设备。防盗扣（链）、走火图、猫眼、烟感器、自动喷淋、保险箱等。

（二）客房设备的采购

客房设备种类繁多、数量巨大，一次性采购需要耗用酒店大量资金，是酒店大宗物资采购,因此要由客房部根据实际需要提出采购计划供酒店高层管理人员讨论决定。

采购计划应考虑以下六个因素。

(1) 行业标准。客房部在拟订采购计划时要根据国家旅游局发布的《星级饭店客房用品质量与配备要求》的行业标准,它是重要的指导性文件。

(2) 适应客源的特点和行业发展趋势。每家酒店都有不同的客源目标市场,不同的客源需求有较大差异,因此,在采购客房设备时一定要考虑目标市场对客房设备的配备需求;同时,还要考虑到酒店的发展性,所采购的客房设备在未来的一段时间内都具有先进性,符合市场发展的趋势。

(3) 节能环保。节能设备不仅可以节约设备的运行成本,而且符合国际形势的发展需要;在设备使用过程中对环境是否造成污染,对客人的健康是否有害同样是必须考虑的因素。一家有社会责任感的酒店,应该是符合节能环保的要求的。

(4) 美观实用。所采购的设备在大小、造型、色彩、格调等方面必须相互协调,使房间在整体效果上显得轻松、柔和、舒适、美观,让客人有一种美的享受;同时,也要充分考虑设备的实用方便性,一方面要让客人使用方便灵活,另一方面也要让服务员感到易于清洁保养和维护。

(5) 安全性。安全是客人和工作人员的基本要求。在选择客房设备时要考虑到客房设备是否具有安全可靠的特性和装有防止事故发生的各种装置,如家具饰物的防火阻燃性,冷热水龙头的标志,电器设备的自动切断电源装置等。

(6) 成套性。客房的功能设计中就已经充分考虑到了房间、家具、电器、卫生设施、安全设备和生活用品等方面的组合配套,以提供一个完整的客房产品给客人使用。因此,客房设备是否搭配成套,必然影响到客房功能的发挥,影响到客房服务项目的优质提供,影响到客房服务质量的提高。

(三) 客房设备的保养

1. 客房家具的保养

(1) 床的保养。为了避免床垫有局部下陷,应定期翻转床垫,每周床头、床尾调换一次,每月把床垫翻转一次,这样可以使床垫各部位压力和磨损度均匀,保持平整完好,延长使用寿命。

经常注意检查床垫弹簧的固定钮是否脱落,如有松动或脱落,必须及时报修。

(2) 木质家具。衣柜、写字台等木质家具,由于木材本身具有的特点,容易变形、腐蚀、虫蛀等,所以家具应在使用和清洁时根据其特性注意保养、防潮、防水、防热、防虫蛀。一般距墙 10 cm 放置,注意通风,平时注意不要把受潮的物品放在木质家具上,不能用带水的抹布擦拭木质家具,更不能让家具接触碱水,以免家具失去光泽、漆皮脱落。避免暴晒或靠近暖气片,以免受热后变形开裂。壁柜、抽屉底层可定期喷洒防虫剂,以防虫蛀。

使用时间较长的家具必须定期打蜡,既可起清洁作用,又可达到保养的目的。

2. 地毯的保养

地毯保养的首要工作就是日常吸尘,正确使用吸尘器,在一定程度上可以达到保养地毯的目的。根据地毯的放置位置按计划定期清洗地毯,既可以起到清洁的作用,也是保养的重要方法,只是清洗地毯时要根据地毯的质地采用湿洗或干洗两种不同方法,并要待地毯彻底晾干后才能继续使用。不能为了保持地毯的清洁而过于频繁地清洗,否则会严重损伤地毯而减少其使用寿命。

3. 主要电器的使用与保养

(1) 电视机。

① 电视机应放置于通风良好的位置,放置距离墙 5cm 以上,切勿将电视机置于高温、潮湿的地方,要避免阳光直射到电视屏幕上。

② 电视机的插座接头要安全可靠,电源线不能有裸露的地方,要注意保护电源线不受损伤,如有不安全的地方及时通知维修人员。

③ 非专业人员不得打开机箱后盖;电视机长期不使用,应每月通电一次两小时以上。

④ 擦拭灰尘时要轻搬轻放,切勿碰撞,并使用柔软的干布,可用中性清洁剂。

(2) 电冰箱。用于酒店客房的小冰箱一般为单门冰箱,以冷藏为主,冷冻室采用铝板复合制成,容积小,供制冰或冷冻少量食品用。对电冰箱的使用和保养应注意:

① 搬动电冰箱时要防止剧烈震动,要使箱体平稳直立;

② 电冰箱要放在通风的地方,不要让太阳直射;

③ 电冰箱背部与墙要保持 10 cm 以上的距离,以保证散热;

④ 电冰箱顶部不得放置其他电器;要尽量减少开冰箱门的次数;

⑤ 保持冰箱内外的清洁,外表可用柔软干布蘸上中性清洁剂擦拭,内部用清水擦拭,防止异味产生;

⑥ 断电后不能马上通电,要等来电 5 分钟后再通电,以保证压缩机正常运转,延长其使用寿命;

⑦ 定期除霜,否则影响制冷效果。

4. 卫生洁具的保养

(1) 坚持经常清洁,要用专门清洁剂做清洁保养,不可用粗糙的粉状清洁剂擦拭。

(2) 清洁恭桶时用酸性清洁剂要适量,且清洁后要清洗干净,否则易腐蚀。

(3) 使用有腐蚀作用的清洁剂要执行酒店的稀释规定和计划,不可过度频繁使用,或不按规定稀释,否则易造成腐蚀而影响卫生洁具的使用寿命。

(4) 对洁具的配件一定要用干抹布擦拭,保持其光泽。

(四) 客房设备的日常管理

1. 建立设备档案

每一台设备都应建一张库存卡,卡上内容应包括:名称、型号、编号、供货商、购买日期、价格、预定使用年限、维修情况以及当地服务联系方式。建立设备档案卡有助于确定设备是否需要更换，跟踪该设备的整个使用过程。

2. 建立设备发放程序

客房部必须有专人负责设备的管理，每一次领用和归还都必须签字。同时，客房部还应考虑库房的安全，所有设备不使用时都应送回库房保管。

3. 建立检查维修保养制度

客房服务员在日常工作中要按规程对客房设备进行日常的检查，发生故障要及时和有关部门进行联系；工程部员工在客房设备运行中也要按计划规定的时间，对客房设备进行全面检查，以便及时发现问题，及时修理或保养，以保持设备的良好技术性能，发挥其应有的功能为客人服务；维修记录表应与相应的设备档案卡放在一起，这有助于管理人员从中发现设备缺陷，从而与供应商协调解决问题，并调整下次采购计划。

4. 建立盘点制度

客房部每季度都应对设备进行实地盘点，包括在用的、库存的、备用的，并对盘点做好完整记录。

（五）客房设备的更新改造与报废管理

1. 客房设备的更新

客房设备的更新是指以经济效果上优化的、技术上先进可靠的新设备替换原来的老设备；改造是指通过采用国内外先进的科学技术成果改变现有设备的相对落后的技术性能，提高节能效果，改善安全和环境特性，提高经济效益的技术措施。

酒店为了保证其规格档次，保持并扩大对客源市场的影响力，大多都要对客房进行更新改造，并对一些设备用品实行强制性淘汰。设备的更新计划包括常规整修、部分更新和全面更新。

（1）常规整修。常规更新一般每年至少一次，其中包括地毯、饰物的清洗，墙面的清洗和粉饰，常规检查和保养，家具的修饰，窗帘、床罩的洗涤等。常规整修是在常规的清洁保养中进行的，一般与客房的计划卫生结合在一起进行，客房部统一安排管理，由客房部员工和工程部员工共同完成。

（2）部分更新。客房使用三至五年后，就应该开始计划更新改造了，包括更换地毯，更换墙纸，沙发、床靠垫等的更新，窗帘的更换，床罩的更换等。因为部分更新设备会影响正常的客房运转，所以要由客房部做好计划，分楼层进行。

（3）全面更新。酒店开业后五至十年必须进行全面更新，包括家具、电器、地毯、装饰物、墙纸或油漆、卫生间设备等全面更新。在全面更新设备期间不能正常营业,酒店在此期间需要停业,所以这需要由酒店高层作出决策,各部门共同配合完成。

2. 客房设备的报废处理

根据客房设备的使用状况,由工程部会同有关技术单位进行技术鉴定,确认符合设备报废条件后,客房部提出申请对客房设备进行报废处理。价值较大的设备,应由总经理批准,由设备管理部门组织对报废设备进行利用和处理,回收的残值只能作更新改造之用。报废设备残值回收凭证,应随酒店领导批准的报废意见同时送交财务部门,注销设备资产,同时注销台账卡片。设备报废的各项手续和凭证必须存入设备档案。

三、客房布草管理

布草,是酒店业对各种棉织品的一种专门称呼。酒店的布草种类很多,有客房用布草、餐厅用布草、康乐部用布草等。客房用布草又可分为床上布草,如床单、枕套、被套等;卫生间布草,如各种毛巾;装饰布草,如窗帘、沙发套等。

酒店的布草配备量一般为四套:一套在用,一套在洗,一套在周转;一套备用。其中前三套称为在用布草,在客房周转;第四套称为备用布草,放在布草房内,以备更新和补充。

(一) 布草的质量标准

布草的质量分为以下七类。

(1) 纤维质地。主要有全棉、棉麻混纺、化纤、棉化纤混纺。

(2) 纤维长度。纤维长,纺出的纱均匀、光滑、强度好,织物细腻、平滑。一级棉的纤维长度为29~31毫米。

(3) 纱支数。全棉床单与枕套,其纱支数一般为20~24支,混纺的为30~40支。

(4) 织物密度。床单与枕套的织物密度一般为每10平方厘米288根×244根~400根×400根。

(5) 毛圈数量与长度。毛圈数量与长度和毛巾的重量成正比。毛圈有圈绒和割绒两种,割绒档次高,柔软度好,制作成本高。

(6) 制作工艺。床单、枕套要求卷边宽窄均匀,尺寸统一,缝线平直,针脚等距且密度合适,毛巾类要求边牢固平整,每根纬纱都能包住边部的经纱等。

(7) 耐洗次数。酒店一般利用自己的洗衣房,全棉床单耐洗次数约为500次,枕套约为400次,毛巾类约为300次,餐巾约为130次,台布约为450次。

（二）布草的规格

1. 床单

床单的参考规格如下（单位为厘米）：

单人床单（床 100×190）：170×260；　　双人床单（床 150×200）：220×270；

大号床单（床 165×205）：235×275；　　特大号床单（床 180×210）：250×280。

其计算方法为：

床单长度＝床垫长度＋床垫厚度×2＋20 厘米×2

床单宽度＝床垫宽度＋床垫厚度×2＋20 厘米×2

2. 枕套

枕套的参考规格如下：

普通枕套（枕芯 45×65）：50×85；　　大号枕套（枕芯 50×75）：55×95。

其计算方法为：

枕套长度＝枕芯长度＋20 厘米

枕套宽度＝枕芯宽度＋5 厘米

3. 毛巾类

毛巾类的规格包括尺寸（厘米）和重量（克）两部分，见表 10-1。

表 10-1　毛 巾 规 格

酒店星级	浴巾		面巾		方巾		地巾	
	尺寸	重量	尺寸	重量	尺寸	重量	尺寸	重量
一星级	120×60	400	50×30	100	25×25	35	60×30	200
二星级	120×60	400	55×30	110	25×25	40	60×30	200
三星级	130×70	450	60×30	120	30×30	45	70×35	250
四星级	140×80	600	70×35	140	30×30	50	75×40	300
五星级	150×85	700	75×40	145	32×32	60	80×45	350

（三）布草的贮存保养

1. 布草房的条件要求

（1）布草房必须通风透气，具有良好的温湿度条件。通风透气，可以防止布草长霉斑，防止微生物繁衍；相对湿度不大于50％，最好在 40％以下，温度在 20℃以下为宜。

（2）布草房必须保持始终处于整洁的状态。地面、墙面、货架等都应保持清洁卫生，布草存放整齐有序。

（3）消防设施按有关规定配置，符合消防要求。因布草皆为易燃物品，所以布草房必须符合消防安全方面的有关规定，一般情况下，布草房不得存放其他物品，特别是化学物品和食品等。

2. 布草的贮存要求

布草的贮存除需要符合要求的布草房条件外，还要满足一定的贮存要求。

（1）分类存放。布草进行分类存放，可以加快布草的发放速度，同时给以后的盘点和查库工作带来很多方便，并可合理地控制布草贮存量，提高工作效率。一般按品种将布草进行分类，然后分架、分层、分格把布草摆放整齐。

（2）定点定量存放。布草日常管理中除了要对库房的布草准确记录外，还应对存放在如楼层工作间等酒店其他区域的在用布草的品种、数量、规格等有相关的记录。日常工作中只需要简单核对就可以了解是否有差错，布草是否充足，这样对提高员工的工作效率和工作责任心都非常有利。

（3）布草达到贮存要求方可存放。对于在用布草，因棉织品是重叠堆放，洗衣房必须确保洗好的布草已干透并且完全符合标准，方可上架，按固定位置摆放备用。

（4）布草与盘存卡相符。在布草房的所有布草架上，都应挂有标明布草每次收发数量的盘存卡，卡片上所有内容标识清晰完整，并确保物卡相符。

3. 布草的保养要求

（1）培训员工爱护布草，不可将未经报损的棉织品挪作他用。

（2）所有新购进布草都应经水洗后再使用，这可有效延长布草的使用寿命。

（3）需要长期存放的布草，应加护罩以防积尘、变色，影响正常使用。

（4）刚洗过的布草在投入使用之前，应放置 24 小时以上，且保证先洗的先用，后洗的后用，这样可以减轻布草的使用疲劳程度，能够确保其耐用性。

（四）布草的收发

客房布草的收发一般有两种模式：一种是布草房收发员到楼层收发布草；另一种是客房服务员到布草房送领布草。管理人员应根据酒店的规模、人员配备等具体情况确定合理的布草收发模式。

一些大型酒店多采用第一种方式，即布草房收发员到楼层来收发布草，以提高工作效率。无论采用哪一种方式，其关键是要保证布草的供应，不影响客房的正常运转。

（五）布草的更新与盘点

布草的盘存管理有助于客房部及时发现问题，堵塞漏洞。

1. 做好布草的更新工作

棉织品的使用寿命都是有限的，当布草出现以下五种情况时可作报废处理：

（1）使用年限已到；

（2）有破损而不能再继续使用；

（3）污渍经处理后不能去除洗净；

(4) 因陈旧、变色、褪色、染色等而无法再使用；

(5) 有明显抽线、抽毛等。

报废布草应合理回收利用，可尽量通过缝补、改制等措施延长其使用寿命，可将报废床单改作枕套、婴儿床单等。

当布草不能继续使用后，就必须更新，一般采用以旧换新的方法。布草的更新有两种情况：一种是日常更新，即在日常客房清洁工作中发现需要更新的，做好记录，用备用的更新换旧；另一种就是批量更新，是指一整批布草都需要换新时，将该批布草整体更新，这需要在客房部预算中体现，并计算好更新率。

更新率是指酒店的布草每次替换数量占原有布草的总量的百分比。不同档次的酒店，其服务规格要求不同，对布草的更新频率、报损的标准自然也不同。一般情况下，星级档次越高的酒店，对布草的舒适度、新旧程度等要求也就越高，更新率就越高。

2. 定期对布草盘点

布草房在对布草进行分类的基础上，设立账卡，详细登记布草的具体数量和金额，并设"在库"和"在用"科目，定期对布草进行盘点。定期盘点不仅可以控制布草的缺损，而且方便日后的会计核算和管理者的统计分析。

布草的盘点应注意以下两个方面。

(1) 布草房收发员每月对布草房内各类布草彻底清点一次，每3个月到客房各楼层对布草进行盘点一次。

(2) 盘点时布草房和客房部的人员应该共同清点，认真填写盘存表，并由客房部和布草房主管签字认可。

盘存表一式三份，一份留布草房备查，一份交客房部经理，一份交财务部计算费用。

四、客用品的管理

客房部对客用品的日常控制是其工作中的重要内容，通常要抓好选购、保管、领发、消耗控制四个环节，从而有效降低客用品的消耗，达到控制成本的目的。

(一) 客用品的选购

客房部和采购部共同完成客用品的选购工作。客房部提出采购计划及要求，由采购部负责采购。

客房部每年都编制客房用品的年度预算，根据预算制订采购计划，计划中要对需采购的物品的种类、规格、质量、数量等提出具体要求，如耐用、实用、美观、环保、符合市场潮流、具体规格和数量等。一次性采购数量要合理，存货量过多，占用资金和库房，增加保管费用；存货量太少，会影响客房正常运转。因此,要用科学的方法计算出一个合理的采购量。

(二) 客用品的保管

1. 科学的库存保管

(1) 库房安全做到"四防",即防火、防盗、防虫、防霉烂变质。

(2) 库房时刻保持清洁卫生,物品摆放整齐有序。

(3) 要有足够的货架,货架之间要有一定的间距,保持通风透气。

(4) 按物品种类、性质、进货的时间顺序分类堆放,所有入库物品都应有各自的固定摆放位置,便于客房部领用和登记。

2. 合理的物流管理程序

(1) 履行严格验收手续,把好验收入库关。

(2) 进出货物及时填写货卡,做到"有货必有卡,卡货必相符"。

(3) 遵循"先进先出、后进后出"的原则,应经常检查在库物品,发现霉变、破损应及时填写报损单,报请有关部门审批处理。

(4) 定期盘点,主动上报长期积压滞存的物品。

(5) 严格掌握在库物品的保质期。

(三) 客用品的领用发放

客用品的领用是指客房部从酒店采购部领取后入客房用品库房,发放是指将库房存放物品发放到各楼层使用,一般由客房服务中心负责。根据楼层小仓库的配备标准和楼层消耗量等,规定领发的周期和时间,一般是一周领一次。在领用之前,楼层服务员应统计本楼层小仓库的现存情况,按楼层小仓库的规定配备标准提出申领计划,填写好客房物品申领表,由领班签字。中心库房在规定时间根据申领表发放物品,并凭申领表做账。这样不仅使领发工作具有计划性,方便中心库房人员的工作,还能促使楼层工作有条不紊,减少领发环节的损耗。

五、清洁剂的管理

清洁剂在客房运营成本中是不可小视的一部分,对清洁剂的控制与管理必然要引起管理层的高度重视。可以采取以下措施来控制和管理清洁剂。

1. 建立一套简明有效的档案系统,并坚持落实

建立各项清洁剂的档案,内容包括:清洁剂的名称、供货商、最低库存量、每次申领及进货量、每月平均用量、每次进货及发货的日期、各个营业点领用及消耗情况等。

2. 建立发放制度

各酒店都有自己的发放制度,根据酒店

的规模和管理模式而不同。比较通行的做法是由客房领班按楼层房间数量及经验使用量填写申领单，统一到库房申领，按说明书配比要求配比后发放到每位员工手中，并在各工作间的库存卡上注明所配用品的数量、日期。

对于成本较高的罐装清洁剂，许多酒店的做法是以旧换新，即在领取罐装清洁剂时要交上旧罐，这样可以在一定程度上控制用量，减少浪费。

3. 清洁剂的兑制由部门专人负责

统一兑制清洁剂，有利于提高兑制精确度，减少在各点兑制所耗费的时间，也可减少浪费现象。

4. 建立盘点制度

对各营业点的领用量及消耗量进行详细记录，定期实地盘点检查，找出清洁剂不正常的消耗问题，并采取相应措施加以纠正。

5. 加强保管

对于领用来的清洁剂都要将保管责任落实到人，存放清洁剂的库房或工作间都应上锁保管，以防丢失，尤其是有些清洁剂还有易燃易爆，或腐蚀性强等问题，更应该加强保管责任。

6. 经常检查库存的清洁剂，避免因过期而造成损失

根据酒店的具体情况，合理制定库存的最高配备量，并定期检查，严格实行"先进先出"的原则。

7. 提供良好的储藏条件

清洁剂库房应通风良好、室温适中，避免潮湿、过热、过冷等恶劣环境，要有严格的安全消防措施确保库房的安全。

第二节　客房部的费用控制

一、预算及其分类

预算就是用货币计量的方式，将决策目标所涉及的经济资源进行配置，以计划的形式具体地、系统地反映出来。

预算既是计划工作的成果，又是决策的具体化。

预算在传统上被看成是控制支出的工具，但新的观念是将其看成"使企业的资源获得最佳生产率和获利率的一种方法"。

客房部预算既要预测出酒店的房务收入，又要预测出取得这样收入所要发生的费用，将成本与收入挂上钩。客房部管理者要对客房部预算负责，首先要为酒店预定的经营目标之一的客房出租率制作详细的费用预算，然后把这些费用支出分解到每个月。

预算对部门经济活动中的职责作出了具体、明确的规定,它被用来衡量各部门完成酒店下达的经营目标的程度。预算是控制部门运作过程的有效工具,控制客房的费用,意味着将实际发生的费用与预计发生的费用进行比较,然后对其差异进行分析,再采取相应措施。在进行费用比较时,客房部经理首先要看预测的客房出租率是否实现。如果出租率低于预计量,那实际发生费用就该相应地低于预计发生费用,同样,如果出租率高于预计,客房部的成本也该相应提高。衡量客房部经理费用控制能力的标准,是看他能否将各项资源消耗控制在一定范围内。

客房部的预算通常分为两大类:固定资产投入预算、经营费用预算。

1. 固定资产投入预算

这方面主要包括机器设备类预算、家具设备类预算、电器类预算、其他。

2. 经营费用预算

经营费用预算预测了在某一段时间内酒店运转的营业额以及为此付出的费用。客房部经营费用主要发生在两方面:一方面是员工的工资和福利;另一方面是清洁剂、客用品等经营物资的费用。

二、客房部预算的制作方法

预算是以年度为单位进行制作的,它往往在上一年度就已经开始了,这个过程包括信息的收集、预算草案的制作、目标的回顾以及最后的调整,它预测了次年全年的经营结果。

1. 预测来年的客情和客房销售情况成为客房部制作预算的起点和主要依据

这一方面是因为客房销售为各部门的运转提供了费用;另一方面是因为各部门预计发生的费用与客房销售紧密相关,或者说,客房销售量的多少、客房出租率的高低直接决定着各部门所需支出的费用的多少。

2. 将年度预算指标进行分解

在预算制作时,要将年度的各项指标分解到每个月,这就要求客房部经理根据季节性出租率的变化,概算出每个月的收入和支出。

3. 与相关部门沟通,掌握全面经营信息

除客情预测外,客房部经理还应了解大量相关经营信息,如本年度的经营财务报表、过去3年的经营财务报表、所使用的设备用品的市场变化、工作任务及标准的变化、经营物资月耗费量及价格变动趋势等。这些信息对客房部经理制作客房预算有重要的参考价值。

4. 预算制作和调整

客房部经理根据所收集的各种信息,在财务部门的帮助下草拟出预算方案,并交由酒店高层管理人员讨论审核。酒店最高层需对各部门草拟的预算进行分析和调整,从而使之与酒店客房经营总体目标相符。

这里所指酒店客房经营总体目标,既包括客房出租率,也包括客房服务质量和经营管理水平,客房预算中不能以牺牲客房服务质量和经营管理水平为代价而削减费用支出,在向酒店管理高层阐述预算说明时,客房部经理应明确说明为达到降低费用的目的,哪些服务将被减去或标准将被降低。

三、客房部成本费用的发生

(一) 客房部成本费用的构成

客房部成本就是客房产品恢复、保养、清洁整理过程中发生的一切费用,主要包括以下六个方面。

1. 家具设备的折旧成本

这类属于固定成本,它们不因客房销售量的多少而产生变化,每月按规定数额计提,是一定的。

2. 客用品的消耗成本

这类属于可变成本,成本费用的多少会随着客房销售量的大小而产生正比例变化,客房出租率越高,这类成本越高。

3. 清洁用品的耗用成本

这类属于半固定成本,这些成本虽会因客房销售量的变动而有所变化,但不完全是一种正比关系。

4. 水电能源成本

这类也属于半固定成本。

5. 人工成本

这是指客房部员工的工资、津贴、福利、社保等方面的支出,它相对固定。

(二) 客房部成本费用的影响因素

1. 客房物资的采购与验收

客房物资是采购部按客房部的计划采购回来,由工程部技术人员验收安装的。如果这两个部门的工作人员工作责任心不强,不能保证采购验收的客房物资达到计划要求,使客房设备和用品的质量及数量方面存在问题,都会造成客房成本的提高。

2. 客房物资的保管领用

客房物资入库后保管不当,或领用管理不严,同样会造成浪费,增加客房成本。

3. 家具设备和用品的使用

大多数酒店对一次性用品都是按标准用量进行发放,虽然满足了客人的需求,但却存在着隐性成本浪费。如住客用过的香皂还剩下大部分,酒店只能把它给扔掉等。

日常清洁和服务中对客房家具设备和用品的使用不符合规程要求,保养未达到标准,也会造成对家具设备的损害,影响其使用寿命,增加维修费用,从而造成客房成本的升高。

4. 设施设备的保养

客房部设备不但种类多、数量大、使用频率高,且占用酒店资金量大,在设备保养中,如果不坚持以预防为主的原则,加强日常检修和维护,势必造成设备的损坏,不仅影响客房正常运转和出租,还增加设备的维修甚至更新频率,必然造成成本的增加。

5. 人力资源管理

楼层服务台模式下和客房服务中心模式下,所需要的员工数量是不同的,从而影响人工成本高低。客房部员工数量一般都能占酒店员工总数的30%以上,人工费用是客房部经营管理费用中的大项。如果员工管理不善,出现员工工作积极性下降,劳动效率不高,或定岗定编和班次安排不合理,或酒店缺乏吸引力,员工流动过于频繁,都将增加管理成本。

6. 服务人员的工作技能

员工是客房物资的直接使用者、客房服务的直接操作者,他们能否按工作规程操作,在工作中熟练掌握操作技能,严格执行工作纪律,将直接影响到客房成本的控制效果,如对清洁剂的使用、对布草的爱护、对电器设备的检查等方面都将体现出来。

7. 能源管理

客房部每天需消耗大量的水电,除客人必须使用外,有些是人为因素造成的浪费,如室内空调的设定温度太低或太高,抽水马桶的水箱水量设置太大,服务员清扫房间时长流水等,都可以通过服务或设备改进加以控制。

四、客房部成本费用控制的方法

客房部成本费用控制是指客房经营活动中的采购、经营、费用、项目等业务采用一定控制标准,对业务进行监督,并采取有效措施及时纠正偏差,使经营的耗费和支出限额在规定的标准范围内,确保客房部实现降低成本的目标,使成本管理自事后算账转为事前预防性管理。

成本费用控制的方法有多种,各酒店可以根据各自的具体情况选择不同方法,也可结合多种方法同时控制。

(1) 预算控制法,以分项目、分阶段的预算数据来实施成本控制。

（2）关键消耗指标控制法，对客房成本费用有着决定性影响的关键指标实施严格控制，以保证成本预算的完成。

（3）制度控制法，利用各项成本费用使用和管理制度来控制成本费用开支。

成本费用控制的基本程序为：

第一步，制定标准，包括计划成本、消耗定额和开支限额；

第二步，以实际结果和原定标准进行比较，根据发生的偏差判断成本控制的成效，若实际耗费小于控制标准数据，说明成本控制良好，但少得太多，也可能会影响到服务质量，相反，实际耗费大于控制标准数据，则表明成本控制失效；

第三步，分析产生偏差的原因，从每一个环节着手检查，找出成本控制失效的根源；

第四步，针对产生偏差的原因，采取措施纠正偏差。

到当地某家酒店进行调查，分析其如何进行客房成本费用控制，同学一起讨论改进措施，进一步加强客房成本费用控制。

 思考与练习

1. 详细列举客房部的成本费用构成。
2. 客房部成本费用控制的重点应该在哪些方面？
3. 客房物资的管理环节有哪些？容易出现漏洞的地方有哪些？
4. 结合客房清洁整理工作谈谈如何做好客房用品的管理。

案例(一)　经济型酒店的设备配置与维修养护

经济型酒店设备设施配置的关键

经济型酒店定位于普通消费大众。经济型酒店是把客房作为经营的绝对重点，创造舒适、干净、方便的住宿。餐饮、娱乐只为目标消费群做此必要的配套，从而才有可能降低工程费用，才有可能将房价降到经济合理的水平。

通常，风机、水泵、动力设备合并；保安、消防监控、总机房、客房中心合并；总台、商务、票务、寄存、邮寄合并。餐饮重点保证客人自助早餐，另有饮料、食品、快餐专柜。餐饮和康乐设施外租专业公司投资和经营。后勤，如洗衣、客房清洁、PA、员工吃饭均由社区有偿提供。电梯等动力设备外包专业公司。楼层设投币洗衣机、投币烘干机、IC卡电话机。客房不设冰箱、小酒吧及保险柜。

客房是我们要研究的重点。客房更要简、洁、透。首先,冷热水嘴不宜分,镀金龙头也落伍;触摸开关电子钟,使用不便是整人;床板布包难卫生,白布灯罩保养难;绳拉窗帘要淘汰,壁橱里面不装灯。

什么是透?当然客房窗台要低,另外如何让卫生间也透起来,现在卫生间几乎都是"小黑箱"。其实,卫生间不也是可以开窗吗?这一"透"好处多多,以前我们的住店客人,晚上多数卫生间的灯是不关的。现在他不关不行了,否则,房内太亮了。

服务、自助、投币三结合,配置只有最适合。

在设备配置上,楼层设投币洗衣机、投币烘干机、投币擦鞋机、投币饮料机、刷卡传真机、刷卡电话机……

空调配什么?规模不大的酒店,一拖24,分层安装,就很合适。同为冷冻机,就有"往复式",有"螺旋式",有"离心式",有"吸收式",为什么那么多品种能够共存?如果有一种是最好的,那么其他的品种就淘汰了。其实它们都有利弊,都有最合适的使用场所。譬如:"吸收式"制冷机,可使用各种能源,可安装在任何部位(从地下室一直到屋顶),但冷却负荷较大。

中国地域广大,海拔高度的差异是世界之最。不同地域,甚至同一地域,气候都有较大不同。设备配置要因地制宜。设备配置没有最好,只有最合适。最好的未必最合适,最合适的才是最好。有些地区夏季不太热,难道一定要装冷空调?我看胆子要大一点,电风扇就很合适。

房内可装新产品,如桌面型IC卡付费电话机。

经济型酒店设备运行参数的设定要科学

在建筑耗能中,按照美、英、德、瑞典、丹麦、荷兰、意大利、加拿大、比利时、日本十国的综合统计:采暖通风和空调耗能占65%,生活热水耗能占15%,照明、电视耗能占14%,厨房炊事耗能占5%。降低空调耗能将会取得好的节能效果。我们对经济型酒店设定合理的参数,将会降低成本。

日本的报告:夏季室温设定值从26℃提高到28℃冷负荷可减少21%~23%,冬季室温设定值从22℃降到20℃热负荷可减少26%~31%。减少新风量亦可节约大量能源。我们在空调空间预冷、预热时停止取用室外新风,也是省能的一招。

美国客房水温设定为110华氏度,相当于43摄氏度。我国客房水温设定值普遍太高了。有些酒店水温已高到可以烫猪。

譬如:对于大的吊灯或公共场所及走道灯光的控制,不可以一个开关,集中亮一堆。而应该开关排线巧组合,光源强弱好调节。再如:设施也可巧组合。一个行李架,可放行李,可坐人。只需将传统的固定在墙上的护墙板与行李架连接,翻上去是行李架及护墙板,翻下来是软包的凳子,就可接待来访的客人。

太阳能在经济型酒店的应用也大有作为,它可与热交换器搭档,提供廉价的生活热水和廉价的泳池水。

经济型酒店设备养护

1. 任何酒店设备养护都应高标准,它与是否"经济"不相及

酒店的维护模式不能再使用传统的"马后炮"式的维修单了。要有设备养护的理念,酒店业要学习航空业。现今酒店业设备故障率控制在千分之五,而航空业的设备故障率是三十万分之一。你知道飞机是怎样养护的吗?飞机养护通常包括三个方面:一是常规检查,也叫航前、过站、航后检查;二是对飞机重要部件电脑巡查,业内称预防排故;三是定期检查,业内称定检。我们酒店业同样可以参照这样做。譬如:卫生间墙面防水,可采用美国SW双组反应型高强度结构用披覆材料。只需在瓷面进行处理,就彻底解决卫生间墙面渗水之烦恼,对旧的卫生间墙面防水更是一绝。卫生间、浴缸、面盆总有令人烦恼的霉边,不仅影响美观、降低档次,还经常遭到客人的投诉,过去靠维修人员不停地更换玻璃胶。无论客房服务员用什么防霉剂,几乎办法想尽,就是无法根除。现在使用最新技术,磨塑防霉钢边,现场消除您的烦恼。

2. 国外经济型酒店的养护模式

国外酒店的养护模式是预防为主。中国酒店业的最大问题是设备缺乏维修和保养,这造成中国饭店有效寿命极短。设备维护保养方面的落后,必然给饭店的社会效益和经济效益带来严重的影响,是阻碍酒店业向前发展的一个沉重的包袱。一个吸尘器用不到两年,不能吸尘了。我们许多酒店辛辛苦苦忙一年,忙到年底没有钱。设备养护的最佳方式是在设备故障未产生之前就做了有效的预防。正如人的身体一样,平时多注意保养,一有小毛病就得到即时的治疗,护士就行了。我们中国的酒店业,常常最基本的养护工作是不做的,总是等到设备坏了才去修理。

要知道,设备坏了才去修理其难度是极大的。这也是目前总感到工程部技术力量不够、人手不足的重要原因。现今,技术力量怎么会够呢?旧的技能还没有掌握,新的技能又诞生了。我们电话技术还没有熟悉,现在客房又能上网了。我们酒店业,不可能养那么多的高技术人才,培养懂得养护酒店设备的员工比懂得修理设备的员工的成本要低得多。

设备养护,要加强对设备的巡回检查。要知道设备事故和故障大多有些前兆,若能及早注意到各种运行参数和其他的状况变化,则可在异常发生前预知,防患于未然,这样能使许多设备、设施刚刚出现隐患就得到修理。

我们许多工程部的人常常埋怨客人档次低,我说你能改变档次吗?关键还得从自身找原因。譬如:可以把窗帘轨拉掉下来,问题是客人轻轻拉,拉不动。壁橱门可以拉倒下来,关键是轻轻拉,门不走。浴缸塞子上不来,客人他要用,他不撬吗?电视不清楚,客人要看,他不调吗?他哪里会调?原来这只是"雪花",经他一调成了"白板"。明天客人走了。要想减少客人对酒店的损坏,我们千万不能提供带病的产品,次品的损坏率肯定是高的。

案例(二) 丽景湾酒店强化预算严控成本

今年年初以来,北京丽景湾国际酒店认真贯彻集团提出的"四保三压"的精神,切实强化全面预算管理,严格控制成本费用,取得了一定的成效。

丽景湾酒店于去年8月才开始运行营业。由于开业时间不长,相关制度流程不够完善,同时缺乏有效的奖惩措施,员工的成本意识比较淡薄,成本费用控制存在较大的空间。

为了有效应对经营危机,确保年度经营目标的实现,今年丽景湾酒店管理班子狠抓全面预算管理,将目标任务细化分解到部门和个人,并采取由下而上、由上而下的方式,对酒店所有的成本费用编制成零基预算,同时将关键费用指标分解到部门控制,还与相关部门签订费用控制责任书。比如洗涤费用,酒店在考核指标中设定客房的直接成本率为12%,并与客房部的经济指标紧密挂钩。在此基础上,酒店还制定了严格的奖罚措施,以强化全员的成本意识,调动他们挖潜增效的积极性和创造性。

为了降低洗涤费用,丽景湾酒店财务部、采购组和客房部一起与洗衣厂家联系,采取询价比价等招标程序,硬是将洗涤费的价格降低了15%。针对团队协议的特殊性,酒店客房部通过层层测算,将客耗品由原来的每间夜11元降到现在的2.57元。目前,酒店客房部、营销部和餐饮部正针对团队"房包早"的情况进行协商,拟将费用再降低一个百分点。

对酒店来说,能耗占到了营运成本的15%。为了有效控制能耗,丽景湾酒店今年将能耗指标明确下达给工程部,并与其签订了费用控制责任书,明确节约额的15%奖给控制部门,超支额的20%从主管领导的工资中扣回。为此,酒店工程部专门成立了节能降耗领导小组,并采取了一系列节能降耗的措施。一是将员工浴室由全天开放改为分时段开放,每日可节约水量约5吨。二是于3月4日成功完成倒闸操作,将变压器由2台改成1台运行,每日节约电量约600度;将采暖泵由2台减为1台间歇运行,每日节约电量200度。目前,酒店日节电量已超过1000度,减幅约为15%。三是将酒店由24小时供暖改为分时段供暖,每日节约天然气约900立方米,每日用量减少约为45%。

为了强化员工的制度意识和成本意识,丽景湾酒店的高管人员今年还打破惯例,严格约束个人消费,带头个人买单。通过上行下效,酒店取得了较好的成效。

由于厉行节约,丽景湾酒店能耗费由1月份的30余万元降至3月份的21万余元,剔除春节和客流量的影响,费用同比降低15%以上。

(作者:丽景湾酒店财务总监李自强)

第十一章 前厅与客房服务质量管理

学习目标

1. 了解前厅与客房服务质量的含义及标准。
2. 认识前厅与客房服务质量管理的重要性。
3. 掌握管理前厅与客房服务质量管理的途径。

第一节 前厅与客房服务质量的内容

一、前厅与客房产品的含义

酒店前厅与客房产品是由服务项目、服务质量、服务设施和环境氛围构成的,概括地说,是由有形设施和无形服务两部分构成的。

(1) 有形设施包括酒店的地理位置、大堂装修与陈设、前厅服务设备和用品、客房空间、客房装饰和设备用品等。

(2) 无形服务是指酒店的品牌和市场声誉、前厅与客房服务项目的设置、前厅与客房氛围,以及服务员的仪表仪容、礼貌礼节、言行举止、服务态度、服务技能和效率等。

虽然有形设施能向客人展现悦目豪华的大堂、方便舒适的客房,然而,所有这些都必须经过服务员的精心工作、热忱服务和熟练的服务技巧去体现和完成。所以,前厅与客房能否生产优质的产品,还在于无形服务的水平。

二、前厅与客房服务质量的标准

服务是一个服务人员借助服务设施和环境为客人提供帮助使其满意的过程,也可以理解为是一个由服务人员与客人交往的过程。那么,这种过程质量比较难把握,服务质量标准也就比较难描述，其内涵丰富，构成复杂，我们大概可以把它归纳为以下四个方面。

1. 服务程序

前厅部和客房部各项基本服务（如前厅部的电话总机服务、客房预订、前台接待、礼宾服务、问讯服务、收银服务和商务中心，客房部的客房清扫、楼层迎送、洗衣服务、托婴服务、管家服务、贵宾服务等）的正确操作规程和操作步骤规范了服务人员的服务行为，确保了客人无论何时入住都能享受到同等的接待和服务。例如，许多饭店集团属下所有饭店都使用一个服务质量标准，保证无论客人下榻全球的哪一家分店都能得到同样的服务。

2. 服务时限

无论是客人抵店时还是入住客房后，都希望在前厅接待和客房服务中得到方便、准确、快捷的高效率服务。服务时间的长短就成为衡量服务效率和质量的重要标准。前厅部对接待一位客人入住，办理入住手续的时限，接待一位客人办理退房结账的时限；商务中心为客人提供复印、传真、文件处理等的时限；客房部对清扫一间客房的时限，客房送餐的时限等，都作了相应的规定，以保证各项服务的质量，达到客人满意的要求。例如，希尔顿饭店集团规定前台接待一位客人入住一般要在 3 分钟内完成，清扫一间客房的时间一般不超过 30 分钟。

3. 服务设施

服务设施是前厅与客房服务员提供服务的依托，在较大程度上反映了酒店的接待能力，主要包括以下四个方面。

（1）设施数量及配套。服务设施的多少，配套是否完善，体现了酒店的等级，影响着客人的方便和舒适程度，设施必须要达到酒店的星级标准的要求。

（2）空间功能设计。前厅和客房的空间都是经过周密设计的，各方面的功能都应实现。所以在空间的变化和设施的布局上，要充分考虑高效利用空间，又要分清主次，突出主题，衔接合理，更要考虑客人的感受是否方便舒适，尤其是客房的空间设计，能否让客人入住后感到心情愉快。

（3）装修质量。前厅与客房装修质量不仅影响酒店的环境氛围，更重要的是影响到客人的舒适程度。装修所使用的材料、用品和设备要注意档次与酒店的等级相适应，并考虑环保与健康；装修还要突出特色和文化主题，这是让客人产生深刻第一印象的重要因素，它将使客人愉快接受前厅与客房服务；装修的艺术性、美观精致才倍显酒店的高雅品质。

（4）设备运行正常。设备配置完整不是目标，将这些设施设备维护保养完好，使它们正常运行、发挥性能，为客人服务才是目的。因此，酒店要高度重视设备的维护保养，做到设备服务优质高效。

4. 服务水平

服务水平是由服务人员的态度和行为所表现出来的服务状态和水准，主要包括以下四个方面。

(1) 服务项目的设置。服务项目的多少，一方面反映服务的档次（星级评定有相关规定），另一方面直接关系到宾客的方便程度。所以，服务项目的设置一方面要考虑跟酒店的星级相适应，考虑客源的需要；另一方面要考虑市场的变化和发展趋势，要适应社会发展的需要，如原来客人要上网，必须到商务中心才行，而随着手提电脑的普及，客人自带电脑住店的情况日益增多，在客房内安装网线，客人自己在客房内即可上网成为可能，商务中心网络服务项目则弱化了。再如，原来客人住客房后客房服务员立即送开水进房，提供欢迎茶服务，现在由于客人的需求变化了，在房内提供瓶装矿泉水，并配置电热水壶，客人自我服务即可，客房服务员的送开水进房的服务项目则不再提供了。

(2) 服务态度。服务态度是指员工在对客服务中表现出来的主观意向和心理状态。显然，服务态度是由员工自发表现的，无法用指标来衡量，但却对客人形成重要影响。服务态度形成主要受到员工的职业意识和工作积极性影响，因此，对员工的工作培训，养成良好的职业习惯和职业意识，以及采用科学的管理方法激发员工积极性，是管理者需要研究的课题。

(3) 服务时机。在什么时候提供服务，才是客人所需要的，在前厅及客房服务中是有明确的规定的。例如，前厅部提供离店行李服务，在什么时候进客房帮助客人迁出行李，一定要把握好时机，既不打扰客人的休息又不耽误客人的行程；再如，客房服务员进入客房清扫，最好是抓住客人出去用早餐的时机进行，这样才不打扰客人的生活，保全客人的隐私。服务时机的把握，在一定程度上反映了服务的适应性和准确性。

(4) 服务技能。对客服务中的操作技能、语言表达能力、行为反应能力、处理疑难问题的能力等都将影响到服务的质量，前厅服务中的计算机运用能力和外语表达能力，以及客房服务中的动手操作能力显得尤其突出。因此，岗前培训达到服务技能的要求，是保证前厅与客房服务质量的关键。

三、影响前厅与客房服务质量的因素

如前所述，服务是员工与客人之间的交往过程，这个过程会受客观、主观、心理等多种因素的影响。因此，影响服务质量的因素很多、很复杂，在此主要阐述一些重要的因素。

1. 制度和规范

酒店、前厅部及客房部在服务质量管理方面制定了一系列的规章制度、服务规范和服务程序。完善的制度和程序可以更好地规范员工的服务行为，保证服务质量的规范和统一。例如，前厅接待服务中关于房价折扣和收取押金的制度，可以保证所有客人都得到相应的尊重和优待，避免了由于无据可依而导致员工的随意行为引起客人的不满。再如,客房服务时服务员要进入客房,服务规范要求,无论这间房处于什么状态都必须先敲门,这样就可以保证住客得到充分的尊重和隐私安全。

2. 服务的主动性

这表明服务员的服务意识和态度。在员工有高度主动性的情况下,即使完成服务的技能存在不足,仍然能使客人对服务过程产生美好的印象,服务缺陷易得到客人的谅解。从宾客接受服务的心理感受角度看,一位缺乏熟练业务技能和服务经验但笑容满面、主动热情的员工比一位业务技能熟练但对客人冷若冰霜的员工更受欢迎。

3. 员工的知识和能力

员工的业务知识和能力,员工的知识面不仅影响到对客服务的效率,还将深刻影响与客人的交往沟通过程,从而影响客人的心理感受。

4. 情感投入

情感投入是指员工在对客服务过程中所表露出来的对客人的关心和重视,如对客人的亲切友好态度、对客人需求的敏感和关心、对客人感受的理解等。把客人当作自己的朋友和亲人,站在客人的角度考虑问题,急客人所急,想客人所想,真正解决客人的难题,客人才能享受到高质量的服务,客人才能把酒店当作"家外之家"。

5. 服务的环境

服务过程中具体可见的人员、设施、环境等诸多因素同样影响着服务质量,尤其是初次到店的客人,从酒店的规模、建筑装饰、前厅环境、客房装修与设备、员工的仪容仪表行为举止等,他对酒店的判断主要来自具体可见的服务环境,并由此预见服务质量,从而作出是否选择该酒店的决定。

第二节 前厅与客房服务质量管理

一、前厅与客房服务质量管理的内容

前厅与客房要实现优质服务,提高服务质量,必须进行服务质量管理,其基本内容有以下五个方面。

1. 制定质量管理目标

服务质量管理目标的制定,必须以满足宾客需要为中心,以酒店服务质量的等级标准为基本依据,并结合本酒店的实际情况,确定科学的管理方针、政策和措施,切不可制定过高的目标。

2. 构建质量管理体系

建立质量管理体系,就是围绕服务质量的等级标准,建立一整套为贯彻实施这种质量标准的管理体系,主要包括:服务质量管理的组织机构,人员分工;责任体系的建立,职责权限的划分;服务质量的检查制度;酒店内部服务质量管理标准化、程序化、规范化的操作体系；质量信息的收集、传递、反馈及质量改进措施；服务质量投诉处理的方法、措施等。

3. 加强全员质量管理教育

对全体员工进行质量管理教育是贯彻服务质量管理的重要途径，其内容包括以下三个方面。

（1）质量意识教育。在思想上要求员工树立"质量是酒店的生存之本""没有质量就没有效益"等观念，使员工对服务质量的重要性的认识在一定高度上。

（2）质量管理基本知识的普及教育。通过员工培训、考核、管理层的示范等途径，使员工掌握服务质量的基本内容和标准，了解酒店质量管理的基本知识和方法，强化员工的自我意识。

（3）职业道德教育。培养员工对前厅及客房服务工作的热情和责任感，当员工以服务工作为骄傲和自豪时，其质量意识就自然而然产生了。所以，职业道德教育不是唱高调，说大话空话，而应该从细微做起，从培养对酒店和工作的感情开始。

4. 组织质量管理活动

前厅部和客房部结合部门的各项服务工作，开展有针对性的服务质量管理活动，通过一系列活动，一方面增强全员质量意识，另一方面修正存在的某些服务质量问题，促进质量的提高。

5. 质量考核与评价

通过对岗位工作的考核与评价，检验服务质量是否达到标准，是否实现服务质量管理目标。

二、全面质量管理

全面质量管理（Total Quality Management，简称 TQM）起源于 20 世纪 60 年代日本制造业所推崇的质量控制（Quality Control）方法，70 年代引入美国，80 年代为西方国家所普及，90 年代开始应用于西方的服务行业。

至今，人们对酒店全面质量管理含义的认识没有统一。"卓越""价值""合乎标准""适合使用""无差错""满足或超过顾客的期望值"等，不同的人可以从不同的角度去解释全面质量管理。随着社会的进步和全球酒店业的发展，越来越多的酒店管理者认为，酒店全面质量管理的核心是强调服务的一致性，克服随意性、消除差错，一次做到位，使顾客在酒店的停留过程中感到百分之百的满意，产生重新光顾并说服他人光顾满意的酒店的冲动。因此，酒店全面质量管理可以归纳为五个基本信条。

1. 全员参与（Total Involvement）

全面质量管理始于管理层，无论是总经理还是普通基层员工，都要积极参与服务质量的改进。管理层要确保每一位员工投身于这一过程，服务质量要看成是酒店经营的第一优先。酒店的每一个员工都受到良好的训练，充分了解质量信息，自觉参与酒店的质量决策，使用一流的服务工具，具有人人对服务质量负责任的意识和行为，根据服务业绩得到公平公正的激励。在里兹·卡尔顿集团，高层管理人员组成一个质量管理委员会，高层经理手把手地教授新员工，公司总裁向员工们解释公司的宗旨和原则，并着重强调100%满足顾客的需要，公司将大力表彰杰出员工的成就。

2. 强调顾客满足（Guest Centralized）

准确判断顾客对酒店服务质量的期望和需求，随时倾听顾客的意见和建议，懂得如何才能满足顾客的需求，调整好顾客的期望值。

在里兹·卡尔顿酒店，顾客满足始于了解顾客的需求与期望。公司通过顾客意见卡及行业研究报告收集顾客的需求信息，每季度做一次调查，请顾客及会议规划者评价里兹·卡尔顿酒店的产品与服务，之后把顾客的要求转为服务标准与员工行为准则，该酒店在顾客满意方面取得了明显的改进。

3. 不断改进（Continuous Improvement）

对现有的服务质量保持稳定并不断改善，根据市场需求变化进行服务创新，在保持服务标准中体现灵活性和个性化服务，在保持高水平服务质量中努力降低质量成本消耗。

不断改进可以有两方面的考虑：一是比较员工的表现与已经制定的服务要求，找出差距并调整员工的努力方向，以实现顾客100%满意；另一方面是比较本酒店与其他酒店之间的差距、本部门与其他部门之间的差距，调整管理方式，改进服务质量。

4. 一次到位（Do It Right the First Time）

将酒店服务中可能发生的差错扼杀在摇篮中，做到服务无差错、零差错，避免差错出现事后补救。

5. 全过程管理（Control from the Beginning to the End）

将服务前的准备，服务中的监督控制，服务后的善后三个阶段联成一条服务链，保持其耐久性和可靠性，将规定的标准服务无变异地提供给顾客，不因人、因事、因时而断裂和扭曲。使全体员工认同服务过程中 99 ＋ 0 ＝ 0 的哲学辩证关系。

三、服务的标准化与个性化

无论国内还是国外，应该采用标准化服务还是采用个性化服务是一个争论不休的话题，争论至今，大多数学者和管理者认为：标准化是基础，个性化是趋势。采用标准化还是个性化与酒店的档次有关，中低档酒店倾向于以标准化服务为主，豪华酒店倾向于在标准化的基础上强调个性化服务。对于中国来说，服务标准化过程是必须走的一个阶段。

（一）标准化服务

2008年为贯彻落实《国务院办公厅关于加快发展服务业若干政策措施的实施意

见》(国办发〔2008〕11号),提高服务业整体发展水平和国际竞争力,促进和谐社会建设,推动服务业标准化试点工作的有序开展,更好发挥标准化对服务业发展的促进作用,培育服务品牌,国家标准化管理委员会、国家发展和改革委员会等六部委下发了《关于推进服务标准化试点工作的意见》(国标委农联〔2007〕7号)及细则。这意味着中国服务业的"标准化时代"已经来临。

标准化服务是指建立了国家标准或行业标准的服务项目,提供的服务必须按照标准实行,包括服务的时间、服务工作量、服务质量、服务价格、质量保证、服务管理、服务监督、服务投诉等相关内容。

科学化、规范化、制度化、程序化是标准化服务的核心。

国外游客对中国酒店的反映是:硬件设施接近甚至超过外国同星级酒店,但服务质量波动较大,即员工多以情绪服务而非产品规格服务。情绪服务是我国酒店服务的一大特色,其最大弊端是服务质量的一致性差、波动大。服务科学化、规范化、制度化、程序化的标准化管理是克服情绪服务的良方。标准化意味着用数据说话,要求制定操作规范、服务程序、服务标准与奖惩规则,标准应尽量具体化,使之易于考核与评价,员工严格依据标准行事。例如,金陵饭店在其工作手册上就写明:客人进店,接待员开始服务到离开服务台,不得超过2分钟;客人结账,收银员要在3分钟内全部完成;客人打电话,接线员要在3声铃响内接听等。

酒店提供标准化的服务可以保证服务质量达到一个基本水平,可以避免客人的投诉,让客人满意,达到客人期望中的服务质量。

标准化服务的关键一是制定标准,二是严格执行标准。

服务标准的制定依据因素很多,如国家关于星级酒店评定的要求、酒店本身的特点、同等级酒店的情况、客源的需求等。下面以锦江饭店的标准化管理法为例,其制定了五大相互关联的标准化。

(1)组织机构标准化。主要体现在机构责任标准化、人员数量(编制)标准化和人员素质标准化,形成一个完整的岗位责任制。

(2)效率标准化。组织效率标准化,锦江实行垂直领导制与对口负责制;会议效率标准化,要求会议对饭店的质量和效率要起促进作用,对会议次数、时间长短、建议效果有明确的规定及衡量规则;工作效率标准化,涵盖前台对顾客的服务效率及后台对前台的服务效率;应变效率标准化,即饭店对顾客的投诉处理的效率。

(3)服务规范标准化。服务规范标准化包括"统一"与"提高"。"统一"是把优秀"惯例"进行科学分析,归纳出一套统一的多档次的系统全面的饭店服务标准,作为酒店服务规范,统一执行,不能各行其是。"提高"指博采国内外酒店之长,形成自己的特色的服务标准。

(4) 民主管理标准化。酒店创立了合理化建议制度、对话制度、智囊团制度,并设立职工意见箱。

(5) 检查监督标准化。锦江饭店建立基本班组互检制度、总经理巡视制度,以及模拟客人暗访制度,以保证服务质量。

(二) 个性化服务

个性化服务就是服务人员根据每位宾客的特别要求提供相应的优质服务,使其在接受服务的同时产生舒适的心理享受,产生一种特别受重视的、得到特殊照顾的愉悦情绪。个性化服务相对于一般意义的标准化服务的不同点在于个性化服务更为主动,更为灵活,往往超出常规。

酒店提供的产品应该是用标准化服务来满足客人的共性要求,用个性化服务来满足个性化要求,个性化服务可以让客人产生超过期望的惊喜。如荷兰一家饭店每天早上为住店人数最多的国家的顾客举行升国旗仪式,很受团体客人的欢迎。

1. 个性化服务的主要特征

(1) 建立顾客个人档案。尤其是对酒店常客,记住客人的基本特征、消费偏好、文化差异、禁忌、购买行为特征、住店行为等。不仅可以更有针对性地提供服务,同时也可以大大简化顾客的入住登记手续,节约顾客的时间。里兹·卡尔顿饭店已建立了24万常客的个人档案。

(2) 高科技与高情感相结合。利用高科技帮助客人完成许多服务事项,如门锁磁卡系统的高科技化、结账服务的信息化等,可以更有效率;同时在服务上又强调一对一的服务,根据客人个人的需要提供差别服务,如病客服务、醉客服务等。

(3) 个人专门服务。尊重个人癖好,承认不同的客人的需要有巨大差别,如配备备选枕头,让客人在备选的十多种不同枕头中自选,按客人的喜好铺床,上客人喜欢的饮料、报纸、鲜花,为不喜欢用空调的客人提供电风扇等。

表 11-1 天津日航酒店睡枕列表

PILLOW MENU
睡枕列表

We know that the perfect pillow is essential for a restful night's sleep. In order to ensure your complete comfort, we are delighted to be able to provide you with a selection of pillows for your use during your stay with us. Please press Instant Service to arrange for the pillow of your choice to be brought to your room.

我们十分了解合适的睡枕是提供舒适睡眠的关键所在。为确保能为您提供最佳的休憩时光,我们特为您提供了一系列的睡枕以供选择。请按快捷服务键,我们将按您的需求及时送上合您心意的睡枕。

1. Foam Pillow
海绵枕
Designed specially for you with good resiliency and air-permeability to give you a quiet night's rest.
专门为您设计的具有良好回弹性和透气性的枕头,给您带来一整晚舒适的睡眠。

(续表)

2. Adjustable Health Care Pillow 护颈枕 Designed to support your neck and back to achieve an ideal sleeping posture and healthier rest. 独特设计的枕头，有支持和调节颈部和背部的作用，助您达到最佳睡眠姿势。 3. Natural Lavender Scented Pillow 香薰枕 Very soft pillow with the scent of "Natural Lavender" to provide you with pleasant aromas that promotes a peaceful sleep. 柔软的触感，熏衣草的芬芳，让您在梦中感受回归自然的愉悦。 4. Non-Allergenic Pillow 防过敏枕 A 100% non-allergenic pillow that offers resiliency and softness for a healthy and sound sleep. 100%防过敏，柔软舒适、富有弹性，让您拥有高质量的睡眠。 5. Hugger Candy 糖果枕 A long pillow that offers you comfort. 造型可爱的抱枕，能够使您安然入睡。 6. Wheat Cereal Pillow 荞麦枕 Wheat Cereal is natural herb with tonic qualities to relax your body, heal your tired muscles, and calm your senses. 天然荞麦具有放松肌肉、安神的功效；使您在休息中得到完全的放松。 7. Extra-soft Pillow 纯棉超软枕 Pure cotton gently supports your head, and especially for those who prefer softness. 百分百纯棉，轻轻托住您的头部，专为喜欢柔软的您而设计。 8. Soft Pillow 纯棉软枕 Superior natural cotton contoured to offer optimum support during sleep. 选择纯棉枕，另类感受，却是一样的舒适。

2. 个性化服务的策略

（1）非个性化。相对低端的酒店，尤其是经济型连锁集团酒店，出于成本控制的目的，所有产品都标准化，基本不提供个性化服务。

（2）部分个性化。针对不同的顾客群，分别提供以标准化为主的服务，或提供以个性化服务为主的服务。例如，团队以标准化服务为主，对商务散客强调个性化服务。

（3）完全个性化。所有顾客都独立对待，所有服务都建立在与顾客的完全合作基础上，适合于小规模高端酒店，针对需求差别较大的高消费顾客。

例如，芬兰的船坞大酒店(Hotel Grand Marina)的做法。

（1）为某公司设计特别的客房。

（2）为顾客建立数据库。

(3)为顾客选客房时,考虑客人的特殊要求(酒店有 200 种不同面积,从 16 平米到 48 平米的客房)提供自由选择。

(4)鼓励员工在各种场合与客人交流。

(5)组织顾客聚会、桑拿晚会,有酒店高层管理人员参加。

(6)给大团队送报纸。

(7)在各种可能场合称呼顾客的名字。

3. 个性化服务的优点

(1)与顾客建立密切的关系,促成额外的销售,容易得到顾客的反馈。

(2)强化顾客的认同感,顾客的忠诚增强。

(3)顾客参与企业活动,促进顾客的感情投入。

(4)一线员工能有更多的表现机会,增强员工的自豪感和归属感。

案例 11-1

一 粒 纽 扣

有位客人入住某酒店,要求送洗客衣,当服务员在为其熨烫衬衫时,发现有一粒衬衫的纽扣掉了。因为是一件名牌衬衫,所有的纽扣都有图案并与衬衫的颜色相匹配。酒店洗衣房未配有此物。在征求客人意见时,客人很豪爽地说:"不碍事。"

这一切都在服务员的眼中进行着,虽然客人说"不碍事"也并没有要求我们做什么,但是洗衣房的员工却利用下班之余,在市场上寻找着同样款式与颜色的纽扣。皇天不负有心人,在找了数十家的专卖店后,终于买到了同样的纽扣。当再次将清洗的衣服送还客人时,客人惊讶地发现衣服已很整齐地挂在衣柜内,包括那排整齐的纽扣。此时他马上致电房务经理,连声地称赞,说真的有一种回家的感觉。

评析:

酒店服务工作要把每件事情都做好,没有点完美主义是不可能的,这就要求我们对每一个困难,都要以积极的态度去面对。这个案例表明,我们的员工真正站在客人的立场上完成了此项工作,把工作推向了完美。"完美"是需要很多付出来支撑的,这是很简单的道理,但要求我们服务从业人员善于注意细微之处,给宾客提供舒适及惊喜的服务。

4. 个性化服务的缺点

(1)每个顾客的服务时间延长,在一定程度上降低服务效率。

(2)提高了顾客的期望值,顾客可能变得更苛刻。

(3)员工必须受到良好的培训,才能应对各种不同的交往场合。

(4) 成本太高。
(5) 个性化要依赖于顾客数据库,但它要受到严格的法律限制。
(6) 顾客并不总需要个性化服务。

四、服务过程质量管理

服务是一个过程,这是非常特殊的产品,生产的过程与消费的过程几乎是同时进行的,因此,服务质量不能仅限于考查结果,必须在服务的过程中进行控制管理才能保证服务质量达到要求。服务质量的控制分为三个环节。

(一) 事前控制

1. 制定一套服务程序、服务规范、质量标准和检查体系

管理者们应该根据本酒店的性质、规模、员工特点、设施设备配备等具体情况,制定一整套前厅与客房服务的程序、服务规范、操作方法及质量标准,作为质量控制的依据,并在执行过程中根据各种变化的因素,不断对其进行改进完善。

制定检查制度是保证质量的重要方面,对基层员工和管理者都具有重要的指导意义。

2. 加强员工培训和教育

加强对员工的教育和培训,尤其是对新员工的培训和教育,具有特别的意义。不仅要培训标准化服务的技能,还要着重进行个性化服务意识的培训和教育,提高员工应变能力,增强处理客人疑难问题的能力。

3. 预测问题并采取积极有效的防范措施

通过查阅历史资料,找出同时期所发生的问题;根据次月的客情预测及本酒店所要开展的活动,再结合其他各方面情况,分析可能要出现的问题。例如,酒店开业周年庆典前就要预测员工加班人数、客房酒水茶叶的使用量、高档房的使用量、设备的运转情况等,针对分析的问题,管理者要研究出相应的对策和具体措施。

有些酒店做得更好,组织老员工回忆平时易出现问题的方面和细节、发生过的案例、解决问题的方案等,指定专人编写成小册子,作为培训教材发给每一位员工,尤其是新员工要认真阅读,可以达到"防患于未然"的效果,对于提高服务质量不失为一个良策。

4. 有效协调和沟通

做好信息的传递和反馈工作。每一班次上岗前开例会,传递本班次需要掌握的重要信息,强调上一班次出现的问题,提醒本班次注意的方面,对个别员工易出现的问题着重提醒注意;下班时也要开例会,总结本班次的工作情况,将有关信息反馈给员工,让员工去思考改进措施。

(二) 事中控制

在提供客房服务过程中的控制,客房部管理人员的走动式管理显得比其他部门

重要,因为客房部人员相对分散,管理人员多走动才能及时发现问题并采取补救措施。例如,领班对属下每一位员工清扫的每一间客房都要检查,对不合格的客房要求及时返工,就是很好的事中控制措施。

前厅部的服务较集中于大堂区域,各部门领班、主管都应经常亲临现场指导工作,解决服务中疑难问题;大堂副理也应对前厅所有岗位工作进行监督指导,发现问题及时纠正。

(三) 事后控制

(1) 定期召开部门质量分析会,并将会议精神传达给本部门的所有员工。

(2) 定期收集整理宾客意见书,将宾客意见分类,把最近宾客最主要的意见和投诉进行分析,找出原因,并采取相应措施。

(3) 根据宾客的意见和投诉所反映的问题,及时进行整改,可以是对服务程序和规范的修改,也可以是对质量标准的修正,或提高,或降低,或增加,或取消,管理者要实事求是,敢于否定自己原来的管理措施。

(4) 将宾客对员工的评价与员工的工作绩效相挂钩,需要加强培训的员工则及时安排培训,评价高的员工应该得到相应的奖赏,奖罚分明才能真正促进服务质量的提高。

 技能训练

根据学校教室或寝室的具体情况和学校总体卫生要求,制定一份教室或寝室的卫生质量标准,并编写一份教室或寝室清洁卫生工作程序及规范。要求具体、详细、可执行性强。

 思考与练习

1. 什么是标准化?什么是个性化?它们之间有什么关系?
2. 如何理解"全面质量管理"中"全面"的含义?
3. 如何有效地控制前厅服务质量?
4. 如何有效地控制客房服务质量?

案例与分析

客人的世外桃源：香格里拉的经营策略

香格里拉饭店与度假区（Shangrila Hotel and Resorts）是从1971年新加坡豪华香格里拉饭店的开业起步的，并很快便以其标准化的管理及个性化的服务赢得国际社会的认可，在亚洲的主要城市得以迅速发展。其总部设在香港，是亚洲最大的豪华酒店集团，并被许多权威机构评为世界最好的酒店集团之一，它所拥有的豪华酒店和度假区已成为最受人们欢迎的休闲度假目的地。香格里拉始终如一地把顾客满意当成企业经营思想的核心，并围绕它把其经营哲学浓缩于一句话："由体贴入微的员工提供的亚洲式接待（Asian Hospitality from Caring People）。"香格里拉的含义是"世外桃源"、"人间仙境"。

（一）香格里拉的八项指导原则（Guiding Principles）

（1）我们将在所有关系中表现真诚与体贴。（We will demonstrate honesty and care in all our relationships.）

（2）我们将保持服务的一致性。（We will be consistent in our delivery of service.）

（3）我们将在每次与顾客接触中尽可能多地为其提供服务。（We will do more for the customer in every customer contact.）

（4）我们确保我们的服务过程能使顾客感到友好，员工感到轻松。（We will ensure our procedures are customer friendly and easy for the customer and staff.）

（5）我们希望每一位高层管理人员都尽可能地多与顾客接触。（We will expect all executives to have a customer contace role.）

（6）我们确保决策点就在与顾客接触的现场。（We will enable decision-making to take place at the customer contact point.）

（7）我们将为我们的员工创造一个能使他们的个人、事业目标均得以实现的环境。（We will create an environment where our people may achieve their personal and career goals.）

（8）客人的满意是我们事业的动力。（We will make customer satisfaction a key drive of our business.）

（二）香格里拉的品牌延伸

在经营战略上，借鉴香格里拉创始人郭鹤年的多元化经营战略，基于豪华五星级香格里拉饭店的香格里拉集团定位于高档的商务型旅游市场，但在发展中始终坚持多元化发展的经营战略。同时，经营酒店、度假区、物业与国贸饭店等，其中国贸饭店最为成功。

国贸饭店是香格里拉为那些对价格比较敏感的中档旅游市场提供的新品牌,典型的国贸饭店与豪华的香格里拉饭店相比,特点是房间较小,酒吧餐厅较小,但主要辅助设施相同,且提供同样高的标准服务。另外,香格里拉还在国贸饭店设立了"地平线国际俱乐部",加入者可享受到诸多特别服务与便利,如:

(1) 俱乐部楼层代办入住和结账手续,以方便顾客;

(2) 豪华客房内设有私人传真机、办公桌及提供个人留音邮件服务;

(3) 免费熨烫衣物和擦鞋服务;

(4) 每天把新鲜热带水果和国际新闻报刊送至客房;

(5) 在俱乐部休息室,每早都会提供豪华的自助早餐,且提供各种报刊、杂志、棋类游戏和私人会客厅;

(6) 入住期间,俱乐部的委托代办将随时提供所需的服务,从交通、观光、订票到娱乐、购物等;

(7) 全天提供免费饮料,晚上还提供免费鸡尾酒。

正是如此体贴入微的服务和极具竞争力的价格(比同城香格里拉饭店低30%~60%),使国贸饭店享有良好的声誉和极高的出租率。如新加坡国贸饭店自1995年开业以来,客房平均出租率达91%。正如香格里拉市场总监Robert Hutchinson所说:"正是因为我们向客人提供了一种不降低服务质量和标准,而同样具有竞争力的饭店,这是一种了不起的产品,所以那些想享受豪华感觉的客人总是选择香格里拉。"

(三) 价格竞争——削价与价值回报

1997年夏,香格里拉集团所有香格里拉饭店及国贸饭店提供正常房价30%~40%的折扣,与正常降价措施不同,香格里拉这种大幅度折扣期正是处于当地的旅游旺季或接近旺季(6月1日~9月30日),这种做法与通常的旺季提价的做法截然相反,属于"反向思维方式",使香格里拉极具竞争力,有巨大的震撼力和宣传效果,获得了巨大的成功,使香格里拉饭店在此期间的出租率达到85%以上。

为避免单纯削价竞争带来的收入不足的弊端,在进行折扣期间,香格里拉宣布了具有革命性的新房价概念。香格里拉所有城市饭店(不包括度假区)为客人和旅行社提供"贵宾服务计划",即客人若是付给没有折扣的房价,客人将享受到以下优惠和服务,这已作为香格里拉固定服务的一部分:

(1) 免费机场接送服务,无论客人何时到来或离开;

(2) 免费市内电话;

(3) 免费早餐;

(4) 免费干洗、熨烫和洗衣服务;

(5) 客房升格的承诺;

(6) 可以到下午6点结账离店。

香格里拉确保客人能享受到最高标准的服务,让顾客感到现在提供的日常服务是饭店业最好的、最受欢迎的。香格里拉致力于减少客人的额外花费,而这正是客人所关注的。饭店新房价概念不是某个饭店短时期的促销,而是一年365天在所有饭店都推行的经营策略。

香格里拉还推行家庭计划,为18岁以下和父母同住一间客房的孩子提供免费住宿。

(四)顾客服务与住房承诺

香格里拉饭店回头客很多,饭店鼓励员工同客人交朋友,员工可自由地同客人进行私人的交流。饭店建立一个"顾客服务中心",与原来各件事要查询不同的部门的做法不同,客人只需打一个电话到顾客服务中心,一切问题均可解决,饭店因此也可更好地掌握顾客信息,协调部门工作,及时满足顾客。在对待客人投诉时,绝不说"不",全体员工达成共识,即"我们不必分清谁对谁错,只需分清什么是对、什么是错"。让客人在心理上感觉他"赢"了,而我们在事实上做对了,这是最圆满的结局。每个员工时刻提醒自己多为客人着想,不仅在服务的具体功能上,而且在服务的心理效果上满足顾客。香格里拉饭店重视来自世界不同地区、不同国家客人的生活习惯和文化传统的差异,有针对性地提供不同的服务。如问候方式,对待泰国客人和日本客人就不同。

当客人在香格里拉以保证方式预订客房后,不管香格里拉有什么原因未能给客人安排住宿,香格里拉将免费为客人提供另外一家饭店的住宿,并免费提供长途电话服务和饭店间往返接送。

(五)人力资源管理

香格里拉饭店相信有了满意的员工才有满意的客人,因此在重视员工素质提高的同时,又重视员工满意。

(1)在物质方面,香格里拉饭店的工资比同行相对要高,这是招徕人才的吸引力,又降低了员工的流动率。

(2)重视培训,集团与北京第二外国语学院建立了"香格里拉饭店管理培训中心",各联号饭店定期派人参加培训,每期2个月。

(3)中高层干部不定期轮岗,一来防止饭店内的裙带关系和利用职权谋取私利;二来丰富中高层管理人员的经验,使他们熟悉本集团在不同地区的运作和业务,为集团培训高质量的管理人才。

(4)提高凝聚力,尊重员工。饭店设有总经理热线,员工可随时打电话发牢骚或提建议,或设立员工意见箱,对员工投入的意见、批评建议给予反馈,公布在布告栏上。每个香格里拉饭店都有"员工日",各饭店可设定某一日为员工开Party,由总经理主持,员工可与经理们自由交谈,相互沟通。各饭店每年专为员工举行春节晚会,从总经理到领班为员工端茶倒水,让员工享受贵宾待遇。既让平时高高在上的管理人员体验员工日常工作的辛苦,又让员工有机会目睹他们的上级是否真能做到像他们平时要求员工那样有过人之处值得员工效仿。

附录一 酒店专业术语（中英文对照）

（一）酒店各部门、各岗位名称

董事总经理	Managing Director
总经理	General Manager
副总经理	Deputy General Manager
驻店经理	Resident Manager
总经理助理	Executive Assistant Manager
值班经理	Duty Manager
总经理秘书	Executive Secretary
总经理室	Executive Office
接待文员	Clerk
人事部	Personnel Department
培训部	Training Department
督导部	Quality Inspection Department
财务部	Accounting Department
采购部	Purchasing Department
电脑部	E. D. P.
市场营销部	Sales and Marketing Division
销售部	Sales Department
公关部	Public Relation Department
预订部	Reservation Department
客房部	Room Division
前厅部	Front Office Department
管家部	Housekeeping Department
餐厅部	Food and Beverage Department
康乐部	Recreation and Entertainment Department
工程部	Engineering Department

保安部	Security Department
行政部	Rear-Service Department
商场部	Shopping Area
人事部经理	Personnel Manager
培训中心经理	Training Manager
督导部经理	Quality Inspector
人事主任	Personnel Officer
培训主任	Training Officer
财务总监	Financial Controller
财务部经理	Chief Accountant
采购部经理	Purchasing Manager
采购部主管	Purchasing Officer
电脑部经理	EDP Manager
总出纳	Chief Cashier
市场营销总监	Director of Sales and Marketing
销售部经理	Director of Sales
客务总监	Room Division Director
前厅部经理	Front Office Manager
前厅部副经理	Assistant Front Office Manager
大堂副理	Assistant Manager
宾客关系主任	Guest Relation Officer（G. R. O.）
金钥匙	Concierge
礼宾主管	Chief Concierge
接待主管	Chief Receptionist
接待员	Receptionist
车队主管	Chief Driver
出租车订车员	Taxi Service Clerk
行政管家	Executive Housekeeper
办公室文员	Order Taker
楼层主管	Floor Supervisor
楼层领班	Floor Captain
客房服务员	Room Attendant
洗衣房经理	Laundry Manager
餐饮总监	F&B Director
餐饮部经理	F&B Manager
西餐厅经理	Western Restaurant Manager

中餐厅经理	Chinese Restaurant Manager
咖啡厅经理	Coffee Shop Manager
行政总厨	Executive Chef
传菜	Bus Boy, Bus Girl
餐厅迎宾员	Hostess
餐厅服务员	Waiter, Waitress
工程总监	Chief Engineer
工程部经理	Engineering Manager
值班工程师	Duty Engineer
保安部经理	Security Manager
保安部副经理	Assistant Security Guard
保安部主任	Security Officer
保安员	Security Guard
商场部经理	Shop Manager
商场营业员	Shop Assistant

(二) 酒店前厅部专业术语

前厅	Front Office
前台	Front Office Desk
大堂	Lobby
前台接待	Registration
客房预订	Room Reservation
留言服务	Message Service
查询服务	Information
委托代办服务	Concierge Service
接机服务	Pick Up Service
机场迎宾	Airport Representative
收银服务	Cashier
外币兑换	Foreign Currency Exchange
邮件服务	Mail Service
电话转接服务	Switch Board
行李服务	Baggage Service
行李员	Bell Man
门童	Door Man
夜审	Night Auditor
接线员	Operator
订票	Booking Tickets

附录一 酒店专业术语(中英文对照)

复印	Copy
打字	Printing
传真	Fax
电传	Telex
换房	Room Change
访客	Visitor Guest
办理入住登记手续	Check In
办理离店手续	Check Out
抵店日期/时间	Arrival Date/Time
离店日期/时间	Departure Date/Time
卖重房	Double Sale
客史档案	Guest History Record
黑名单	Black List
长住客	Long Staying Guest
公司客	Commercially Important Person (CIP)
散客	Free Individual Traveller (FIT)
未经预订而直接抵店	Walk-in
旺季	High/Peak Season
淡季	Low Season
投诉	Complain
临时性预订	Advance Reservation
确认类预订	Confirmed Reservation
保证类预订	Guaranteed Reservation
预订变更	Amendment
预订确认	Confirmation
预订取消	Cancellation
留房截止日期/时间	Cut-off Date/Time
等候名单	Waiting-List
婉拒预订	Turning Down
超额预订	Over Booking
饭店订房网络系统	Computerized Reservation System (CRS)
全球网络分销系统	Global Distribution System (GDS)
订而未到	No-show
提前离店	Under-stay
延期离店	Over-stay/Extension
提前抵店	Early-arrival

预抵店	Expected Arrival
预离店	Expected Departure
小费	Tips
预先登记	Preregistration
逾时退房	Late Check-out
客满	Full House
旅行社传单	Travel Voucher
公司账	Corporate Account
信用限额	House Credit Limit
预付定金	Advanced Deposit
即时消费	Late Charge
挂账	City Ledger
旅行社挂账	Travel Agent Account
外币兑换水单	Foreign Exchange Voucher
贵重物品保险箱	Safe Deposit Box
房卡	Room Card
钥匙卡	Key Card
免交押金	Waive Deposit
退房	Due Out
信用卡	Credit Card
旅行支票	Traveler's Cheque
支票	Cheque
标准价	Rack Rate
团体价	Group Rate
淡季价	Low Season Rate
旺季价	High Season Rate
商务价/合同价	Contract Rate
家庭租用价	Family Plan Rate
优惠价	Commercial Rate//Preferential Price
小包价	Package Plan Rate
折扣价	Discount Rate
白天租用价	Day Use Rate
免费	Complimentary
服务费	Service Charge
房价表	Tariff
恶意逃账者	Skipper

附录一 酒店专业术语（中英文对照）

欧式计价	European Plan（EP）
美式计价	American Plan（AP）
修正美式计价	Modified American Plan（MAP）
大陆式计价	Continental Plan（CP）
百慕大式计价	Bermuda Plan（BP）

（三）酒店客房部专业术语

单人房	Single Room
标准间	Standard Room
双人房	Double Room
三人间	Triple Room
套房	Suite
普通套房	Junior Suite
豪华套房	Deluxe Suite
总统套房	Presidential Suite
商务套房	Business Suite
无烟房	No Smoking Room
残疾人专用房	Room for Disabled Person
外景房	Out-side Room
内景房	In-side Room
角房	Corner Room
相邻房	Adjoining Room
连通房	Connecting Room
饭店自用房	House Use
单人床	Twin-size Bed
双人床	Double-size Bed
大号双人床	Queen-size Bed
特大号双人床	King-size Bed
婴儿床	Baby Bed
加床	Extra Bed
折叠床（用于加床）	Rollawag Bed
水床	Water Bed
房态	Room Status
住客房	Occupied（OCC）or Check In（C/I）
走客房	Check Out（C/O）
空房	Vacant Room/Vacancy（V）
维修房	Out of Order（OOO）

保留房	Blocked Room
预备退房	Expect Check Out (E/CO)
请勿打扰房	Do Not Disturb (DND)
请即打扫房	Make Up Room (MUR)
外宿房	Sleep Out (S/O)
贵宾房	VIP
轻便行李房	Light Baggage Room (LB)
无行李房	No Baggage Room (NB)
无需服务房（按客人要求）	No Need Service (NNS)
长包房	Permanent Room (PR)
内部用房	House Use Room (HU)
托婴服务	Baby Sitting Service
行政楼层	Executive Floor
国内直拨电话	Domestic Direct Dial (DDD)
国际直拨电话	International Domestic Direct Dial (IDD)
洗衣服务	Laundry Service
快洗服务	Express Service
干洗	Dry-clean
湿洗	Laundry
熨烫	Iron
织补	Mend
擦鞋服务	Shoe Polishing
叫醒服务	Wake-up Call
收拾整理房间	Making Up Room
做夜床	Turn-down Service
客房送餐服务	Room Service
加床服务	Extra-bed
客房小酒吧	Mini-bar
遗失物品服务	Lost and Found
客房服务	Housekeeping
客房服务中心	Housekeeping Center
管家服务	Butler Service
贵宾服务	VIP Service
公共区域	Public Area (PA)
电梯	Elevator
饮用水	Drinking Water

紧急出口	Emergency Exit
灭火器	Fire Extinquisher
火情报警器	Fire Alarm
花洒	Shower Caddy
卧室	Bedroom
浴室	Bathroom
床架	Bedstead
床垫	Mattress/Mattess
床头板	Bed Board
床褥	Bed Pad
床单	Sheet/Bedclothes
床罩	Bedspread
床头柜	Bed-side Table/Night Table/Night Stand
床头灯	Bed-side Lamp
枕头/枕芯	Pillow
枕套	Pillow Cases
被子	Quilt
被套	Quilt Cover
鸭绒被	Eiderdown
窗帘	Curtain
地毯	Carpet
毛毯	Woollen Blanket
沙发	Sofa
茶几	Teatable
写字台	Writing Desk
冰箱	Refrigerator
文具	Stationery
信封	Envelope
信纸	Writing Paper
交通图	City Traffic Map
杂志	Magazine
明信片	Post Card
留言便笺	Writing Pads
晚安卡	Tent Cards
请勿打扰牌	DND Cards
圆珠笔	Ball Pens

小册子	Brochure
服务指南	Service Directory
宾客意见书	Questionnaire
插座	Adapter
插头	Plug
变压器	Transformer
火柴	Matches
早餐预订单	Breakfast Menu Cards
垃圾桶	Trash Can
垃圾袋	Trash Bag
饮水杯	Drinking Glasses
杯罩	Glass Wrapper
烟灰缸	Ashtrays
电热水壶	Electric Kettle
红茶	Black Tea
绿茶	Green Tea
啤酒	Beer
红酒	Red Wine
白酒	Distilled Spirit
冰桶	Ice Bucket
调酒棒	Stirrers
台灯	Desk Lamp
落地灯	Floor Lamp
花瓶	Flower Vase
电视遥控器	TV Remote Controller
灯泡	Bulb
衣架	Clothes Hangers
购物袋	Shopping Bag
浴袍	Bath Robe
浴缸	Bath Tub
淋浴喷头	Shower
防滑胶垫	Anti-slip Mat
毛巾架	Towel Rail
洗脸盆	Basin
恭桶	Closestool
大浴巾	Bath Towels

附录一 酒店专业术语(中英文对照)

面巾	Face Towels
地巾	Bath Map
小方巾	Wash Cloth
梳子	Comb
电动剃须刀	Electric Shaver
吹风机	Hair Drier
开关	Switch
水龙头	Tap
熨斗	Iron
熨衣板	Ironing Board
针线包	Sewing Kit
洗衣袋	Laundry Bag
洗衣单	Laundry List
污迹	Stain
擦鞋纸	Shoe Shine Paper
鞋油	Shoe Polish
鞋刷	Shoe Brush
拖鞋	Slippers
吸尘器	Vacuums
客房清扫工作车	Maid's Cart

附录二　前厅服务员国家职业标准

1. 职业概况

1.1　职业名称
前厅服务员。

1.2　职业定义
为宾客提供咨询、迎送、入住登记、结账等服务的人员。

1.3　职业等级
本职业共设三个等级，分别为：初级（国家职业资格五级）、中级（国家职业资格四级）、高级（国家职业资格三级）。

1.4　职业环境
室内、外，常温。

1.5　职业能力特征
具有良好的语言表达能力；能有效地进行交流，能获取、理解外界信息，进行分析判断并快速做出反应；能准确地运用数学运算；有良好的动作协调性；能迅速、准确、灵活地运用身体的眼、手、足及其他部位完成各项服务操作。

1.6　基本文化程度
高中毕业（或同等学力）。

1.7　培训要求

1.7.1　培训期限
全日制职业学校教育，根据其培养目标和教学计划确定。晋级培训期限：初级不少于90个标准学时；高级不少于110个标准学时。

1.7.2　培训教师
培训初级前厅服务员的教师应具有本职业中级以上职业资格证书；培训中级、高级前厅服务员的教师应具有本职业高级职业资格证书或本专业中级以上专业技术职务任职资格,同时具有 2 年以上的培训教学经验。

1.7.3 培训场地设备

教室、模拟服务台以及前厅常备用具和设备。

1.8 鉴定要求

1.8.1 适用对象

从事或准备从事本职业的人员。

1.8.2 申报条件

——初级(具备以下条件之一者)

(1) 经本职业初级正规培训达规定标准学时数,并取得毕(结)业证书。

(2) 在本职业连续见习工作 2 年以上。

——中级(具备以下条件之一者)

(1) 取得本职业初级职业资格证书后,连续从事本职业工作 1 年以上,经本职业中级正规培训达规定标准学时数,并取得毕(结)业证书。

(2) 取得本职业初级职业资格证书后,连续从事本职业工作 2 年以上。

(3) 连续从事本职业工作 3 年以上。

(4) 取得经劳动保障部行政部门审核认定的、以中级技能为培养目标的中等以上职业学校本职业(专业)毕业证书。

——高级(具备以下条件之一者)

(1) 取得本职业中级职业资格证书后,连续从事本职业工作 2 年以上,经本职业高级正规培训达规定标准学时数,并取得毕(结)业证书。

(2) 取得本职业中级职业资格证书后,连续从事本职业工作 3 年以上。

(3) 取得高级技工学校或经劳动保障行政部门审核认定的、以高级技能为培养目标的高级职业学校本职业(专业)毕业证书。

1.8.3 鉴定方式

分为理论知识考试和技能操作考核。理论知识考试采用闭卷考试方式,技能操作考核采用现场实际操作方式。理论知识考试和技能操作考核实行百分制,成绩皆达 60 分以上者为合格。

1.8.4 考评人员与考生配比

理论知识考试考评人员与考生配比为 1∶15,每个标准教室不少于 2 名考评人员;技能操作考核考评员与考生配比为 1∶10,且不少于 3 名考评员。

1.8.5 鉴定时间

各等级理论知识考试时间:初级不超过 100 min,中级、高级不超过 120 min;各等级技能操作考核时间:初级不超过 30 min,中级、高级不超过 40 min。

1.8.6 鉴定场所设备

场所:

(1) 标准教室。

(2) 服务台或模拟服务台。

设备：

(1) 总台。

(2) 电脑终端及打印机、扫描仪。

(3) 大、小行李车，行李寄存架。

(4) 验钞机。

(5) 账单架、客房状况显示架、预订状况显示架、住客资料显示架。

(6) 邮资电子秤。

(7) 钥匙架、钥匙卡。

(8) 信用卡压卡机。

(9) 电话机、传真机。

(10) 雨伞架。

(11) 轮椅。

(12) 电子钥匙。

(13) 常用办公用品及设备。

(14) 宣传广告资料架。

(15) 贵重物品保管箱。

2. 基 本 要 求

2.1 职业道德

2.1.1 职业道德基本知识

2.1.2 职业守则

(1) 热情友好，宾客至上。

(2) 真诚公道，信誉第一。

(3) 文明礼貌，优质服务。

(4) 以客为尊，一视同仁。

(5) 团结协作，顾全大局。

(6) 遵纪守法，廉洁奉公。

(7) 钻研业务，提高技能。

2.2 基础知识

2.2.1 计量知识

(1) 法定计量单位及其换算知识。

(2) 行业用计价单位的使用知识。

(3) 常用计量器具的使用知识。

2.2.2 安全防范知识

(1) 消防常识。

(2) 卫生防疫常识。

2.2.3 电脑使用知识

2.2.4 前厅主要设备知识

(1) 钥匙架。

(2) 打时机。

(3) 电话机、传真机。

(4) 贵重物品保管箱。

(5) 客史档案柜。

(6) 电脑终端。

(7) 打印机。

(8) 电子钥匙机、钥匙卡。

(9) 邮资电子秤。

(10) 账单架。

(11) 客房状况显示架。

(12) 预订状况显示架。

(13) 住客资料显示架。

(14) 行李寄存架。

(15) 大、小行李车。

(16) 雨伞架。

(17) 轮椅。

(18) 信用卡压卡机。

(19) 验钞机。

(20) 计算器。

(21) 扫描仪。

(22) 税务票打印机。

(23) 复印机。

2.2.5 相关法律、法规知识

(1) 劳动法的相关知识。

(2) 合同法的相关知识。

(3) 消费者权益保护法的相关知识。

(4) 治安管理处罚条例的相关知识。

(5) 文物保护法的相关知识。

(6) 外汇管理暂行条例的相关知识。

(7) 旅馆业治安管理条例的相关知识。

（8）外国人入境出境管理法的相关知识。
（9）消防条例的相关知识。

3. 工作要求

本标准对初级、中级、高级的技能要求依次递进，高级别包括低级别的要求。

3.1 初级

职业功能	工作内容	技能要求	相关知识
一、工前准备	（一）仪表仪容	能按饭店要求，保持个人良好的仪表、仪容、仪态	仪表、仪容的规范
	（二）准备工作	1. 能按标准整理好工作环境 2. 能准备好工作所需的各种报表、表格、收据等 3. 能清洁、调试工作所需的办公用具和设备	1. 工作设施、设备的使用方法 2. 办公用具使用常识
二、客房预订	（一）接受和处理订房要求	1. 能通过电话、信函、电报、传真、当面洽谈及电脑终端的方式了解客人的订房要求 2. 能根据《房情预订总表》给出选择 3. 能判断某项预订房能否接受	1. 接待与电话礼仪 2. 处理信函预订的注意事项 3. 传真机的使用方法 4. 饭店客房的种类及其特点 5. 饭店房价的种类和政策 6. 判断某项订房能否接受的因素 7. 我国兄弟民族的习惯、习俗 8. 英语基本接待用语
	（二）记录和储存预订资料	1. 能使用电脑终端输入或正确填写《预订单》《房情预订总表》 2. 能正确填写预订记录本 3. 能装订、存放客人订房资料	1. 相关表格的填写要求 2. 预订资料的记录步骤 3. 订房资料的排列顺序 4. 订房资料的装订顺序
	（三）检查和控制预订过程	1. 能用口头或书面的方式确认宾客预订的内容 2. 能正确记录宾客提出预订的更改和取消内容 3. 能根据预订更改和取消的内容修改《房情预订总表》 4. 能填写客房预订变更或取消单	1. 客人预订的种类 2. 预订修改的注意事项 3. 饭店客房保留和取消的规定
	（四）客人抵店前准备工作	1. 能核对次日抵店客人的预订内容 2. 能填写（或打印）《次日抵店客人名单》《团体/会议接待单》，并分送给相关部门	相关表（单）的填写，使用要求

（续表）

职业功能	工作内容	技能要求	相关知识
三、住宿登记	（一）为散客办理入住登记	1. 能识别客人有无预订 2. 能填写（输入、打印）《入住登记表》，查验证件并核实内容 3. 能根据不同客人要求安排房间 4. 能确认房价和付款方式 5. 能完成入住登记手续 6. 能建立相关的表格资料	1. 各类散客办理入住登记的接待、登记方式及工作内容 2. 排房的顺序 3. 常用付款方式的信用及处理方式 4. 完成入住登记相关手续的内容 5. 各类相关表格的填写要求 6. 饭店常用政策
	（二）为团队客人办理入住登记	1. 能做好团队抵店前的准备工作 2. 能做好团队抵店时的接待工作	1. 团队抵店前准备工作的内容和工作程序 2. 团队抵店时接待工作内容和工作程序
	（三）显示和控制客房状况	能正确显示和控制各种客房状况	1. 显示和控制客房状况的目的 2. 需要显示和控制的客房状况的种类
四、问讯服务	（一）留言服务	1. 能处理访客留言 2. 能处理住客留言	1. 处理访客留言的服务程序 2. 处理住客留言的服务程序 3. 须委婉的留言和口信的内容
	（二）查询服务	1. 能提供查询住店客人的有关情况 2. 能提供询问尚未抵店或已离店客人的情况	1. 使用电话提供查询时的注意事项 2. 提供查询服务的原则 3. 提供查询尚未抵店或已离店客人的情况的处理方法
	（三）邮件服务	1. 能做好进店邮件的接收、分类工作 2. 能做好客人邮件的分发工作 3. 能处理错投和"死信" 4. 能提供邮件和包裹的转寄服务	1. 客人邮件的处理程序 2. 错投和"死信"的处理方法 3. 邮寄服务操作程序
	（四）客人物品的转交服务	1. 能处理他人转交给住客的物品 2. 能处理住客转交给他人的物品	处理转交物品的操作要求
五、行李服务	（一）店外应接服务	1. 能代表饭店到机场、车站、码头迎接客人 2. 能为客人安排去饭店的交通工具 3. 能帮助客人提拿行李 4. 能争取未预订的客人入住饭店 5. 能向饭店提供贵宾到达及交通方面的信息	店外迎接的要求

(续表)

职业功能	工作内容	技 能 要 求	相 关 知 识
五、行李服务	（二）门厅迎送服务	1. 能为步行、坐车到达的散客提供迎送服务 2. 能为团队客人提供迎送服务 3. 能做好其他日常服务	1. 迎送服务的程序及要求 2. 其他日常服务的内容和要求
	（三）行李服务	1. 能为散客提供行李服务 2. 能为团队客人提供行李服务 3. 能提供饭店内寻人服务 4. 能及时、准确地递送邮件、报表 5. 能提供出租自行车服务 6. 能提供出租汽车的预订服务 7. 能提供雨具和订票服务 8. 能提供电梯服务	1. 散客行李服务程序及要求 2. 团体客人行李服务程序及要求 3. 寻人服务程序及要求 4. 递送服务的注意事项 5. 提供自行车出租服务的注意事项 6. 提供出租车预约服务的要求 7. 订票服务程序及要求 8. 提供雨具服务的要求 9. 提供电梯服务的要求
六、离店结账	（一）处理客账、办理离店手续	1. 能为散客建立与核收客账 2. 能为团队客人建立与核收客账 3. 能做好客账的累计 4. 能为住客办理离店结账手续	1. 建立与核收散客客账的程序及要求 2. 建立与核收团队客人客账的程序及要求 3. 客账累计的方法 4. 办理离店结账手续的程序及要求 5. 使用现金、信用卡及转账支票的程序及要求
	（二）贵重物品的寄存、保管服务	能提供贵重物品的寄存与保管服务	1. 贵重物品的寄存、保管服务程序及要求 2. 贵重物品保管箱的使用
七、公关与推销	（一）把握客人的特点	能采用形象记忆记住客人的姓名和特征	形象记忆法
	（二）介绍产品	1. 能介绍饭店的服务设施、服务项目、营业点的营业时间 2. 能介绍饭店客房的种类、设施、位置	饭店的服务设施、服务项目及营业点的营业时间
	（三）洽谈价格	1. 能报出各种类型客房的价格 2. 能报出各服务项目的收费标准	1. 各服务项目的收费标准 2. 饭店客房商品的特点
	（四）展示产品	能将饭店宣传册、广告宣传资料及图片按要求陈列、摆放好	饭店相关资料陈列、摆放要求
	（五）促成交易	能准确无误地确认客人最终的选择	适时成交的技巧

附录二 前厅服务员国家职业标准

(续表)

职业功能	工作内容	技能要求	相关知识
八、沟通与协调	(一) 部门内的沟通与协调	能准确填写(或输入、打印)本岗位的各类报表,并分送到本部门各相关岗位	沟通协调的重要性及方法
	(二) 与客人的沟通与协调	能主动征求客人意见,并做好记录	处理客人投诉的重要性

3.2 中级

职业功能	工作内容	技能要求	相关知识
一、客房预订	(一) 接受和处理订房要求	1. 善于使用语言表达技巧与客人交流 2. 能根据《客情预订总表》给出选择,并帮助客人做出选择 3. 能妥善处理婉拒订房要求	1. 婉拒订房的处理方法 2. 语言表达技巧常识 3. 客人购物心理常识
	(二) 记录和储存预订资料	能选择适合本饭店运作的预订资料储存方式	两种不同的预订资料储存方式及其特点
	(三) 检查和控制预订	1. 能核查、处理、纠正《客情预订总表》中的错误 2. 能及时处理"等候名单"上的客人的订房	1.《预订单》的作用 2.《客情预订总表》的作用
	(四) 客人抵店前的准备工作	能提前一周填写(或打印)《一周客情预测表》《贵宾接待规格审批表》《派车通知单》《房价折扣申请表》《鲜花、水果篮通知单》,并分送给相关部门	1. 折扣房价的审批制度 2. 各类贵宾的接待规格及要求
	(五) 报表制作	能正确填写或输入预订处的其他各类报表	相关的报表填写要求及统计计算公式
二、住宿登记	(一) 显示和控制客房状况	1. 处理客人的换房要求 2. 能查找和更正客房状况的差错	1. 服务工作程序 2. 查找和更正客房状况差错的方法
	(二) 违约行为的处理	1. 处理客人声称已办理订房手续,但饭店无法找到其订房资料的情况 2. 能处理客人抵店时(超过规定的保留时间)饭店为其保留的客房已出租给他人的情况	1. 对客人做转店处理的注意事项 2. 各类客人违约时的处理方法

(续表)

职业功能	工作内容	技能要求	相关知识
三、问讯服务	(一)客用钥匙的控制	1. 规范摆放、管理好客用钥匙 2. 能做好客用钥匙的分发和回收工作	1. 钥匙摆放的要求 2. 钥匙注意事项 3. 保管、控制客用钥匙的重要性
	(二)提供旅游和交通信息	1. 能回答客人对交通信息的问讯 2. 能回答客人对饭店所在地景点的问讯 3. 能回答客人所在地主要康乐、购物、医疗等方面的问讯	1. 国内、国际民航、铁路、长短途汽车、轮船的最新时刻表和票价,市内公交车的主要线路 2. 交通部门关于购票、退票、行李大小重量的详细规定 3. 饭店所在地各主要景点的简介、地址、开放时间 4. 时差的计算 5. 饭店所在地著名土特产、商品及风味餐馆的简介 6. 常用紧急电话号码
四、行李服务	(一)店外应接服务	能为客人在沿途适当介绍景观及饭店简况	1. 沿途景观简介内容 2. 饭店简况
	(二)行李服务	1. 能为客人办理行李寄存服务 2. 能处理破损、错送、丢失的行李	1. 办理行李寄存服务的程序及要求 2. 交通部门有关行李破损、丢失的处理规定 3. 行李破损、丢失、错送的处理方法 4. 饭店不负责赔偿的前提
五、离店服务	(一)处理客账,办理离店手续	能做好夜间审计工作	1. 夜间审计的目的和内容 2. 夜间审计的步骤
	(二)外币兑换	1. 能处理外币现钞的兑换 2. 能处理旅行支票的兑换 3. 能识别中国银行可兑现的外币现钞	1. 可兑换的外币、现钞的种类及兑换率 2. 外币兑服务程序及要求 3. 旅行支票兑换服务程序及要求
六、公关与推销	(一)把握客人的特点	能自然地与客人沟通,了解客人的愿望与要求	客我关系沟通技巧
	(二)介绍产品	1. 能描述饭店各种类型客房的优点 2. 能引导顾客的购买兴趣	各种类型客房的优点

（续表）

职业功能	工作内容	技能要求	相关知识
六、公关与推销	（三）洽谈价格	能根据客人特点正确使用报价方法	1. 高码讨价法 2. 利益引诱法 3. 三明治式报价法
	（四）展示产品	1. 能主动将饭店宣传册、广告宣传资料和图片展示给客人 2. 能带客人实地参观，展现饭店优势	1. 产品介绍知识 2. 相关讲解知识及技巧
	（五）促进交易	1. 能采用正面的说法称赞对方的选择 2. 能揣摩客人心理，适时抓住成交机会	客人购买行为常识
七、沟通与协调	（一）部门内的沟通与协调	能做到前厅部内部信息渠道的畅通	前厅部内部沟通、协调内容
	（二）部门间的沟通与协调	1. 能与客房部做好沟通协调 2. 能与餐厅部做好沟通协调 3. 能与营销部做好沟通协调 4. 能与总经理室做好沟通协调 5. 能与其他部门做好沟通协调	与客房部、餐饮部、营销部、总经理室及其他部门沟通协调的内容
	（三）与客人沟通协调	能妥善处理常见的客人投诉	1. 处理客人投诉的原则 2. 处理客人投诉的程序
	（四）英语服务	能使用常用岗位英语会话	常用岗位英语

3.3 高级

职业功能	工作内容	技能要求	相关知识
一、客房预订	（一）接受和处理订房要求	1. 能用英语通过电话或当面洽谈的方式了解和处理客人的订房要求 2. 能接受和处理"超额预订"	1. 常用旅游接待英语 2. 超额预订的处理方式
	（二）记录和储存预订资料	1. 能设计制作《预订单》 2. 能设计制作适用于不同种类酒店的《客情预订总表》	1. 《预订单》的内容 2. 各种《客情预订总表》的适用范围及内容、形式
	（三）检查和控制预订过程	1. 能设计制作《预订确认书》 2. 能控制"超额预订"数量 3. 能调整预留房的数量 4. 能处理有特殊要求的订房事宜	1. 《预订确认书》的内容 2. 预订未抵店、提前离店、延期离店、未预订直接抵店客人用房比例的计算公式

(续表)

职业功能	工作内容	技能要求	相关知识
一、客房预订	(四)客人抵店前准备工作	能审核《一周客情预测表》《贵宾接待规格审批表》《鲜花、水果篮通知单》《团队/会议接待单》	1. 相关表、单的内容及应用知识 2. 各类折扣房价的政策 3. 客情通知可采用的方式
	(五)报表制作	能设计预订处使用的各类报表	预订处使用的各类报表的形式
二、住宿登记	(一)为散客办理入住登记	能处理散客入住登记中常见的疑难问题	1. 外事接待礼仪 2. 住宿登记表的内容形式 3. 前厅服务心理学
	(二)违约行为处理	能处理客人已获得饭店书面确认或保证为其预订,但无法为其提供客房的情况	饭店违约时国际惯例的处理方法
	(三)显示和控制客房状况	1. 能分析未出租客房造成损失的原因 2. 能提供营业潜力方面的建议	影响饭店客房状况的原因及分析方法
三、问讯服务	(一)查询服务	能为有保密要求的住客做好保密工作	提供住客保密服务的程序
	(二)客用钥匙的控制	1. 能了解客人钥匙丢失的原因,并做好住客钥匙丢失后的工作 2. 能选择适用于本饭店的客用钥匙分发模式	1. 住客钥匙丢失后的处理方法 2. 各种客用钥匙分发模式的特点 3. 新型客房钥匙系统 4. 饭店钥匙管理体系
四、行李服务	礼宾服务	1. 能随时为客人办理委托代办的服务 2. 善于倾听客人的意见,能应变和处理各种事件 3. 能与相关服务行业建立工作关系 4. 能为VIP提供迎送服务 5. 能为残疾客人提供迎送服务	1. 各服务性行业的有关规章 2. 国际礼仪规范
五、公关与推销	(一)把握客人特点	能主动与客人沟通,判断客人身份、地位	消除客人心理紧张的方法
	(二)介绍产品	1. 能描述给予客人的便利条件 2. 能正确引导客人购买	顾客消费需求知识
	(三)洽谈价格	1. 能营造和谐的销售气氛 2. 能判断客人的支付能力,使客人接受较高价格的客房	影响客人购买的因素
	(四)展示产品	能陈列、布置饭店产品宣传册、广告宣传资料架、图片	室内装饰美学知识

(续表)

职业功能	工作内容	技能要求	相关知识
五、公关与推销	（五）促进交易	1. 能在客人犹豫时多提建议 2. 能掌握客人的购买决策过程，准确把握成交时机	客人购买决策过程常识
六、沟通与协调	（一）部门内的沟通、协调	能制定前厅部内部需要沟通协调的内容及方式	
	（二）部门间的沟通、协调	能制定前厅部与饭店其他部门需要沟通协调的内容及方式	
	（三）与客人沟通、协调	1. 能主动征求客人意见，并做好记录 2. 能正确处理客人的投诉 3. 能定期对客人投诉意见进行统计、分析、归类 4. 能针对客人反映的问题提出改进措施	1. 投诉的类型 2. 处理涉及客人个人利益和影响面巨大的投诉的方法 3. 国际上和主要客源地常用的投诉处理方法 4. 主要客源地的风土人情及习俗
	（四）英语服务	1. 能用英语了解和处理客人的订房要求 2. 能用英语与客人沟通，办理散客入住 3. 能用英语提供查询服务 4. 能用英语提供旅游交通、购物等方面的信息 5. 能用英语办理客人离店结账手续	旅游接待英语
七、管理与培训	（一）制定工作职责	1. 能制定前厅部各岗位的工作职责 2. 能检查、评估下属员工的工作表现	1. 前厅部组织机构设计原则 2. 大、中、小型饭店前厅部的组织机构图 3. 前厅部各岗位的工作职责 4. 检查、评估员工工作表现的方法
	（二）业务指导	能够对前厅服务员进行业务指导培训	业务培训知识

4. 比 重 表

4.1 理论知识

项　　目		初级(%)	中级(%)	高级(%)
基本要求	职业道德	5	5	5
	基础知识	20	10	5
相关知识	工前准备	5	—	—
	客房预订	10	10	5
	住宿登记	10	10	5
	问讯服务	10	10	5
	行李服务	10	10	5
	离店结账	10	10	—
	公关与推销	10	15	20
	沟通与协调(英语)	10	20(5)	30(15)
	管理与培训	—	—	20
合　　计		100	100	100

4.2 技能操作

项　　目		初级(%)	中级(%)	高级(%)
技能要求	工前准备	5	—	—
	客房预订	15	15	5
	住宿登记	15	15	5
	问讯服务	15	15	5
	行李服务	15	10	5
	离店结账	15	15	—
	公关与推销	10	15	25
	沟通与协调(英语)	10	15(5)	35(30)
	管理与培训	—	—	20
合　　计		100	100	100

附录三　客房服务员国家职业标准

1. 职业概况

1.1　职业名称

客房服务员。

1.2　职业定义

在饭店、宾馆、旅游客船等场所清洁和整理客房,并提供宾客迎送、住宿等服务的人员。

1.3　职业等级

本职业共设三个等级,分别为:初级(国家职业资格五级)、中级(国家职业资格四级)、高级(国家职业资格三级)。

1.4　职业环境

室内、常温。

1.5　职业能力特征

具有良好的语言表达能力;能获取、理解外界信息,进行分析判断并迅速做出反应;有一定的计算能力;有良好的动作协调性,能迅速、准确、灵活地完成各项服务操作。

1.6　基本文化程度

初中毕业。

1.7　培训要求

1.7.1　培训期限

全日制职业学校教育,根据其培养目标和教学计划确定。晋级培训期限初级不少于70标准学时;中级不少于80标准学时;高级不少于100标准学时。

1.7.2　培训教师

培训初级客房服务员的教师应具有本职业中级以上职业资格证书;培训中、高级客房服务员的教师应具有本职业高级职业资格证书或本专业中级以上专业技术职务任职资格,同时具有2年以上的培训教学经验。

1.7.3　培训场地设备

教室、服务台(配备电脑)、标准客房(或模拟标准客房)以及相关教具及设备。

1.8　鉴定要求

1.8.1　适用对象

从事或准备从事本职业的人员。

1.8.2　申报条件

——初级(具备以下条件之一者)

(1)经本职业初级正规培训达规定标准学时数,并取得毕(结)业证书。

(2)在本职业连续见习工作2年以上。

——中级(具备以下条件之一者)

(1)取得本职业初级职业资格证书后,连续从事本职业工作2年以上,经本职业中级正规培训规定标准学时数,并取得毕(结)业证书。

(2)取得本职业初级职业资格证书后,连续从事本职业工作3年以上。

(3)连续从事本职业工作5年以上。

(4)取得经劳动保障行政部门审核认定的、以中级技能为培养目标的中等以上职业学校本职业(专业)毕业证书。

——高级(具备以下条件之一者)

(1)取得本职业中级职业资格证书后,连续从事本职业工作2年以上,经本职业高级正规培训规定标准学时数,并取得毕(结)业证书。

(2)取得本职业中级职业资格证书后,连续从事本职业工作3年以上。

(3)取得高级技工学校或经劳动保障行政部门审核认定的,以高级技能为培养目标的高级职业学校本职业(专业)毕业证书。

1.8.3　鉴定方式

分为理论知识考试和技能操作考试。理论知识考试采用闭卷考试方式,技能操作考核采用现场实际操作方式。理论知识考试和技能操作考试均实行百分制,成绩皆达60分以上者为合格。

1.8.4　考评人员与考生配比

理论知识考试考评人员与考生配比为1∶15,每个标准教室不少于2名考评人员,技能操作考核考评员与考生配比为1∶10,且不少于3名考评员。

1.8.5　鉴定时间

各等级理论知识考试时间:初级不超过100分钟,中、高级不超过120分钟;技能操作考核时间:初级不超过30分钟;中、高级不超过40分钟。

1.8.6　鉴定场所设备

场所:

(1)标准教室。

(2) 标准客房或模拟标准客房。
(3) 会议室。

设备：
(1) 笔记本。
(2) 吸尘器。
(3) 清洁消毒器具。
(4) 楼层服务台。
(5) 会议室用具。

2. 基本要求

2.1　职业道德

2.1.1　职业道德基本知识

2.1.2　职业守则

(1) 热情友好，宾客至上。
(2) 真诚公道，信誉第一。
(3) 文明礼貌，优质服务。
(4) 以客为尊，一视同仁。
(5) 团结协作，顾全大局。
(6) 遵纪守法，廉洁奉公。
(7) 钻研业务，提高技能。

2.2　基本知识

2.2.1　计算知识

(1) 法定计算单位及其换算知识。
(2) 行业用计价单位的使用知识。
(3) 清洁用化学剂。

① 百分比配制。
② 份数比配制。

2.2.2　清洁设备知识

(1) 一般清洁器具的使用知识。
(2) 清洁设备的使用知识。

① 吸尘器。
② 洗地毯机。
③ 吸水机。
④ 洗地机。

⑤ 高压喷水机。

⑥ 打蜡机。

(3) 常用清洁剂的种类和使用知识。

① 酸性清洁剂。

② 中性清洁剂。

③ 碱性清洁剂。

④ 上光剂。

⑤ 溶剂。

2.2.3 客房知识

(1) 客房的种类。

① 单人间。

② 大床间。

③ 双人间。

④ 三人间。

⑤ 套间。

⑥ 特殊客房。

(2) 床的种类。

① 基本类型。

② 特殊类型。

(3) 功能空间的设备使用和维护知识。

① 睡眠空间设备。

② 盥洗空间设备。

③ 起居空间设备。

④ 书写和梳妆空间设备。

⑤ 储存空间设备。

(4) 客房用品知识。

① 房间用品。

② 卫生间用品。

(5) 地面种类。

① 硬质地面。

② 地毯。

③ 胶地面(树脂地面)。

④ 其他地面。

(6) 墙面材料知识。

① 花岗岩、大理石。

② 贴墙纸。

③ 软墙面。
④ 木质墙面。
⑤ 涂料墙面。

2.2.4 相关法律、法规知识

(1) 劳动法的相关知识。
(2) 消费者权益保护法的相关知识。
(3) 治安管理处罚条例的相关知识。
(4) 旅馆业治安管理办法的相关知识。
(5) 旅游安全管理暂行办法的相关知识。
(6) 旅游涉外人员守则的相关知识。
(7) 消防条例的相关知识。
(8) 有关旅馆安全的地方法规。

3. 工 作 要 求

本标准对初级、中级、高级的要求依次递进,高级别包括低级别的要求。

3.1 初级

职业功能	工作内容	技能要求	相关知识
一、迎客准备	(一) 了解客情	1. 能掌握客人的基本情况 2. 能了解客人的基本要求	1. 我国兄弟民族的习惯、民俗 2. 主要客源国的概况 3. 旅游心理常识
	(二) 检查客房	1. 能检查客房的清洁情况 2. 能检查客房的电器与设备的运转情况 3. 能检查客房用品的配备及摆放情况	1. 客房清洁程序及标准 2. 电器与设备操作知识 3. 客房用品配备及摆放标准
二、应接服务	(一) 迎候宾客	1. 能做好个人仪表、仪容准备 2. 能热情主动地接待宾客 3. 能正确使用接待礼貌用语	1. 仪表、仪容常识 2. 语言运用基本知识 3. 英语基本接待用语 4. 普通话基础
	(二) 引领宾客	1. 能简单地做自我介绍 2. 能征询客人是否需帮提行李	接待服务常识及相应的礼节礼貌
	(三) 茶水服务	1. 能根据宾客的爱好习惯提供相应饮料 2. 能掌握茶叶、咖啡的泡、沏方法	1. 饮料服务规范 2. 常用饮料常识

(续表)

职业功能	工作内容	技 能 要 求	相 关 知 识
二、应接服务	（四）介绍情况	1. 能向宾客介绍饭店服务项目 2. 能介绍客房设备的使用方法（会做示范）	1. 中、西餐风味特色 2. 客房、娱乐等服务项目的内容 3. 客房设备使用常识
三、对客服务	（一）清洁客房与卫生间	1. 能做好清洁客房的准备工作 2. 能检查客房设备是否完好 3. 能按标准整理床铺，并除尘 4. 能清洁卫生间并进行消毒 5. 能进行茶具消毒 6. 能按要求进行地毯吸尘 7. 能按标准补充客房用品 8. 能正确使用清洁设备	1. 清洁工具、清洁剂的名称、作用和特性 2. 电器及清洁设备的使用保养常识 3. 家具保养常识 4. "做床"标准及操作程序 5. 吸尘程序与地毯保养 6. 卫生间的清洁、消毒 7. 茶具消毒要点 8. 一次性用品管理常识 9. 用品摆放标准 10. 卫生防疫常识
	（二）晚间整理	1. 能按要求进行"开床"整理 2. 能按顺序清理垃圾 3. 能按标准进行卫生间的清洁 4. 能正确铺放防滑垫 5. 能按要求拉上窗帘	1. "夜床"的规格要求 2. "夜间服务"的程序 3. 卫生间小清洁标准
	（三）楼层安全	1. 能检查并发现客房内各种不安全因素 2. 能按规定做好钥匙管理 3. 能做好访客的接待工作 4. 能做好客人的保密工作 5. 能正确使用手动灭火器 6. 当火灾发生时，能及时报警，并协助疏散客人 7. 能按规定处理"DND"牌 8. 能按规定处理宾客的失物	1. 客房安全规定 2. 客房钥匙管理规章制度 3. 楼层消防常识 4. 访客接待须知 5. 失物处理规定
	（四）提供饮料服务	1. 能适时补充饮料 2. 能正确核对"饮料签单" 3. 能配合餐饮部门做好房客用餐工作 4. 能核对饮品有效期	1. 饮料补充规定 2. 饮料结账方式 3. 房客用餐服务规程 4. 饮料服务规范 5. 常用饮料常识
	（五）借用物品服务	1. 能向客人介绍租借物品的使用方法 2. 能向客人介绍租借物品的管理规定	1. 出借物品的名称、用途、性能及出借程序 2. 赔偿规定

（续表）

职业功能	工作内容	技能要求	相关知识
三、对客服务	（六）介绍情况	1. 能向客人介绍饭店服务项目 2. 能介绍客房设备的使用方法（会做示范）	
四、送客服务	（一）宾客行前准备	1. 能及时掌握离店客人的情况 2. 能明确并落实客人的嘱咐代办事项 3. 能正确进行"叫醒服务" 4. 能了解客人是否结账	1. 宾客行前准备工作的内容 2. 代办事项须知
	（二）送别客人	1. 能协助行李员搬运行李 2. 能用适合的敬语向客人道别 3. 能礼貌地征询客人意见	服务告别用语
	（三）善后工作	1. 客人离店后能对房内物品及时进行检查与清点 2. 能正确处理设备及物品被损事项 3. 能按规定处理客人遗留物品 4. 能及时将查房情况通知相关部门	1. 失物招领程序 2. 饭店对宾客损坏客房用品的赔偿规定

3.2 中级

职业功能	工作内容	技能要求	相关知识
一、迎客准备	（一）了解客情	1. 能用计算机查询客房信息 2. 能按宾客等级安排接待规格	饭店计算机管理系统一般操作方法
	（二）检查客房	1. 能向客人正确介绍客房设备的各项性能 2. 能布置各种类型的客房	1. 报修程序 2. 客房类型及布置要求
二、应接服务	（一）迎候客人	能用英语介绍客房服务的内容	1. 饭店常用接待用语 2. 中外礼仪、习俗常识
	（二）介绍情况	1. 能向客人介绍客房所有设施的使用方法 2. 能向客人介绍饭店各项服务以及特点	饭店各部门的服务设施与功能

（续表）

职业功能	工作内容	技　能　要　求	相　关　知　识
三、对客服务	（一）清洁客房与卫生	1. 能发现初级客房服务员在工作中存在的问题，并给予指导 2. 能清洁贵宾房	贵宾房清洁要求
	（二）清洁楼层公共区域和进行计划卫生	1. 能实施"大清洁" 2. 能正确使用清洁剂 3. 能定期对清洁设备进行保养	1. 清洁设备的维护保养常识 2. 各类清洁剂的成分性能
	（三）特殊情况处理	能掌握住店生病客人及醉酒客人的基本情况，并给予适当的照顾、帮助	基本护理常识
	（四）代办客人洗衣及擦鞋服务	1. 能介绍洗衣服务项目、收费事项 2. 能正确核对《洗衣单》 3. 能根据客人需要提供擦鞋服务	1.《洗衣单》填写 2. 皮革保养常识
四、会议服务	会议布置与服务	1. 能根据宾客要求，布置、安排不同类型的会议室，安排服务人员 2. 能准备所需文具、用品 3. 能提供饮品服务 4. 能使用视听设备	1. 会议室布置规范 2. 会议礼仪常识 3. 会议服务常识 4. 视听设备使用知识
五、客房用品管理	（一）楼层库房的管理	1. 能进行楼层库房物品的保管 2. 能正确掌握客房用品的储备量 3. 能正确使用登记表	1. 一次性用品的规格与数量配备 2. 一次性用品的使用制度 3. 有关表格填写
	（二）控制客用品	1. 按客房等级发放一次性用品 2. 按饭店规定计算客房每日、每月、每季客用品的使用量 3. 能进行盘点	盘点知识
	（三）布草管理	1. 能掌握楼层布草间的基本储存量 2. 能进行布草的盘点工作 3. 能根据使用情况，适时提出更换处理旧布草的意见 4. 能正确填写《报损单》	1. 布草质量的要素与规格 2. 楼层布草房管理基本要求 3. 楼层布草配备标准 4. 布草的收发制度

3.3 高级

职业功能	工作内容	技能要求	相关知识
一、迎客服务	制订服务方案	1. 能正确制订人员计划及物品准备计划 2. 能根据需要对各种用品的配置及摆放提出设计意见 3. 能协调客房部服务员工作	1. 楼层（或公共区域）设备的使用、保养知识 2. 成本控制基础知识 3. 工作定额标准
二、对客服务	（一）清洁客房	1. 能控制并实施清洁、整理客房的程序与标准 2. 能正确实施检查客房清洁的程序与标准 3. 能设计各类客房布置方案 4. 能制定客房清洁与检查的各种表格 5. 能掌握客房清洁设备的性能与使用方法	1. 饭店星级划分常识 2. 本饭店客房类型 3. 常见地面、墙面材料的性能与保养方法
二、对客服务	（二）接待贵宾	1. 能根据贵宾的级别制订接待方案 2. 能协调员工为贵宾服务 3. 能独立处理贵宾接待中存在的问题，并采取相应解决方法	1. 对客服务的两种模式 2. 贵宾等级与服务共性的要求 3. 贵宾服务接待标准 4. 贵宾服务礼仪规范
三、沟通与协调	（一）协调与其他部门的关系	能正确协调与其他部门的关系	1. 各部门的运转程序 2. 部门间的协调原则
三、沟通与协调	（二）协调与宾客的关系	能妥善处理客人的疑难问题	
四、客房管理	（一）客房用品管理	1. 能根据客房用品运转情况确定储存量 2. 能及时提供客房用品申购要求 3. 能检查客房用品的质量，保证客房标准	1. 客用品成本与计算方法 2. 对一般客用品的品质要求和对星级饭店的客用品的品质要求 3. 动态控制能力
四、客房管理	（二）员工培训	1. 能承担专业理论培训 2. 能承担专业技能培训	客房部员工业务培训知识

4. 比 重 表

4.1 理论知识

项 目		初级(%)	中级(%)	高级(%)
基本要求	职业道德	5	5	5
	基础知识	20	20	20
相关知识	迎客准备	15	15	5
	应接服务	20	15	—
	对客服务	25	15	15
	送客服务	15	—	—
	会议服务	—	15	—
	沟通与协调	—	—	20
	客房用品管理	—	15	20
	客房管理	—	—	15
合 计		100	100	100

4.2 技能操作

项 目		初级(%)	中级(%)	高级(%)
技能要求	迎客准备	20	15	15
	应接服务	25	15	—
	对客服务	30	25	20
	送客服务	25	—	—
	会议服务	—	20	—
	沟通与协调	—	—	15
	客房用品管理	—	25	20
	客房管理	—	—	30
合 计		100	100	100

参 考 书 目

1. 邹统钎,吴正平. 现代饭店经营思想与竞争战略. 广东旅游出版社,1998 年
2. 范运铭. 客房服务员实战手册. 旅游教育出版社,2006 年
3. 林红梅,沈蓓芬. 前厅客房服务与管理. 电子工业出版社,2009 年
4. 叶秀霜,董颖蓉. 客房服务与管理. 旅游教育出版社,2007 年
5. 叶红. 客房实训. 北京大学出版社,2007 年
6. 李雯. 酒店前厅与客房业务管理. 大连理工大学出版社,2005 年
7. 旅游行业培训教材研发中心. 客房服务学习手册. 旅游教育出版社,2006 年
8. 左剑. 前厅服务与管理. 江西高校出版社,2008 年
9. 李光宇. 前厅客房服务与管理. 化学工业出版社,2008 年
10. 陈乃法,吴梅. 饭店前厅客房服务与管理. 高等教育出版社,2003 年
11. 曾小力等. 前厅服务与管理. 旅游教育出版社,2005 年
12. 韦明体. 前厅服务学习手册. 旅游教育出版社,2006 年
13. 张蕾. 客房服务与管理. 江西高校出版社,2008 年
14. 吴军卫. 前厅服务员实战手册. 旅游教育出版社,2006 年
15. 瞿立新. 酒店服务标准理论与实务. 复旦大学出版社,2008 年
16. 徐文苑,严金明. 饭店前厅管理与服务. 清华大学出版社,2004 年
17. 曹红,方宇. 前厅客房服务实训教程. 旅游教育出版社,2009 年
18. 朱文,王芳. 前厅客房服务与管理. 四川工程职业技术学院精品课程,2009 年
19. 闫宏毅. 酒店管理实务. 电子工业出版社,2009 年
20. 徐文苑. 酒店客房管理实务. 广东经济出版社,2008 年

图书在版编目(CIP)数据

酒店前厅与客房管理/谢永健主编.—2 版.—上海:复旦大学出版社,2019.4(2022.1 重印)
(复旦卓越.21 世纪酒店管理系列)
ISBN 978-7-309-13820-7

Ⅰ.①酒… Ⅱ.①谢… Ⅲ.①饭店-商业服务-高等学校-教材
②饭店-商业管理-高等学校-教材 Ⅳ.①F719.2

中国版本图书馆 CIP 数据核字(2018)第 177051 号

酒店前厅与客房管理(第二版)
谢永健　主编
责任编辑/谢同君

复旦大学出版社有限公司出版发行
上海市国权路 579 号　邮编:200433
网址:fupnet@fudanpress.com　http://www.fudanpress.com
门市零售:86-21-65102580　团体订购:86-21-65104505
出版部电话:86-21-65642845
大丰市科星印刷有限责任公司

开本 787×1092　1/16　印张 20　字数 330 千
2022 年 1 月第 2 版第 3 次印刷

ISBN 978-7-309-13820-7/F·2483
定价:48.00 元

如有印装质量问题,请向复旦大学出版社有限公司出版部调换。
版权所有　侵权必究